教你做好课堂教学设计

JIAONI ZUOHAO KETANG JIAOXUE SHEJI

编　著　李国臣　王淑芬

编　写　任晓亮　马丽红　方爱东　许丽娟　王艳平

时锦为　姜　悦　王　海　刘文慧　鲁艳红

高晶蕊　王丙更　袁会娟

天津出版传媒集团

天津教育出版社

TIANJIN EDUCATION PRESS

图书在版编目(CIP)数据

教你做好课堂教学设计 / 李国臣，王淑芬编著.——天津：天津教育出版社，2014.11 (2018年7月重印)

ISBN 978-7-5309-7600-5

Ⅰ.①教… Ⅱ.①李… ②王… Ⅲ.①课堂教学—教学设计 Ⅳ.①G424.21

中国版本图书馆CIP数据核字(2014)第280716号

教你做好课堂教学设计

JIAONI ZUOHAO KETANG JIAOXUE SHEJI

出版人 刘志刚

作　者 李国臣　王淑芬

责任编辑 王剑文

装帧设计 北京桃李不言图书有限公司

出版发行 天津出版传媒集团

天津教育出版社

天津市和平区西康路35号　邮政编码300051

http://www.tjeph.com　电话(022) 23378389

经　销 全国新华书店

印　刷 北京永顺兴望印刷厂

版　次 2014年12月第1版

印　次 2018年7月第5次印刷

规　格 16开(787毫米×1092毫米)

字　数 280千字

印　张 15.75

定　价 36.00元

前　言

1974年，美国教育心理学家加涅出版了《教学设计原理》，成为西方国家教学设计理论诞生的标志。1992年，该书第四版被翻译成中文引入我国。在我国20世纪90年代中期以前，与教学设计类似的概念是备课。20世纪90年代中期以后，教学设计的概念及相关理论逐渐引起我国教育心理学家、中小学教师和教研人员的广泛重视，他们对此进行了专门研究，同时各自给出了定义和相应理论，各类专著也陆续出版。到2004年，教育部颁布的《中小学教师教育技术能力标准(试行)》给出了教学设计的正式定义，各类关于教学设计方面的培训(一般含于教育技术培训)相继全面展开，对教学设计的研究与应用进入一个新阶段。

教学设计能力是教师能力的核心，它直接影响到教育教学效果。课堂教学是教师教学活动的主战场，我们在课堂教学之前做的最重要的工作就是教学设计。课堂教学设计的水平不仅影响到一节课的教学效果，更影响到国家课程标准的实施和人才的培养。而在教学实践中，很多教师仍在运用传统的、以经验为主的方式备课，总是停留在经验的实践层面，而不能上升到科学研究的设计层面进行课堂教学设计，大多以消耗时间为手段来提高教学质量，形成教师累、学生累、效果差的局面，导致课堂教学改革很难有所突破，教学效果令人担忧。可以说，教师的教学设计能力已成为课堂教学改革和专业提升的障碍。究其根本原因，是很多教师还不能领会现代教学设计的基本方法，尤其是操作性强的用于单节课的课堂教学设计的方法。这也正是促成本书撰写的主要原因，希望本书的编写能对教师们的课堂教学设计有所启迪。

用预期的学生学习结果陈述具体和可以测量的教学目标，是良好的教学设计的出发点和归宿(《现代教学设计》，皮连生、刘杰，第86页)，这说明了教师掌握学生学习的结果对做好教学设计的重要性。在美国教育心理学家R.M.加涅(1916～2002)看来，学生后天习得的学习结果不外乎五类，即言语信息、智慧技能(分为辨别、概念、规则和高级规则四个亚类)、认知策略、动作技能和态度。而教学目标被理解为学生预期的学习结果，由此可见，学习目标也就是这五类。既然目标的分类清楚了，每类目标的教学策略、方法和评价等也就清楚了。所以，掌握了加涅关于学习结果的五个分类，可以实现为不同类型的学习结果设计不同的教学，这对于课堂教学设计有着非常重要的指导意义。

实施课堂教学需要一个过程。这个过程通常表现为师生以教学目标为引领，利用一定的教学策略，围绕教学内容开展多个单边的、双边的、多边的教学活动。这些活动从纵向看，是以习得知识、技能的基本过程为核心的教学活动系列组成；而从横向看，系列中的每一个教学活动是由目标、策略、方法、媒体和评价构成的。纵向和横向的教学活动，构成了课堂教学过程的整体框架结构。在这里，框架结构这个概念主要用于体现教学过程中师生双边活动的时空性、结构性和复杂性。本书借鉴《教学设计原理》（R.M.加涅、W.W.韦杰、K.C.戈勒斯、J.M.凯勒著，王小明、庞维国、陈保华、汪亚利译，皮连生审校）和《现代教学设计》（皮连生、刘杰主编）的相关理论和方法，探索以教材为出发点、以教学目标为核心，构建课堂教学过程框架结构的教学设计方法，即框架设计法。框架设计法的核心是确定教学目标、选择教学策略、组织教学内容、选择教学方式方法、选择教学媒体及设计教学评价的一体化。框架设计法可以做到以现代教育理论为指导，利用系统科学的方法，挖掘课堂教学过程中诸要素的内在结构，对课堂教学进行系统安排。它符合现代教学设计定义的特征，是操作性很强的课堂教学设计方法。

本书以实践操作为主，注重实例分析和方法总结，将教学设计的相关理论寓于其中，以单节课课堂教学的完整设计过程为主线进行编写。在方法讲解或实例研究中，以图片的形式提供了相应的教材内容，不必去寻找相应的教材，直接能看到相应的教材内容，这会给您的研究和学习带来方便。在案例使用中，我们选用了小学阶段的四节课作为教学设计的讲解示范的完整案例贯穿于整个教学设计过程。之所以这样选择，是因为低年级课堂教学内容相对较少，方便观察、研究和理解，但其反映的教学设计方法同样适合中小学及幼儿园的各年级。根据需求选择了中小学及幼儿园各学科的若干案例片断作为例证，同时也设计了更多各年级各学科的案例附于第八章之中供研究参考。在案例编写中，我们详细地标出了教学过程的各环节，目的在于向您呈现教学过程的每一环节及设计的目的，体现教学过程的框架结构，这样会给您分析和研究教学设计提供帮助。

本书注重实践经验的总结，其理论性、严谨性可能会显得不足。同时，限于研究水平，可能出现偏颇不全或以偏概全的情况，需读者加以修正和补充。

本书由李国臣、王淑芬编著。任晓亮、马丽红、方爱东、许丽娟、王艳平、时锦为、姜悦、王海、刘文慧、鲁艳红、高晶蕊、王丙更和袁会娟同志编写案例及部分章节的内容。其中，本书案例讲解使用的四个例子分别由许丽娟、任晓亮、王丙更和王艳平编写。方爱东、任晓亮、刘文慧和王丙更四位同志进行了最后的文字校对，在此一并表示感谢。

编　者

2014年9月10日

目　录

第一章　教学设计综述

R. M. 加涅的两本代表作《学习的条件和教学论》(1992年第四版)、《教学设计原理》(1992年第四版)被华东师范大学出版社收入“当代心理科学名著译丛”，于1999年出版以后，引起了中国许多读者(包括教育与心理学研究人员和中小学教师)的关注。他们希望运用这两本书阐述的学习论和基于学习论的教学论以及教学设计原理来指导当前的课堂与教学改革。

这两本书之所以受到关注，原因是它们代表当代心理学与学校教育的典范。一百年以前，美国著名哲学家与心理学家威廉·詹姆斯说：“教育是艺术，心理学是科学。”这似乎表明，教育与心理学之间存在着难以逾越的鸿沟。一百年后，加涅在前人以及与他同时代心理学家所做的大量学习心理研究的基础上，建立了一个兼容多种观点的系统学习理论——学习分类理论。这一理论主张，学生的学习有多种不同的类型，不同类型的学习有不同的学习过程和学习条件，并产生不同的学习结果。在学习分类理论基础上，加涅又提出了任务分析教学论，主张在实施教学之前，分析学习的不同类型，针对不同的教学目标(即预期的学生学习的结果)进行不同的教学过程、方法和评估的教学设计。在这些学习论和教学论的基础上，加涅与他的合作者逐渐开发出一门比较成熟地运用科学心理学和科学取向的教学论原理解决教育教学实践问题的技术——教学设计。经过以加涅为代表的学习心理学家和教学心理学家的努力，教育与科学心理学之间的鸿沟似乎已逐渐被填平(摘自《教学设计原理》总序)。《教学设计原理》成为西方国家教学设计理论诞生的标志，也成为我国研究教学设计的理论基础之一。

第一节　教学设计定义

一、教学

美国教育心理学家加涅把教学定义为：嵌于有目的的活动中的促进学习的一系列事件。(《教学设计原理》第4页)

张道祥主编的《当代普通教育学》(吉林大学出版社 2006)对教学的定义是：“简单地说，(教学)就是教师的教和学生的学的双边活动。即学生在教师有目的、有计划、有组织的指导下，积极主动地掌握系统的科学文化基础知识和技能，发展智力和培养能力，增强体质，逐步形成良好的思想品德，促进身心全面发展的一种教育活动。”

理解“教学”这个概念，必须把握以下三个要点：

(一)教学是师生双边的活动，没有教师的教或没有学生的学均不能构成教学。这点区分了“教学”与“自学”的根本区别。

(二)教学是在教师指导、学生主动参加的条件下进行的，它有明确的目的、严密的计划、严格的组织。这点区分了“教学”与“自发的教与学”的本质区别。

(三)教学是一种多功能的教育活动，它既要向学生传授系统的科学文化基础知识和基本技能，发展学生的智力、能力和体力，培养学生的思想品德，同时也要培养学生丰富的情感、坚强的意志和良好的个性。由此可见，教学是促进学生身心全面发展的一种教育活动。这点区分了“教学”与“智育”的区别。

课堂教学是教育教学最普遍的手段，其主要特点是把年龄和知识程度相同或相近的学生编成人数固定的班级集体，按各门学科课程标准的规定，组织教学内容和选择适当的教学方法，并根据固定的时间表，向全班学生进行授课。

二、教学过程

在学校教育中，课堂教学构成了学校教育活动的主渠道。一般认为，课堂教学过程是一种特殊的认识过程，是师生通过课堂进行信息传递、转化、相互影响的过程，即教师根据教学目的、任务和学生身心发展的特点，通过课堂这个环境，使学生掌握文化科学基础知识和基本技能，发展智力、体力，培养情感、意志，逐步形成健康良好的世界观和道德品质的过程。这个过程中的要素有“三要素”、“四要素”和“七要素”的说法。“三要素”即教师、学生和教材：教师是主体；学生是客体；教材是教师教和学生学的内容。“四要素”即教师、学生、教材和教学手段：教师是施教的主体，是教学活动的设计者、组织者和实施者；学生是学习的主体，是教学的对象；教材是教学的内容，教师要教授教材，学生要领会教材；教学手段是上述三要素相互联系的纽带。“七要素”即学生、目的、课程、方法、环境、反馈和教师。我国教学论专家李秉德教授认为，在这“七要素”中，学生是学习的主体，其目的主要是通过具体的课程和方法而实现的，课程受制于教学目的，方法受制于课程，教学环境受制于外部条件，反馈是师生双方围绕课程和方法而表现出来的，教师则是其他各要素的中介。

苏联教育家凯洛夫的以班级授课制为基础的“五环教学”影响了我国教育半个多世纪，成为我国一代又一代教育工作者倍加推崇的通用的过程模式。所谓“五环教学”，就是把课堂教学过程分为五个基本阶段——组织教学、复习旧课、讲解新课、巩固新课和布置作业。这个过程有利于系统传授知识，可以大幅度提高学校的文化科学知识的教学水平。但由于过于强调学习书本知识和教师的主导作用，而对学生在学习中的主体地位认识不足，对学生学习的积极性和主动性有所忽视，对发展学生智力、培养学生的能力强调不够，不利于创新型人才的培养，暴露出传统教学的一些弊端。

美国教育心理学家R.M.加涅博士在《教学设计原理》一书中，把学习过程为分九个阶段，即：① 通过接收器接受刺激；② 通过感觉登记器登记信息；③ 确保选择性知觉信息，以便在短时记忆中储存；④ 通过复述在短时记忆中保持信息；⑤ 为了在长时间记忆中保存而对信息进行语义编码；⑥ 将长时间记忆中的信息提取到工作记忆中；⑦ 反应生成并进入效应器；⑧ 学习结果表现于学习者的环境中；⑨ 通过执行策略对过程实行控制。

根据上述学习的九个阶段，把教学过程(加涅称为教学事件)分为九个阶段：① 引起注意，确保刺激被接受；② 告知学习目标，建立适当的预期；③ 提示学习者从长时记忆中提取先前习得的内容；④ 以清晰和富有特色的方式呈现材料，确保选择性知觉；⑤ 以适当的语义编码指导学习；⑥ 引出行为表现，包括反应生成；⑦提供关于行为表现的反馈；⑧测量行为表现，包括额外的反应反馈机会；⑨安排多种练习以促进将来的提取和迁移。

我国教育心理学家皮连生教授在加涅总结的教学过程的基础上构建了“六步三段两支”的现代教学过程模型(《现代教学设计》，皮连生、刘杰主编，首都师范大学出版社，第90页)，如图1–1所示。

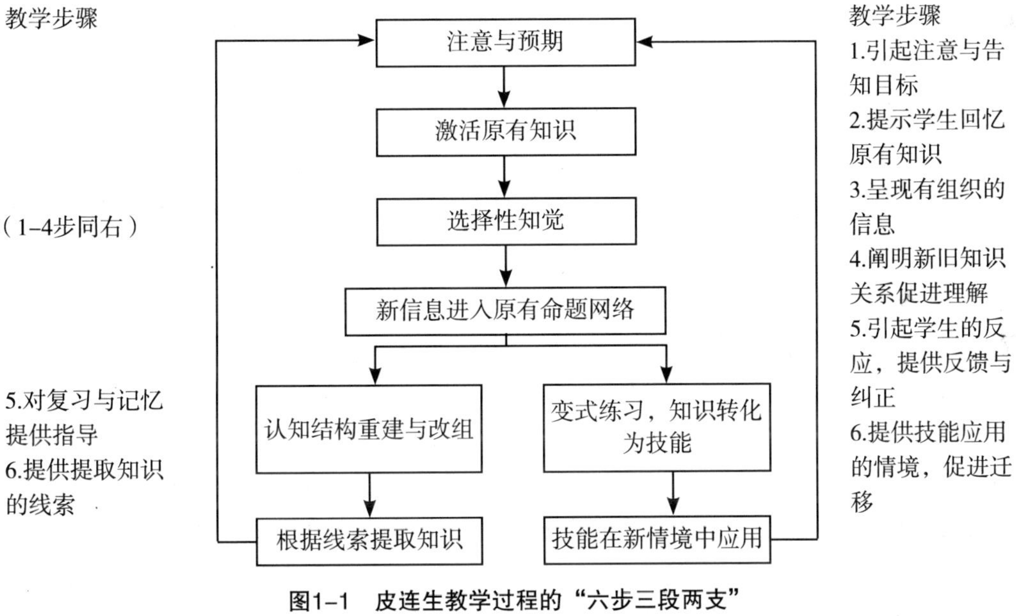

图1–1　皮连生教学过程的“六步三段两支”

上述过程的六步分为三段：第一步至第四步为知识的习得阶段，第五步为巩固阶段，第六步为应用与迁移阶段。其中，第四步以后分为两支：左边一支为陈述性知识学习的第五六两步，右边一支为程序性知识学习的第五六两步。这个过程在形式上与传统教学过程差异不大，其与传统教学过程的区别在于：一是传统的教学过程注重教师教的行为，新的模式则着眼于教师和学生的双边活动，这种模型被称为“学教并重”模型，也称为授导型或主导型；二是新模型体现了知识分类学习的思想，从第五步开始分为两类知识的学与教，左边一支为陈述性知识的学与教，右边一支为程序性知识的学与教。

分析上述几个教学过程模型可以看出，教学过程是由一系列相互联系的环节构成的。虽然这些环节还没有一个固定的模式，但一般认为，教学过程中的共性环节为“引起求知欲”、“感知教材”、“理解教材”、“巩固知识”、“运用知识”和“检查知识、技能、技巧”六个阶段。

对于以目标为导向的单节课的课堂教学过程来说，其总体的课堂过程结构可分为三个部分——导入、新课和评价。其中，新课部分由一个或几个教学目标的实施过程组成。

三、教学设计

教育技术专家对教学设计有如下定义：

美国教育心理学家加涅博士在《教学设计原理》中，将教学设计定义为：“教学系统设计是创建教学系统的过程。”教学系统被定义为“对用于促进学习的资源和程序的安排”。

乌美娜教授在1994年版《教学设计》一书中将教学设计定义为：“教学设计是运用系统方法分析教学问题和确定教学目标，建立解决教学问题的策略方案、试行解决方案、评价试行结果和对方案进行修改的过程。”

教育技术专家何克抗教授认为：“教学设计是运用系统方法，将学习理论与教学理论的原理转换成对教学目标与教学内容的分析、教学策略与教学媒体的选择、教学活动的组织及教学评价等环节进行具体计划的过程。”（《教育技术培训教程》，高等教育出版社，第19页）

教育技术专家李克东教授认为：“教学设计是应用系统科学方法分析和研究教学问题和需求，确定解决它们的教学策略、教学方法和教学步骤，并对教学结果作出评价的一种计划过程与操作程序。”

2004年12月，教育部颁布了《中小学教师教育技术能力标准(试行)》。在这个标准中，教学设计的定义是：“教学设计(Instructional Design)又称为教学系统设计(Instructional System Design)，是指主要依据教学理论、学习理论和传播理论，运用系统科学的方法，对教学目标、教学内容、教学媒体、教学策略、教学评价等教学要素和教学环节进行分析、计划并作出具体安排的过程。”（《教育技术培训教程》，高等教育出版社，第163页）从这个定义可以知道，教学设计的理论基础是教学理论、学习理论和传播理论，使用的方法是系统科学的方法，教学设计的主要内容是教学目标、教学内容、教学媒体、教学策略和教学评价等。

课堂教学设计是教学设计的重要组成部分。课堂教学设计是利用系统科学的方法，在学习理论、教学理论和传播理论的指导下，以一堂课的教学内容为重点，对相应的教学资源(如教师、学生、内容、媒体、方法和环境等)做出可操作性系统安排，以提高课堂教学效果而制订教学方案的过程。本书即以探索课堂教学设计的基本方法为主要内容。

第二节　教学设计的理论基础概述

一、学习理论

学习论是研究学习结果的类型和性质、学习的一般过程和一般条件、不同类型的学习的特殊过程和特殊条件的学说。自20世纪20年代起，它历经了三个发展阶段。

(一)行为主义学习理论

对学习理论进行系统研究，最早始于20世纪20年代初的行为主义学习理论。行为主义学习理论家是从动物实验中揭示人类行为学习原理的。这些经典动物实验主要包括：心理学家巴甫洛夫的经典条件刺激实验；桑代克的联结——试误实验；华生的刺激——反应实验；斯金纳的操作条件反射实验等。他们认为，学习是通过条件作用，在刺激（S）和反应（R）之间建立直接联结的过程。强化在刺激（S）和反应（R）联结的建立中起着重要作用。在刺激（S）和反应（R）的联结之中，个体学习者学到的是习惯，而习惯是反复练习与强化的结果。习惯一旦形成，只要原来的或类似的刺激情境出现，习得的习惯性反应就会自动出现。行为主义学习理论对教学设计有着深远的影响，其理论应用在学校教育实践上，就是教师在教学过程中设计一系列的刺激项目(学习项目)，学习者通过“刺激——反应——强化”的步骤习得教学目标所要求的知识。行为主义学习理论虽然注重和强调了学习者通过学习活动产生变化的一个侧面，即学习者变化的可观察性这一面，但它没有深入地考虑学习过程中学习者的思维过程、心理状态以及许多无法通过行为直接观察到的心理现象，未涉及学习者的内在认知结构和学习能力。

(二)认知主义学习理论

20世纪60年代，行为主义学习理论逐渐被认知主义学习理论所代替。认知主义学习理论家集中于人类学习的研究，认为人类的学习是经验的重组，是认知结构的获得和建构过程。认知主义学习理论的先驱是德国的格式塔学派。所谓格式塔，是一个德语词，意即完形。他们主张学习在于构成一种完形，是改变一个完形为另一个完形。皮亚杰的认知结构思想吸取了格式塔学派关于学习的认知和组织的观点，更强调有机体与环境的交互作用，通过同化与顺应的过程取得与环境的平衡，从学习理论上更强调建构的作用。奥苏伯尔提出了有意接受学习论，布鲁纳提出了发现学习理念，他们都重视所学内容的结构的重要性。其中，奥苏伯尔强调把知识按上下位概念组织成层次结构，然后再按这种层次组织教学的序列。学习者则按照教师的传递程序，将新旧知识联系起来，进行有意义的接受学习。布鲁纳提出了发现学习论，强调发现学习，认为应通过指导发现法，使学生主动地去进行探索和解决问题，从而进行学习。他指出：“在学校里的学习，不仅应该学到学术知识本身，而且应该引导学生学会学习的技能。”认知主义学习理论强调新知识的学习受原有知识结构的影响，新的信息只有被原有知识所容纳(同化或顺应)，才能被学习者所接受。因此，在教学设计中应注重为学生提供已有知识及已有知识向新知识的转化方法。

(三)建构主义学习理论

建构主义学习理论是认知主义学习理论的发展，始于上个世纪90年代，来源于认知加工学说，以及维果斯基、皮亚杰和布鲁纳等人的思想。建构主义学者主张世界是客观存在的，但对世界的理解和赋予意义却是由每个人自己决定的。所以，其更关注如何以原有的经验、心理结构和信念为基础来建构知识。由于建构主义所要求的学习环境得到了当代最新信息技术成果的强有力支持，建构主义理论日益与广大教师的教学实践普遍地结合起来，从而成为国内外学校深化教学改革的指导思想。根据建构主义学习理论的基本理念，在教学设计过程中，教师必须走出以自我为中心的传统角色模式，强调以学生为中心，强调学生对知识的主动探索、主动发现和对所学知识意义的主动建构，积极开展自主学习、合作学习和研究性学习。

二、教学理论

教学理论即教学论。根据《教育大词典》的定义，教学论是“以研究教学规律为对象的学科”，其研究范围包括教学任务(目的)、内容、过程、原则、方法、形式和评价等。最早的系统的教学论著作是1657年捷克教育家夸美纽斯的《大教学论》，它的出版被认为标志着以哲学和经验为取向的教学论正式诞生。在《大教学论》中，夸美纽斯提出了一系列教学原则，如直观性原则、循序渐进原则、量力性原则和自觉性原则等，而最重要的是“教育适应自然秩序原则”。1806年，德国教育家赫尔巴特出版的《普通教育学》标志着教育学成为一门独立的学科。他最主要的教育观点是:“教育的最高目的是道德和性格的完善，教学可以按照明了、联想、系统和方法四步去进行。”这就是所谓的“四段教学法”。他的学生后来又将其发展成五段教学法，强调教师的权威作用。赫尔巴特的教育理论对19世纪以后的教育实践和教育思想产生了很大影响，被看成是传统教育理论的代表。对我国教育影响最大的教学论是苏联教育家凯洛夫主编的《教育学》(1939)。该书主张培养全面发展的建设者，注重基础知识和基本技能的培训，重视课堂教学和教师的主导作用。该书被翻译介绍到新中国有1948年和1956年两个版本。当时的城市中小学教师几乎人手一册，可见其流传之广、影响之大。凯洛夫主编的《教育学》的引进，有利于确立马列主义教育学说在我国教育学中的指导地位，影响了我国教育学科建设，以及人们对一些教育基本问题的理解，如教育与政治、经济的关系，人的全面发展，强调教师、教材、知识和课堂教学的重要性等。

传统的以哲学和经验为取向的教学论主要的教学原则有科学性和思想性统一的原则、理论联系实际的原则、传授知识和发展能力相统一的原则、教师主导作用和学生自学积极性相结合的原则、直观性与抽象性统一原则、系统性和循序渐进相结合的原则、统一要求和因材施教相结合的原则以及理解和巩固相结合的原则等。

传统的以哲学和经验为取向的教学方法主要有讲授法、读书指导法、练习法、演示法、实验法、实习作业法、讨论法和研究法等。

这些原则和方法的局限性在于：由于它们是在一定哲学观指导下，总结教师的教学实践经验而提炼出来的，尚缺乏科学的学习论基础。20世纪50年代以后，持科学观的教育心理学家对哲学和经验取向的教学论的含糊性和缺乏可操作性有所不满，力图建立以科学心理学(尤其是以学习科学)为基础的教学论。其中，50～70年代，苏联有以赞科夫为代表的发展性教学论，美国有以布鲁纳为代表的认知结构教学论，联邦德国有以瓦·根舍因为代表的范例教学论；70～80年代，美国有以布卢姆为代表的掌握学习教学论，苏联有以巴班斯基为代表的最优化教学论；90年代主要是美国的认知建构主义教学论。其中，美国教育心理学家加涅1965年出版的《学习的条件》(1985年出版时更名为《学习的条件和教学论》)和1974年出版的《教学设计原理》对教学设计有非常重要的意义。

由于科学取向的教学论是建立在经过实证研究获得的学习规律的基础之上的，因而得出的规律是清晰的、具体的、可操作的和有条件限制的。这些以科学心理学和实证研究为取向的教学原则的主要观点有：好的教学应有利于激励学生的学习动机；好的教学应充分利用学生原有的知识；好的教学应适应学生的个别差异；用具体的教学目标指导教师的教、学生的学和学习结果的测量与评价；通过任务分析，为不同的教学目标选择最优教学步骤、方法和技术。其中第一条强调的是学习动机的重要性，第二条强调的是原有知识基础的重要性，第三条反映的是学生的智商在学习中的作用，第四条被称为目标导向教学原则，第五条被称为依据任务分析进行教学设计的原则。

三、传播理论

传播一词译自英语 communication，也有人把它译成交流、沟通、传通和传意等，它来源于拉丁文 communicure，意思是共用或共享。现在一般将传播看成是特定的个体或群体(即传播者)运用一定的媒体和形式，向受传者进行信息传递和交流的一种社会活动。西北师范大学南国农教授把教育传播过程分解为六个阶段(如图1-2)：

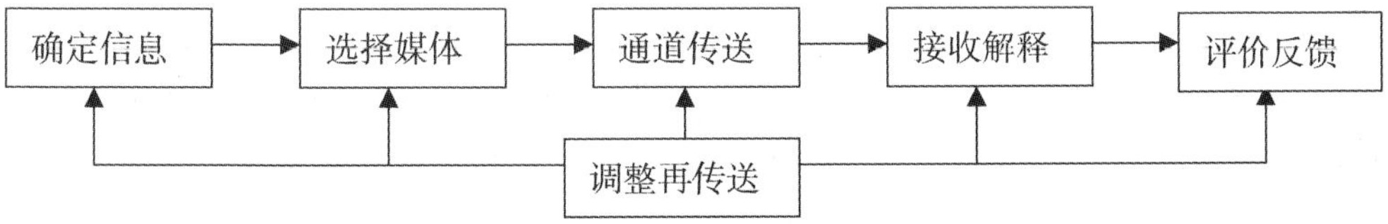

图1-2 教学传播过程分解图

(一)确定教学信息

教学传播过程的第一步是确定所要传递的教学信息。传递什么信息，要依据教学目的和课程的培养目标而定。一般说来，课程的文字教材是按照课程标准由专家精心编写的，通常都体现了要传递的教学信息。因此，在这一传播阶段，教师要认真钻研文字教材，对每一单元的教学内容进行仔细分析，并将内容分解成若干个知识点，并确定每个知识点所要求达到的学习水平。

(二)选择传播媒体

选择传递信息的媒体，实际上就是信息编码活动。某种信息该用何类符号和信号的媒体去呈现和传递，是一个较为复杂的问题，需用一套原理加以指导。例如：所选择的媒体要能准确地呈现信息内容；要符合学生的经验和知识水平，容易被接受和理解；容易得到，需要付出的代价不大，而又能获得较好的传播效果。

(三)媒体传递信息

这时，首先要解决两个问题。一是信号要传至多远，范围多大。要根据信号的传递要求应用好媒体，保证信号传递的质量。二是信息内容的先后传递顺序问题。在应用媒体之前，必须做好信息传递的结构设计。在媒体运作时，有步骤地按照设计方案传递信息。媒体传递信号时，应尽量减少各种干扰，确保传递质量。

(四)接收和解释信息

在这一阶段，学生接收信号并将它解释为信息意义，实际上就是信息译码的活动。学生首先通过各种感官接收经由各种媒体传来的信号，然后依据自身的经验和知识，将符号解释为信息意义，并随之储存在大脑中。

(五)评价和反馈

学生接收信号解释信息之后，增长了知识，发展了智力。但是否达到了预期的教学目的，还需要进行评价。评价的方式和方法很多，可以观察学生的行为变化，也可以通过课堂提问、课后书面作业及阶段性测验等反馈信息。

(六)调整和再传递

通过将获得的反馈信息与预定的教学目的作比较，可以发现教学传播过程中的不足，以便调整教学信息、教学媒体和教学顺序，进行再次传递。如在课堂提问时发现问题，可即时进行调整；在课后作业中发现问题，可进行集体补习和个别辅导；在远距离教学中发现问题，可以增发辅导资料或在一定范围内组织面授辅导。

传播理论对教育理论发展的贡献在于从静态的媒体论走向动态的过程论。传播理论的引进使教学由仅仅重视教具、教材的使用，转变为充分关注教学信息怎样从发送者(教师)经由各种渠道(媒体)传递到接受者(学生)的整个传播过程。它把教师、学生、教学内容和教学媒体都置于整个教学过程之中，指明了教育传播过程中信息的流向是双向的、互动的，克服了传统只注重信息的单向传递而不研究学生反应的不良倾向。

第三节　教学设计的类型

教学设计是综合多种学科理论和技术研究成果的学科，其受教育理论、教学环境和教学内容等多种因素的影响，会形成各种类型的教学设计。

一、讲授型、探究型、主导型

如果以理论基础(尤其是学习理论)进行划分，教学设计主要包括面向教师教的传统教学设计、建构主义环境下的教学设计和“学教并重”的教学设计三个类型，这三个类型分别称为讲授型、探究型、主导型。

讲授型教学设计通常也称为以教为中心的教学设计，主要面向教师的“教”，以教师讲授为主。其主要内容是研究如何帮助教师把课备好、教好，其教育思想倾向于以教师为中心。按照这样的理论和方法设计出来的教学有利于教师主导作用的发挥，有利于教师对整个教学活动进程的监控，有利于系统科学知识的传授，有利于教学目标的完成，对于学生全面打好各学科知识基础是有利的；不足之处是，由于长期“重教轻学”，忽视学生的自主学习、自主探究，容易造成学生对教师、对书本、对权威的迷信，且缺乏发散思维、批判思维和想象力。其教学设计的主要特点就是“教师讲、学生听”。

探究型教学设计也称为以学为中心的教学设计或建构主义教学设计，其教育思想倾向于以学生为中心，特别强调学习者的自主建构、自主探究和自主发现，这无疑对学生创新精神与创新能力的培养是大有好处的。但其却忽视教学目标分析，忽视教师主导作用的发挥。其教学设计的主要特点是“学生探究、教师助学”。

主导型教学设计也叫授导型教学设计，我们也称之为“学教并重”的教学设计。它既强调充分体现学生的主体地位，又强调充分发挥教师的主导作用。这不仅对学生的知识技能与创新能力的训练有利，对于学生健康情感与价值观的培养也是大有好处的。主导型教学设计是教学中最常用的教学设计类型，其主要特点是“教师主导、学生主体”。

二、宏观型、微观型

如果以教学内容的范畴来划分，教学设计可以分为宏观型和微观型两种类型。

宏观型教学设计是指针对国家或地方的总体课程和学科课程所进行的教学设计。

微观型教学设计是指对单元或单节各节课层面所进行的教学设计，也叫单元教学设计或课时教学设计。

有研究者在宏观型教学设计与微观型教学设计之间又增加了一个中观型教学设计，它一般是指对一门教材、一个单元或一个主题的教学设计。这时，微观设计便专门指课时教学设计。经过这样的分类，教学设计可以分为宏观型、中观型和微观型三类。

三、普通型、多媒体型、网络型

如果以教学环境来划分，教学设计可分为普通型、多媒体型、网络型三种类型。

普通型教学设计是指在传统教室环境下进行教学的教学设计。

多媒体型教学设计是指在多媒体教室环境下进行课堂教学的教学设计。一般过程为：分析教学内容，确定教学目标；选择教学媒体，创设教学情境；指导学生自主学习，组织协作活动；确定教学要素关系，形成教学过程结构；设计测量工具，进行学习评价。(引自《多媒体教学设计》，李克东、谢幼如)

网络型教学设计是指在网络教室(或互联网)环境下的教学设计。一般过程为学习目标与任务的确定、学习者特征的分析、学习环境的选择、学习情境的创设、学习资源的设计、学习活动的组织和学习评价的设计。

第四节　教学设计与备课的区别

教学设计与传统的教师备课活动都属于上课前的准备工作，都是对课堂教学过程诸要素的预先安排。教学设计的要素有目标、教师、学生、内容、媒体和评价等，传统备课也要求备大纲、备教材、备学生、备方法等因素，这与教学设计并没有原则上的差异，属于不同时期的不同名称。

但二者也存在明显的区别，主要是理论基础不同。

传统备课主要是以哲学取向的教学论为理论基础，往往以教师的自身经验来分析和处理教学过程中的有关问题，随意性强，是教师个体或群体经验的产物，侧重教师的教。虽然其也强调教学目的，但不够清晰、具体。捷克教育家夸美纽斯的《大教学论》、德国教育家赫尔巴特的《普通教育学》、苏联教育家凯洛夫的《教育学》和美国教育家杜威的实用主义教育理论等都是传统备课的理论基础。

教学设计是以科学取向的教学论为理论基础，以系统科学的方法分析解决教学问题。它既有明确、具体、可测的目标，又有可验证的、可重复的教学过程。加涅1965年出版了《学习的条件》一书，阐明了学习结果的分类及每类学习结果的外部行为表现和学习的过程、条件。在此基础上，加涅提出了不同于哲学和经验取向的教学论，称这种教学论为任务分析教学论。1985年版的《学习的条件》一书改名为《学习的条件和教学论》。它的含义是：教师和教学设计者应对作为教学目标的学习结果的类型进行分析；根据不同类型学习的规律为学生的学习创设最佳的内部条件和外部条件；最后根据每类学习结果的不同性质进行学习结果的测量和评价。这就给教学设计指出了明确的方法。1974年，加涅在《学习的条件》的基础上出版的《教学设计原理》是其学习论和教学论思想的具体运用，成为西方教学设计理论的标志。《教学设计原理》对教师进行教学设计具有非常现实的指导意义。

由于理论基础不同，传统备课与教学设计的方法也存在较大差异。传统备课的核心做法是教师凭借自己的教学经验来安排课堂教学过程，目的性不明了，是否达到目的也不明了。而教学设计是根据不同的知识类型选择不同的教学策略、教学方法、教学媒体及不同的评价方法，即为不同的学习结果设计不同的教学，能够做到教学目标明了、过程清晰、评价有效。

第五节 教学设计的意义

一、教学设计是教育理论和教学实践的桥梁

教学设计有利于教学活动在现代教育理论指导下，落实课程标准，提高课堂效率，保证教学质量。把现代教育理论应用到教学实践中指导教学实践的重要手段就是做好教学设计。进行教学设计时，教师运用系统科学的方法，依据课程标准设计教学目标和教学内容，并设计相应的教学策略和评价方法，使教学目标、教学过程和教学评价之间和谐有序，克服教学过程中的随意性、盲目性，保证在教学实际运行过程中达到预期最好的教学效果，实现教学效果的最优化，实现课堂教学的高效率，保证较高的教学质量。

二、教学设计可以有效缩短课程目标所期待的状态与水平和学生当前状态与水平的差距

教学设计是教师和学生之间的桥梁。教师课堂教学活动体现的是课程目标所期待的状态和水平，这和学生当前的状态和水平有一定的差距。教学设计的作用就是在课程水平和学生当前水平之间建立起桥梁，因此，一个最优化的教学设计能最大限度地缩小二者之间的差距，实现教学的最优化。

三、教学设计水平制约着课堂教学改革

我们在教学改革实践中会发现，一些教师改革的步子不大，或虽有改革也局限于某些特定模式和方法的改革。究其原因，这些教师的教学改革仍仅限于实践层面，并未上升到更高的设计层面，缺乏教学设计理论的指导。教师的教学设计能力已成为教学改革的障碍，制约着课堂教学改革的发展；教师教学设计能力的提升，是教学改革与发展急需解决的核心问题和方向性问题。

四、教学设计是教师专业化的制高点

教师专业发展是时代和教育发展的必然要求和选择，只有确立教师专业发展的理念，寻找到教师专业发展的最佳结合点，才能使教师专业发展平稳而迅速。随着社会的发展变迁，现代教育技术逐渐成为教师专业发展的核心动力，渗透到教师专业发展的各个层面，成为教师专业发展的制高点和教师最核心的教育技术。事实证明，现代教育技术是教育改革和发展的制高点与突破口。从现代教育技术的含义和教学实践可以看出现代教学设计正是现代教育技术的制高点，是教师专业化的核心标志。掌握了现代教学设计原理的教师，其在设计教学活动、指导学生学习、提高教学水平方面会拥有更高的视野。

第六节　课堂教学设计的过程

关于课堂教学设计的过程应该经历怎样一些阶段，目前还没有一个权威的定义，但公认的共性要素一般有学习者特征的分析、教学内容的分析、教学目标的确定与表述、教学策略的制定与方法的选择、教学媒体的选择与运用以及教学评价的设计等。对于现行教学来说，进行教学设计时教师手中已有了教材，而教材是依据国家课程标准编写的，教材内容能最大限度地体现课程标准的要求。一般来说，从教材入手进行教学设计已是广大教师进行教学设计的习惯。

依据加涅《教学设计原理》的基本思想，本书所倡导的课堂教学设计的基本过程如下：

一、设计教学目标

从教材入手，对教材内容依据目标分类理论进行分类，结合课程标准和学生学习水平制定各课教学目标，这个过程叫设计教学目标。它是教学设计的核心环节，一旦目标不清，实施起来就会混乱，就会很难保证教学效果。

二、设计教学策略

确定了教学目标以后，接下来就是设计如何实施目标，也就是设计每个教学目标的教学策略。这是教学设计的关键环节，它决定目标实施的教学过程。

三、组织教学内容

教学内容可以分为三部分。一部分是支持各教学目标实施策略的内容，这是组织教学内容的重点。另外两部分是支持新课导入与课堂教学评价的内容。教学内容设计是教学设计的中心环节，任何目标的实施都要通过教学内容来实现。所以，针对教学目标，根据教学策略的过程步骤，选择足够的、高质量的教学内容，是保证课堂教学高效实施的前提条件。

四、选择教学方式和方法

有了教学内容以后，要考虑如何把每个教学内容传递或呈现给学生，即设计教学方式和方法，它是教学设计的重点。任何教学内容都需要教学方式和方法来传递，教学方式和方法的优劣直接影响着教学质量。

五、选择教学媒体

确定了教学方式和方法以后，要选择支持相应方式方法的教学媒体。选择合适的媒体作为支撑，不但可以使教学效果提升到一个新的高度，而且可以使师生在教学活动中教得轻松、学得愉快。

六、撰写教学过程和结构方案

教学设计最后是用适当的形式把教学过程和结构撰写出来，形成教学过程和结构方案，它是教学设计的结晶，是教师实施教学的基本保障。

上述第一至第三步更多的是体现教育者的意志和期望，而第四步至第六步则是在教育者期望的水平和学生的实际水平之间建立起桥梁，更能体现教师的教学特色和个性。

第二章 知识的分类与教学目标的设计

科学心理学认为，学习是通过后天经验引起的能力和倾向相对持久的变化。这些能力和倾向的变化就是习得了知识、技能与态度，这些知识、技能与态度就是学习的结果。而教学目标被认为是预期的学习结果，所以，教学目标和学习结果被认为是同一件事。设计教学目标就是要设计经过课堂教学后所期望得到的学习结果，为此，必须首先研究学习结果的分类(即教学知识的分类)。

第一节 教学知识的分类

一、加涅关于学习结果的分类

加涅把影响学生学习的素质分为三类——先天素质、后天习得的素质和个体发展中自然形成的素质。教学活动主要是培养后天习得的素质。加涅认为，不论中小学生学习何种学科，其学习结果(即习得的素质)都可以划分为以下五种类型：

1.言语信息

言语信息是指可以用言语符号或文字符号表达的信息。包括：(1）符号，即用以指称相应事物（包括特殊个别事物和类别性事物）的标记。换言之,就是事物的名称。标记同一事物的符号一般有两种形态，即形符（主要指文字符号）和音符。比如钟表这类物品，它在汉语中的形符是“钟表”，音符是“zhōng biǎo”。这两种形态是可以分离的。(2）事实，指用以表达两个或两个以上有名称的客体或事件之间关系的言语陈述，实际上就是命题。如一个星期有七天。(3）整体性知识，即各种事实的联合体，也就是通常所说的知识网络。如第二次世界大战产生的原因、主要参战国以及战争经过和结果等。

2.智慧技能

智慧技能是指用符号对外办事的能力，即“做什么”的能力。如运用“长方形面积 = 长 × 宽”这一公式求出具体的土地或房屋的面积。智慧技能是学生理解和运用概念、规则进行逻辑推理的能力，包括四个亚类——辨别、概念(又分为具体概念和定义概念)、规则和高级规则。

3.认知策略

认知策略是指运用规则调控自己的学习、记忆和思维等认知过程的能力。它是关于人们如何学习、思考、记忆和解决问题的方式方法的知识。如在打电话时，为了记住要拨打的电话号码，在拨打之前先要重复几遍，这种重复的方法就被称为复述策略。

4.动作技能

动作技能是指运用规则调控自身肌肉协调的能力。如婴儿学会发“猫咪”的音、成人学会打乒乓球以及儿童学会书写字母等。

5.态度

态度是指通过后天学习形成的影响个体行为选择的内部倾向。例如，在课余自由活动时，有的学生去图书馆看课外书，有的学生去操场上打球，有的学生在室内下棋等。这些不同的自由选择反映了学生的内部倾向，即态度。所以，也可以把态度定义为个体对他人、对自己以及对事对物的行为选择的内部倾向。

加涅关于学习结果的五个分类非常明确、具体和细致，具有较强的层次性。比如，他把智慧技能分为辨别、概念(具体概念和定义概念)、规则和高级规则四个亚类，非常符合通常人们进行分类的习惯。言语信息和传统上所说的知识是一致的；而智慧技能、认知策略就是认知技能，认知技能和动作技能构成人的技能。而技能的特征是用一套规则来调控人办事的能力；如果这套规则调控的行为是用肢体、骨骼、肌肉等进行某种活动，那么这种技能就是动作技能。如果调控的行为是在大脑中完成的，那么这种技能就是认知技能。在认知技能中，如果调控的是对外活动的能力，就是智慧技能；如果调控的是对内的认知活动，就是认识策略。由于认知策略调控的行为是在大脑中进行的，因此，认知策略也被认为是高级的智慧技能；态度作为人类的一种性能，它是影响行为选择的内部倾向。正因为如此，加涅的这个分类较好地解决了传统哲学取向的教学论关于知识与技能分类不清晰的问题，是我们进行知识分类的主要依据。

二、信息加工心理学关于知识的分类

信息加工心理学家大多同意把人类习得的知识分为两大类——陈述性知识和程序性知识。

1.陈述性知识

陈述性知识即用于回答“是什么”的知识。如回答“中国的首都在哪里”、“第二次世界大战的原因是什么”、“人的心脏结构与血液循环有什么关系”等问题的知识。这类知识大致与传统上讲的知识(即狭义的知识)相当，也就是加涅关于学习结果分类中的言语信息类知识。

2.程序性知识

程序性知识是一套办事的操作步骤，即用于回答“怎么办”的知识。如回答“小学生怎么做加减乘除的计算题”、“怎么用正确的词造出合乎规范的句子”、“在一个三角形中，怎样从已知的两个内角的度数求出第三个角的度数”等问题。这类知识与我们这里所说的技能相吻合，也就是加涅关于学习结果分类中的智慧技能、认知策略和动作技能。广义的知识分类如图2-1所示。

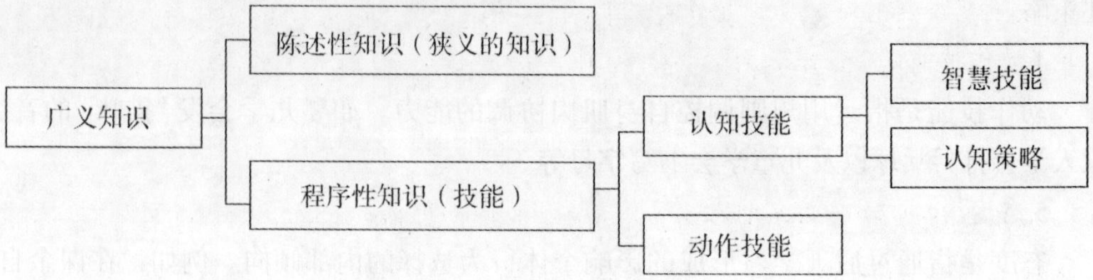

图2-1 广义的知识分类

程序性知识与陈述性知识的区别主要有以下几个方面：第一，陈述性知识是关于"是什么"的知识，以命题及其命题网络来表征；程序性知识是关于"怎样做"的知识，以产生式来表征。第二，陈述性知识是一种静态的知识，它的激活是输入信息的再现；而程序性知识是一种动态的知识，它的激活是对信息的变形和操作。

在很多学习活动中，陈述性知识和程序性知识这两类知识是结合在一起的。在学习过程中，最初都以陈述性知识的形式来习得，只是在大量练习之后，陈述性知识才具有了自动化的特点，陈述性知识才转化为程序性知识；反过来，学习者所掌握的程序性知识也会促进新的陈述性知识的学习。

从这个分类可以知道，广义知识的概念也包括了技能。因此，对学生进行某种技能的培养和训练不应该忽视有关概念、规则等知识的传授，也不应该使学生陷入题海之中，埋头苦练，而应该首先使学生掌握或理解有关操作或运算步骤的知识，使这些知识进入原有的命题网络；然后，设计变式练习，让学生在多种问题情境中进行练习，以促进陈述性知识转化为程序性知识。这对于科学传授知识与培养能力的关系具有明确的指导意义。

信息加工心理学关于知识的分类比较宽泛，容易被人接受，并阐明了程序性知识是由陈述性知识转化而来的理论，但该分类没有涉及态度方面的知识。

三、布卢姆关于教学目标的分类

布卢姆等人在20世纪50年代提出的教学目标分类理论中，将教学所要实现的目标按学习水平分为认知、动作技能和情感三大领域。

(一)认知领域的目标

1.知识

知识是指对先前学习过的材料的记忆，包括具体事实、方法、过程和理论等。

2.领会

领会比知识高一级水平，是指能把握知识材料意义，要求问题的情境与原先学习的情境有适当的变化，如用自己的话或用与原先不同的方式来表述所学的内容，或对原先学过的知识加以说明或概述等。

3.运用

运用是理解的标志，是指把学到的知识应用于新的情境、解决实际问题的能力。它包括概念、原理、方法和理论的应用。运用的能力以知道和领会为基础，是较高水平的理解。

4.分析

分析是指把复杂的知识分解为各个组成部分并理解各部分之间的联系。分析代表了比运用更高的智力水平，因为它既要理解知识材料的内容，又要理解其结构。

5.综合

综合是指将所学知识的各部分重新组合，形成一个新的整体，如撰写一篇内容独特的文章等。它所强调的是创造能力，即形成新的模式或结构的能力。

6.评价

评价是指对材料进行价值判断，是最高水平的认知学习结果。它是利用两个标准(内在标准和外在标准)对别人的思维产品进行价值判断，如评价某篇文章的水平与价值等。

(二)情感领域的目标

1964年，布卢姆的合作者提出了情感领域里的目标分类，由低到高共分5级水平，分别是接受、反应、价值化、组织以及价值与价值体系的性格化。

1.接受（注意）

接受是指学生愿意注意特殊的现象或刺激(如课堂活动、教科书和文体活动等)。从教的方面来看，其任务是指引和维持学生的注意。学习结果包括从意识到某一事物的存在的简单注意到学生的选择性注意。它是低级的价值内化水平。

2.反应

反应是指学生主动参与。处在这一水平的学生，不仅注意某种现象，而且以某种方式对它作出反应(如自愿读规定范围外的材料)以及反应的满足(如以愉快的心情阅读)，这类目标与教师通常所说的“兴趣”类似，强调对特殊活动的选择与满足。

3.价值化

价值化是指学生将特殊的对象、现象或行为与一定的价值标准相联系。包括接受某种价值标准(如愿意改进与团体交往的技能)，偏爱某种价值标准和为某种价值标准作奉献(如为发挥集体的有效作用而承担义务)。这一阶段的学习结果所涉及的行为的一致性和稳定性使得这种价值标准清晰可辨。价值化与教师通常所说的“态度”和“欣赏”类似。

4.组织

组织是指将许多不同的价值标准组合在一起，克服它们之间的矛盾、冲突，并开始建立内在一致的价值体系。重点是将许多价值标准进行比较、关联和系统化。学习的结果可能涉及某一价值系统的组织。与人生哲学有关的教学目标属于这一级水平。

5.价值与价值体系的性格化

价值与价值体系的性格化是指个人具有长时期控制自己的行为以至发展了性格化“生活方式”的价值体系。其行为是普遍的、一致的和可以预期的。这一水平的学习结果包括范围广泛的活动，但强调学生行为的典型性和性格化。这一阶段的教学目标着重突出学生的一般适应模式(包括个人的、社会的和情绪的)。

(三)动作技能领域的目标

1972年，布卢姆的合作者又提出了动作技能领域的目标分类，由低到高分为7级水平，分别是知觉、定向、有指导的反应、机械动作、复杂的外显反应、适应和创新。

1.知觉

知觉是指运用感官获得信息以指导动作。

2.定向

定向是指对稳定的活动的准备，包括心理定向(心理准备)、生理定向(生理准备)和情绪准备(意愿活动)。知觉是其先决条件。

3.有指导的反应

有指导的反应是指复杂动作技能学习的早期阶段，包括模仿和尝试错误。通过教师或一套适当的标准可判断操作的适当性。

4.机械动作

机械动作是指学习者的反应已成为习惯，能以某种熟练和自信水平完成动作。这一阶段的学习结果涉及各种形式的操作技能，但动作模式并不复杂。

5.复杂的外显反应

复杂的外显反应是指包含复杂动作模式的熟练动作操作，操作的熟练性以迅速、连贯、精确和轻松为指标。

6.适应

适应是指技能的高度发展水平，学生能修正自己的动作模式以适应特殊的装置或满足具体情境的需要。

7.创新

创新是指创造新的动作模式以适合具体情境。它强调以高度发展的技能为基础的创造能力。

布卢姆关于教学目标的分类是根据学习水平对知识进行的分类，由低到高自成体系，便于对知识的测量，尤其是对大单元的知识的测量。

四、我国新课程标准的分类

我国《基础教育课程改革纲要(试行)》中有这样的叙述：“国家课程标准是教材编写、教学、评估和考试命题的依据，是国家管理和评价课程的基础。应体现国家对不同阶段的学生在知识与技能、过程与方法、情感态度与价值观等方面的基本要求，规定各门课程的性质、目标、内容框架，提出教学和评价建议。”这说明国家课程标准是按“知识与技能”、“过程与方法”、“情感态度与价值观”三个类别来设计不同阶段、不同学科课程标准的，可以把知识与技能、过程与方法和情感态度与价值观理解为对教学知识的一种分类方法。

在上述分类中，虽然分类的标准不一，但都把学习结果分为三个领域，即认知领域、动作技能领域和情感领域，其中认知领域是重点。

信息加工心理学关于知识的分类与加涅分类的关系是：陈述性知识即加涅的言语信息，而程序性知识包括加涅分类中的智慧技能、动作技能和认知策略。

加涅关于学习结果的分类与布卢姆教学目标的分类的关系是：二者在三大领域的划分是完全相同的，不同的只是用词上的区别。在认知领域的用词及涉及的范围完全相同，布卢姆的“知识”对应加涅的“言语信息”、布卢姆的“智慧技能”（领会、运用、分析、综合和评价）对应加涅的“智慧技能”（辨别、概念、规则和高级规则）和认知策略；布卢姆的“情感”即加涅的“态度”；布卢姆的“心因动作”也就是加涅的“动作技能”。

加涅关于学习结果的分类与我国三维目标分类的关系是：加涅的言语信息、智慧技能和动作技能对应我国三维目标的知识与技能；加涅的态度即我国课程标准中的情感态度与价值观；加涅的认知策略大体相当于我国课程标准中的过程与方法。

第二节 教学目标的设计

教学目标设计是教学设计的核心环节。在进行课堂教学设计时，教师首先会遇到“这节课要教给学生什么”、“学生要学会什么”、“要把教材内容分解为几个部分来组织教学”、“分解教学内容的依据是什么”等问题。回答这些问题都涉及一个重要概念——教学目标。有了这个概念，上述问题便会迎刃而解。因此，课堂教学设计的第一步就是设计本节课或几节课组成的教学课题的教学目标。

一、教学目标及其作用

教学目标是教师完成教学任务和学生完成学习任务所要达到的要求和标准，是预期的学生学习的结果。教学目标设置得是否合理，是衡量一个教学设计是否优秀的重要指标之一。在教学实践中，由于目标设置不合理、表述不清楚，或把目标束之高阁，使目标不明或者有偏差或者有遗失，致使教学行为表现出盲目性和随意性，导致教学效率低、教学效果差。明确的教学目标是实现教学最优化的重要前提，是课堂教学设计其他环节的依据，是教师教、学生学的方向和指南，是整个教学过程的灵魂，它贯穿于整个教学过程，具有导教、导学和导测评的功能。

二、指导教学目标设计的理论

由于学习目标被认为是预期的学习结果，因此，指导教学目标设计的理论仍是加涅的学习结果分类理论、布卢姆教育目标分类理论、科学心理学关于广义知识的分类理论和我国课程标准中“三维目标”的分类理论。

在四种目标分类中，布卢姆的目标分类告诉了人们如何测量，而没有告诉人们如何学和教。它更利于教学结果的评价，适用于较大教学单元的目标设计。如果按布卢姆的分类进行单节课课堂教学目标的设计，那么，同一个知识点要按知识、理解、运用、分析、综合和评价六个层次进行制定，这样势必造成同一内容的重复陈述。

加涅的五个分类更利于课时目标的设计，因为加涅关于学习结果的分类更加具体、明确，尤其是提出了智慧技能包括辨别、概念、规则和高级规则，这样就使“看不见”的技能变成了可以教会和可以严格测量的能力。根据加涅的分类，学生的学习结果也分为言语信息、智慧技能、认知策略、动作技能和态度这五类，教师只需要对教材内容进行分析，归入上述类别就可确定教学目标。可以说，加涅关于学习结果的分类是教学设计者设置教学目标最重要的科学依据。

科学心理学把广义知识分为陈述性知识和程序性知识。陈述性知识即加涅所说的言语信息，程序性知识包括认知技能和动作技能，认知技能又分为智慧技能和认知策略。这个分类明确了知识与技能及其联系，但未涉及情感、态度与价值观领域。这个分类对指导知识与技能型教学目标设计具有指导意义。

我国新课程标准把学生习得的知识分为“三个维度”，即知识与技能、过程与方法和情感态度与价值观，用于指导学科、学段教学目标及课堂教学目标的设计。其分类宽泛，不便于详细分类，但利于目标的陈述。

对于单节课的教学目标的设计来说，按加涅的分类方法对教学内容进行分类，用我国课程标准的“三个维度”进行分类呈现，是教学目标设计与表述的较好选择。

此外，在各学科新课程标准中，还提供了一些相应的表述目标的行为动词。当教师在确定目标水平时，根据加涅的学习结果的五个分类进行分析，然后选择这些相应的行为动词来表述教学目标，这就为分类陈述教学目标提供了方便。这些行为动词分别介绍如下：

知识与技能：①了解：说出、背诵、辨认、回忆、选出、举例、列举、复述、描述、识别、再认等；②理解：解释、说明、阐明、比较、分类、归纳、概述、概括、判断、区别、提供、猜测、检索、收集、整理等；③应用：运用、使用、质疑、辩护、设计、解决、撰写、拟定、检验、计划、总结、推广、证明、评价等；④动作技能：尝试、重复、模仿、完成、运用、使用、联系、转换、灵活运用等。

过程与方法：如经历、发现、考察、探索、解决问题等。

情感、态度与价值观：如经历、感受、参加、参与、尝试、讨论、交流、合作、考察、体验、遵守、拒绝、认同、尊重、接受、同意、反对、欣赏、关心、关注、形成、养成、热爱、树立、坚持、保持、确定、追求等。

有的研究者还把表述语文、数学两大学科的行为动词又进行了细分，对于指导教学目标的表述更具有现实意义。如表2-1所示。

表2-1

行为动词	语文	数学
了解：说出、背诵、辨认、回忆、选出、举例、列举、复述、描述、识别、再认等	会写、读准、认识、学习、学会、把握、知道、写下、熟记等	认识、计算、会用、识别、说出、了解、辨认、描述等
理解：解释、说明、阐明、比较、分类、归纳、概述、概括、判断、区别、提供、猜测、检索、收集、整理等	理解、提示、扩展、使用、分析、区分、判断、获得、表现、扩大、拓展等	知道、表示、会画、确定、找出、获得、读懂等
应用：运用、使用、质疑、辩护、设计、解决、撰写、拟定、检验、计划、总结、推广、证明、评价等	评价、设计、运用、懂得、联系上下文等	分类、选择、比较、排列、理解、解释、判断、预测、推断、估计、设计、检验、运用、掌握、处理、推导、证明等

三、教学目标的陈述方法

(一)“知识与技能”目标的陈述

在教学实践中，一般把知识与技能分开陈述，即“知识”目标和“技能”目标。完整的陈述方法可用“ABCD 法”陈述。这里的“ABCD”分别是构成一个目标的四个要素——对象(Audience)、行为(Behavior)、条件(Condition)、程度(Degree)。例如：

提供10道除法算式（C），小学二年级学生（A），能做出正确答案（B），准确率80%（D）。

提供报上的一篇文章（C），学生（A）能将文章中陈述事实与发表议论的句子分类（B），至少85%的句子分得正确（D）。

通过算一算、拼一拼等活动（C），学生（A）能说出三角形内角和的度数（B），准确率100%（D）。

有时，“对象(Audience)”、“条件(Condition)”和“程度(Degree)”可省略，但“行为(Behavior)”不能省略，一般用新课程标准提供的行为动词表述。因此，一个行为目标可简化为用一个动宾结构的短语进行表述。例如：

能将文章中陈述事实与发表议论的句子分类（B）。

能说出三角形内角和的度数（B）。

这里要注意区分新课程标准所提供的行为动词哪些适合表述知识目标，哪些适合表述技能目标。

(二)“过程与方法”目标的陈述

“过程”是指知识发生、形成和运用的过程，“方法”主要是指科学研究方法，如探究方法、观察方法等。一般应通过“过程”，感受、认识或运用相应的“科学方法”。一般表述为：“通过……过程 + 行为动词(体验、经历、探索等) + 相应的科学方法。”例如：

通过品读课文第二自然段，体验作者运用比较、排比、比喻等句式描写景物的方法。

通过平行四边形面积公式的发现过程，体验使用割补法解决问题的方法。

这类目标一定要表明具体的过程或方法是什么，才能做到具体可实施。如描写景物的方法、使用割补法解决问题的方法。

(三)“情感、态度与价值观”目标

“情感、态度与价值观”目标的陈述方法与“过程与方法”目标的表述大体相同，只是陈述句的宾语部分不再是方法，而是情感、态度与价值观等范畴的内容，其表述一般为：“通过……过程 + 行为动词(感受、认同和内化等) + 相应的情感、态度与价值观。”例如：

通过阅读课文，体会课文所表现出的浓浓的父子情谊。

通过对氯气性质的学习，强化慎用化学用品的意识。

同样，这类目标一定要写出情感、态度与价值观是什么，才能做到明确、具体和可实施、可测量，如“父子情谊”、“慎用化学用品”。

四、良好教学目标的陈述标准

一个良好的教学目标应具备以下标准：

(一)教学目标陈述的是学生的学习结果

学生的学习结果是指加涅的言语信息、智慧技能、认知策略以及动作技能和态度。教学目标不应该陈述教师做什么，而应陈述通过教学学生会说什么或会做什么，教学目标的行为主体是学生而不是教师。尤其是对过程与方法和情感态度与价值观类型的目标，很多教师制定的目标的主体都是教师应该做到什么。

(二)教学目标的陈述应力求明确、具体，做到可实施、可观察和可测量

尽量避免用含糊的、不切实际的、“虚”的语言陈述目标。事实上，用一些行为动词将会做什么和会说什么具体化，目标陈述就可以具体化。可以选用我国课程标准中的行为动词来表述目标。

(三)教学目标的陈述应反映学习结果的层次性

如认知领域的教学目标一般应反映记忆、理解与运用(包括简单运用与综合运用)三个层次。在态度领域的目标应尽可能反映接受、反应和评价三个层次。

下面是几例教学目标表述有问题的案例：

1. 语文课人教版《故乡》的教学目标

（1）了解作品反映的社会现实和小说的主题。

（2）分析把握闰土、杨二嫂等人物的性格特点，品味小说语言的特色。

（3）培养学生热爱生活、关注社会的思想感情。

2. 语文课《〈乡愁〉诗二首》的教学目标

培养学生鉴赏诗歌的能力，进而对诗歌作出正确评价。

3. 语文课《孔乙己》的教学目标

（1）采取重点突破、以点带面的方法，用一课时完成对课文的分析。

（2）重点分析课文中人物的几个片段，从外貌、动作和语言等方面入手，把握人

物的性格和小说的深刻思想内涵。

（3）引导学生学习运用比较手法进行文学作品的阅读和欣赏。

4. 历史课“帝国主义国家”的教学目标

（1）要求学生掌握基础知识（列出7项内容）。

（2）要求学生认识科学技术发展大大推动了经济发展和科学技术就是生产力。

（3）培养阅读能力、设计简表概括能力和分析比较能力。

五、教学目标的设计策略

设计教学目标一般从研究课程标准和学习者认知水平开始。但由于教师教学过程中接触最多的就是教科书(又称为课本、教材)，而教科书的内容是根据课程标准选择确定的，它极大地体现了课程标准。也就是说，教科书所反映的知识正是学生预期的学习结果。因此，从教科书入手，通过对教科书上的知识进行分析，按加涅的分类方法进行分类，结合课程标准和学习者的认识水平进行综合，可以高效确定课堂教学目标。这种设计教学目标的策略可以叙述为：“教材分类，初定目标；研究标准，确定目标。”

■ 教材分类，初定目标

教材分类、初定目标的过程实质就是对教材进行分析的过程，也就是通过对教材的分析，把教材内容归结到加涅关于学习结果的五个分类，找出某课教师要“教给学生什么”，然后初步确定一下该课的教学目标。分析时，要注意分析出教材内容的有关隐含信息(如思想、方法等)，可以构成目标的，需要设置为教学目标。在很多教师的教学设计中，不能很好地把教材内容进行分类是造成目标设计含糊不清的主要原因。

■ 研究标准，确定目标

研究标准、确定目标的过程实质就是一个综合的过程，即把初步确定的目标与课程标准和学生的学习水平进行比较，看一看初步确定的目标是不是能体现课程标准的要求，能不能适合学生的学习水平。这是因为：第一，限于教材编写者和教材分析者的水平，仅由教材而断定、归纳学习目标可能出现目标偏离现象；第二，制定教学目标需要在课程标准指导下进行。

在教学实践中，很多教师不进行这一环节的思考，直接从教材或教学用书中提取现成的目标，更忽略了研究学生的认知水平，这是一个很不好的习惯。这里要强调的是，虽然确定教学目标并不一定必须从课程标准开始，但无论从哪里开始，最后都要回归到课程标准，用课程标准衡量教学目标制定得是否合理。

下面结合实例，来探讨一下教学目标设计的思考过程。(说明：为了方便读者研究，本书标有符号“■”的都表示是某个策略的步骤)

[**例2–1**]“三角形内角和”(人教版四年级《数学》下册)。教材内容如图2–2所示。

■ 教材分类，初定目标

阅读教材会发现，这段教材可以分为两个部分。第一部分是从开始到“做一做”

之前。主要是通过发现式的方式，使学生理解“三角形内角和是180度”。它又可细分为两个小段落：一是通过“量内角算内角和”得到“三角形内角和大约是180度”；二是通过“拼平角验内角和”得到“三角形内角和是180度”。通过两个过程的学习，发现“三角形内角和是180度”这个规则。第二部分则是“三角形内角和是180度”这个规则的应用。

把上述分析与加涅关于学习结果的分类进行比较，会发现，第一部分是习得一个规则——“三角形内角和是180度”，属言语信息；第二部分属智慧技能中应用规则办事的能力。在这里，我们可以初步得到两个方面的目标：一是知道三角形内角和的度数(言语信息)；二是三角形内角和结论的应用(智慧技能)。

图2-2 “三角形内角和”教材截图

■ 研究标准，确定目标

小学数学课程标准中关于“三角形内角和”部分的表述为：“认识三角形，通过观察、操作，了解三角形两边之和大于第三边、三角形内角和是180。”结合上述初步确定的教学目标和学生已有的学习水平，综合确定本课的学习目标：

（1）能通过探索发现三角形内角和的度数。（知识）

（2）能用三角形内角和的知识解决实际问题。（技能）

[**例2-2**]《桂林山水》(人教版小学四年级《语文》)。教材内容如图2-3所示。

■ 教材分类，初定目标

对于语文课制定教学目标来说，这一过程可以分为两步。

第一是理解课后的学习要求，提炼学习目标。因为课后列出的要求是学习本篇课文最基本的要求，也是最低的教学目标或已知的教学目标。如通过阅读本课课后要求，可以获得以下三个目标：

（1）认识课文中的8个生字，会写课文中的11个生字。

（2）能有感情地朗读和背诵课文。

（3）能说出桂林山水的特点和对桂林山水的感受。

第二是通过对课文的篇、段、句、词、字的详细分析，找出能够培养学生听、说、读、写技能的特殊知识，将其提炼为目标。如本课课文从整篇上描绘了桂林山水的秀丽风光，赞美了祖国的锦绣河山；从段落上，课文用4个自然段构成一篇写景佳作，第一自然段引用“桂林山水甲天下”这句话，总领出对桂林山水观赏的起因；

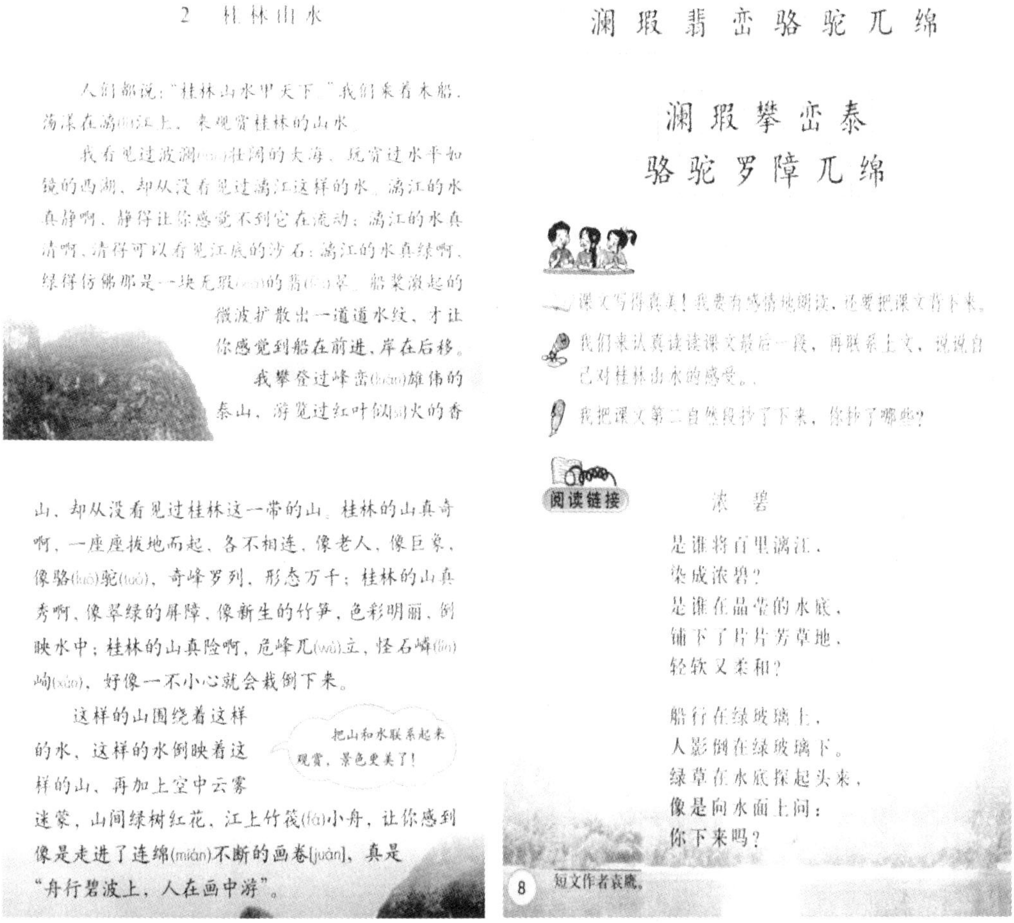

2 桂林山水

人们都说："桂林山水甲天下。"我们乘着木船，荡漾在漓江上，来观赏桂林的山水。

我看见过波澜壮阔的大海，玩赏过水平如镜的西湖，却从没看见过漓江这样的水。漓江的水真静啊，静得让你感觉不到它在流动；漓江的水真清啊，清得可以看见江底的沙石；漓江的水真绿啊，绿得仿佛那是一块无瑕的翡翠。船桨激起的微波扩散出一道道水纹，才让你感觉到船在前进，岸在后移。

我攀登过峰峦(luán)雄伟的泰山，游览过红叶似火的香山，却从没看见过桂林这一带的山。桂林的山真奇啊，一座座拔地而起，各不相连，像老人，像巨象，像骆(luò)驼(tuo)，奇峰罗列，形态万千；桂林的山真秀啊，像翠绿的屏障，像新生的竹笋，色彩明丽，倒映水中；桂林的山真险啊，危峰兀(wù)立，怪石嶙(lín)峋(xún)，好像一不小心就会栽倒下来。

这样的山围绕着这样的水，这样的水倒映着这样的山，再加上空中云雾迷蒙，山间绿树红花，江上竹筏(fá)小舟，让你感到像是走进了连绵(mián)不断的画卷[juàn]，真是"舟行碧波上，人在画中游"。

澜 瑕 翡 峦 骆 驼 兀 绵

澜 瑕 攀 峦 泰
骆 驼 罗 障 兀 绵

课文写得真美！我要有感情地朗读，还要把课文背下来。

我们来认真读读课文最后一段，再联系上文，说说自己对桂林山水的感受。

我把课文第二自然段抄了下来，你抄了哪些？

阅读链接

浓 碧

是谁将百里漓江，
染成浓碧？
是谁在晶莹的水底，
铺下了片片芳草地，
轻软又柔和？

船行在绿玻璃上，
人影倒在绿玻璃下。
绿草在水底探起头来，
像是向水面上问：
你下来吗？

8 短文作者袁鹰。

图2-3 《桂林山水》教材截图

第二三自然段分别写了桂林的山和水的特点；第四自然段写了作者把山水联系起来观赏所获得的总体印象；而第二三自然段还用到了排比的方法描写景物等。通过对课文的分析，可以提炼出以下四个目标：

（4）能正确读写课文中的一些词语。

（5）知道各自然段的含义。

（6）了解运用排比描写景物的方法，了解分号的用法。

（7）初步认识"总写—分写—总写"的文章写作构思方式。

■ 研究标准，确定目标

根据课程标准的五个层次和四年级学生的语文认知水平，综合确定本课教学目标如下：

（1）认识8个生字，会写11个生字，能正确读写"玩赏、无瑕、骆驼、攀登、屏障、波澜壮阔、危峰兀立、连绵不断"等。（识字与写字）

（2）能正确、流利、有感情地朗读和背诵课文。（阅读、口语）

（3）能知道各自然段的含义。（阅读）

（4）初步学会用排比描写景物的方法和分号的用法。（习作）

（5）初步认识“总写—分写—总写”的文章写作构思方式。（习作）

（6）能够说出桂林山水的特点和对桂林山水的感受，增强对祖国河山的热爱。（情感、态度与价值观）

[**例2-3**]“倾听声音”（冀教版小学《科学》）。教材内容如图2-4及续图所示。

■ 教材分类，初定目标

本课分为两个部分：第一部分是寻找出生活中的声音并加以模仿，属于加涅知识分类中的智慧技能；第二部分是通过实验，使学生知道声音是由物体振动产生的，属于加涅知识分类中的原理(言语信息)。由此可以提炼出两个方面的目标：一个是寻找并能模仿声音；二是知道声音是如何产生的。

■ 研究标准，确定目标。

《课标》内容标准的第四部分“物质世界”中“能量的表现形式”方面，关于这一课的具体内容标准是：“知道声音是由物体振动产生的。”考虑到学生在生活中经常会听到声音，已初步具备倾听出生活中的声音并能辨别声音好坏的能力，但对于如何表述听到的声音和声音是怎么来的、怎么能消失的却并不清楚的现状，确定教学目标

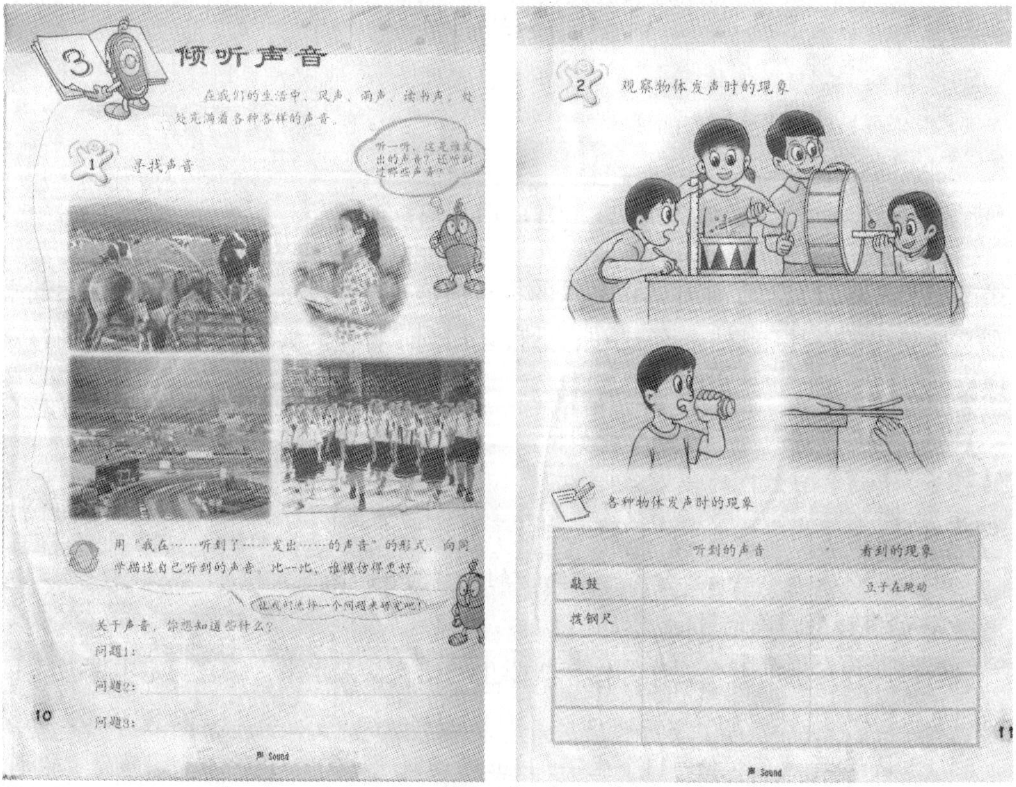

图2-4 “倾听声音”教材截图

如下：

（1）能寻找出生活中的声音并能模仿表述声音。（技能）

（2）知道声音是怎么产生的。（知识）

（3）提高好声音意识。（态度）

［**例2-4**］“我和动物交朋友”（冀教版小学四年级《美术》）。教材内容如图2-5所示。

■ 教材分类，初定目标

统观教材，其内容是通过几幅主题绘画，描述了在自然界中人类与动物和谐相处的情景，体现了人类和动物共同生活在同一个星球上，世界为人类与动物共同拥有与共同生存的意识。因此，本课的重点是主题绘画创作，绘画的主题是人和动物和谐相处，这属于加涅知识分类中的智慧技能。由此可以初步提炼教学目标——能绘出表现人类和动物和谐相处的作品。

■ 研究课标，确定标准

四年级学生已具备一定的绘画及构思能

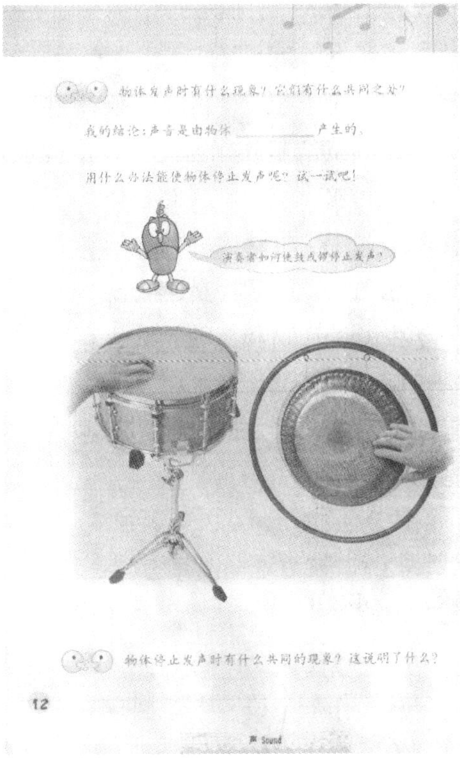

“倾听声音”教材续图

图2-5　小学美术“我和动物交朋友”教材截图

力，在绘画创作方面有一定的基础。结合美术课程标准“通过观察、绘画、制作等方法表现所见所闻、所感所想，激发丰富的想象，唤起创作的欲望”的要求，为了能使学生创作出主题鲜明的作品，需要学生对动物有很多的了解和深厚的感情，作为主题创作的感情基础。为此，在进行主题绘画创作之前，需要强化学生关于“人类和动物是朋友”的认识，以强化学生的主题绘画意识，为完成主题绘画活动提供基础。同时，在现实生活中，受自然与人类行为的影响，每一小时都有一种动物从地球上永远地消失，而学生是未来的主人，他们对动物的态度关系到人类的生存，因而培养学生爱护动物和与动物共生存的意识尤为重要。为达到此目的，需要在主题绘画的基础上，再设计一个树立学生爱护动物、保护动物的意识的情感目标，升华美术教学的基本要求，进而达到美术通过学科教学育人的目的。综合确定本课的教学目标如下：

（1）知道动物是人类的朋友。（知识）

（2）发挥自己的想象力，选择自己喜欢的绘画形式，创作一幅表达人类与动物和谐相处的作品。（技能）

（3）通过欣赏、创作等学习活动，树立爱护动物、保护动物的意识。（情感）

从操作上来说，上述制定教学目标的过程，其实质就是“分析—综合”的过程。即把教材内容按知识的分类方法予以分开，分成多个知识点，然后把这些知识点与课标要求和学生已有的学习水平结合起来，综合确定本课的教学目标。这里强调以下几点：

第一，对教材的分析和理解是制定目标的基础，尤其是对教材隐含信息的分析，更能体现一名教师教学的聪明才智。如在《我和动物交朋友》中，如果对教材只进行简单的理解，可能仅制定出一个围绕人与动物和谐相处这一主题的主题创作方面的目标。但设计者又通过对教材的深入理解并结合学科特点增加了第1和第3两个目标，这不仅对落实创作主题作品的教学目标有很好的帮助，而且还能达到通过学科教学进行育人的目的。

第二，对课程标准的理解可以确定教学目标的基本要求。

第三，对学生学习水平的了解，决定教学目标是否体现现代教学适应个别差异的原则，体现教师制定教学目标的“自由确定权”。

在制定教学目标时，出现的问题通常表现在以下几个方面：

第一，把课程目标与教学目标混为一谈，认为国家课程标准分为“三个维度”，所以，在课堂教学目标制定时也必须制定出“三个维度”的目标，以对应课程标准的要求。由此，不管什么学科什么教学内容，每堂课“知识与技能、过程与方法、情感态度与价值观”三种类型的目标都不可少，而在课堂实施过程中却把某些目标（尤其是过程与方法、情感态度与价值观的目标）束之高阁，放置一边。国家《基础教育课程改革纲要（试行）》中这样叙述：“国家课程标准是教材编写、教学、评估和考试命题的依据，是国家管理和评价课程的基础。应体现国家对不同阶段的学生在知识与技能、过程与方法、情感态度与价值观等方面的基本要求，规定各门课程的性质、目标、内容框架，提出教学和评价建议。”这段话指的是要按上述三个方面来拟定课程目标，是对课程标准的要求。至于某门课程怎样根据这三个方面来拟定课程目标，应根据本门课程的任务与课程特点而定，而某节课的教学目标则应该根据本门课程的特点具体而定。另外，《纲要》也没有指出某一课的教学目标一定要包括“三个维度”。我们认为，制定课堂教学目标，需要在课程标准的“三个维度”的指导下，通过对教材的具体内容进行分析而确定课堂教学目标，这个目标一定会含于课程标准的“三个维度”之中，但未必每节课都制定“三个维度”的目标。

第二，我们强调，制定了教学目标后，一定要有一个明确的过程去实施它。在一些教师制定的目标中，过“大”、过“虚”的情况普遍存在。如果制定的目标“大”得或“虚”得无法或不能有一个过程实施它，这样的目标是没有意义的。这类目标通常表现在过程与方法和情感、态度与价值观类型的目标之中。如某位教师为初中物理“杠杆”第二课时“生活中的杠杆”设计了两个目标：

（过程与方法）经历探究杠杆平衡条件的过程。学习分析实验现象、寻找数据间规律，从中归纳出实验结论的一般方法。通过三种杠杆的分析，培养学生观察、分析、概括能力及应用物理知识分析解决简单问题的能力。

（情感、态度与价值观）通过了解杠杆在生活、生产中的应用，使学生进一步了解物理知识对提高人民生活、促进科学技术的发展以及在社会主义建设中的重要作用，同时培养学生的创新意识。

分析上述两个目标，它既像给教师制定的目标，又大得无法设计一个具体过程来实施它。

事实上，像这类目标，如果能提炼出具体的过程和方法或具体的情感、态度与价值观，实施过程的设计就会变得容易而具体。如在这个例子中，可把情感、态度与价值观提炼为：

体会生活中三类杠杆的应用，形成对简单机械——杠杆的喜爱意识。

这里只需要设计相应的观察和体验活动，以便于实施目标。这样的目标具体、明确，易于实施。

第三，对教材的理解和对知识的分类不清。其结果是造成目标混乱，导致实施过程混乱，或根本忽略目标的存在而自由地进行教学，失去了制定教学目标的意义。

下面是一组课时教学目标制定得较为合理的案例，供读者研究体会。

［**例2-5**］人教版初中《思想品德》“可持续发展战略”

1. 知识目标

正确认识我国的资源形势；明确人口、资源、环境之间的关系，坚持走可持续发展之路。（知识）

2. 能力目标

能阐明保护资源的政策，认识可持续发展的含义，提升用实际行动保护环境、节约资源的能力。(能力)

3. 情感、态度与价值观目标

体会人与资源的关系，形成勤俭节约、珍惜资源的意识，并勇于同不符合可持续发展的行为作斗争。(态度)

［**例2-6**］人教版高中《化学(必修一)》第四章“非金属及其化合物”第二节“富集在海水中的元素——氯”

1. 知识与技能

(1) 了解氯气的发现史；(2) 知道氯气的物理性质；(3) 知道氯气的化学性质，会写与化学性质对应的化学方程式；(4) 弄清次氯酸的漂白作用，了解氯气的用途。

2. 过程与方法

体验“分析推测—实验观察—得出结论”的科学探究的化学学习方法；会运用化学学习中“结构—性质—用途”的推理方法。

3. 情感、态度与价值观

(1) 体会“实践出真知”这一不变的真理；(2) 强化慎用化学用品的意识。

［**例2-7**］人教版初中《地理》“利用经纬网定位”第二课时

1.知道经纬网的含义。(概念)

2.会利用经纬网确定某地点的位置。(技能)

［**例2-8**］人教版初中《历史》“贞观之治”

1.能叙述唐朝建立的史实。(知识)

2.能讲述“贞观之治”及其形成的原因。(能力)

3.能知道武则天及其统治功绩。(知识)

4.能运用历史唯物主义的观点对唐太宗和武则天进行简单的评价。(态度)

［**例2-9**］冀教版幼儿园中班《语言》下册《我想摸摸天空》

1.知识目标:阅读散文，体会散文的意境美和语言美。

2.能力目标:对天空进行大胆遐想，尝试创编散文。

3.情感、态度与价值观目标：对天空、对宇宙有强烈的好奇心，愿意长大后去探索更多的宇宙奥秘，并为之付出很大的努力。

［**例2-10**］人教版小学《英语》六年级下 Unit 3 Last weekend Part A Let’s talk

1. 能够用What did you do last weekend？ I played football听说读写出上周末所做的事情。(技能)

2. 能够听懂并完成Let’s try部分的听力。(技能)

3. 能够用Did you clean the room？ Yes, I did. / No, I didn’t. 进行简单的问答。(技能)

4. 能够用上述两个句式进行简单的情境会话。(技能)

[**例2-11**] 人教版八年级《物理》下册第十二章第一节“杠杆”第二课时

1. 能说出杠杆的分类及每个类别的含义。(知识)

2. 能解释生活中各类杠杆的使用原理。(技能)

[**例2-12**] 人教版初中《化学》“正确书写化学方程式”

1. 知道正确书写化学方程式的原则。(知识)

2. 能够正确书写化学方程式。(技能)

3. 能说出化学方程式的含义。(知识)

六、教学目标的整合与排列

在一些课堂中，经常会遇到需要传授多个知识的情况。因此，在一节课中设计多个教学目标是正常的。在这种情况下，需要对教学目标进行合理整合与排列，以达到便于落实教学目标的目的。

(一)教学目标的整合

进行教学目标设计时，要注意把三维目标作为一个整体进行设计，确立教学目标整合的理念，即：知识与技能目标是教学目标的核心，一般通过过程与方法和情感、态度与价值观目标的实施而最终实现；过程与方法目标渗透在知识与技能目标的实施中而实现；情感、态度与价值观目标是伴随知识与技能、过程与方法目标的实施而实施的。在教学目标设计中，要深入分析和理解教材有关信息，掌握教学内容的内在联系，对教学内容进行有效整合，合理制定教学目标，使教学目标既能体现课程标准和教学内容，又能使实施过程顺畅、高效。

(二)教学目标的排列

在拥有多个教学目标的情况下，目标的排列顺序将决定课堂教学的顺序。一般来说，一个教学目标就是学生学会的一个知识(广义的知识)。根据教学理论、学习理论和认知理论的要求，教学目标的排列应以知识的分类层次为依据，按层层递进的原则进行排列，使前一个目标是后一个目标的基础(或旧知识)。如果按加涅关于学习结果的分类，可以得到教学目标的排列原则是先类别、后层次。即：从类别上，按言语信息、智慧技能或动作技能、认知策略、态度的层次顺序排列目标；从每个类别的层次上，言语信息按符号、事实、有组织的知识的顺序，智慧技能按辨别、概念、规则和高级规则的顺序排列目标。

在具体教学实践中，教科书的编排体现了教学内容的层次性，也体现了由教科书提炼出的教学目标的层次性，较多的时候可按教科书的内容顺序结合各学科课程标准关于目标表述的顺序来排列教学目标。如《倾听声音》和《三角形内角和》是按教材的顺序排列；《桂林山水》是结合语文教学特点，按语文课程标准中识字与写字(低年级含拼音)、阅读、写作、口语、综合性能力的顺序进行教学目标排列；《我和动物交朋友》是按美术创作的规律进行排列。

七、教学目标的呈现

在课堂教学过程中，教学目标的呈现一般有以下三种方式：

(一)前置集中呈现

在课堂教学的开始阶段，把目标呈现给学生，引导师生在教学过程中围绕目标进行教学活动。

(二)进程分散呈现

随着课堂教学的深入，把目标逐一呈现给学生。

(三)后置集中呈现

在课堂教学将要完成时将目标集中呈现给学生。

八、教学目标的设计离不开对学习者特征的分析

学生是学习活动的主体，教学设计的一切活动都是为了促进学习者的学习。因此，要获得成功的教学目标设计，就需要对学习者特征进行很好的分析，确定教学设计的起点。

学习者特征主要包括一般特征和初始技能。

1.一般特征

学习者一般特征是指对学习者从事学习产生影响的心理、生理和社会的特点，包括学生的年龄、性别、年级水平、认知成熟度、智能、学习动机、个人对学习的期望、生活经验、经济、文化和社会背景等因素。它们与具体学科内容虽无直接联系，但它们构成了学习的外部条件，影响着教学目标设计的各个方面。

在学习者一般特征分析中，瑞士心理学家让·皮亚杰(Jean Piaget，1896~1980)的认知发展理论具有十分重要的指导意义。他的认知发展理论把智慧的发展划分为四大阶段，分别是感知运算阶段、前运算阶段、具体运算阶段和形式运算阶段。

⑴感知运算阶段(出生后至一岁半、两岁)：这一阶段婴儿只有动作的智慧，而没有表象与运算的智慧。他们依靠感知运动的手段来适应外部环境。这个阶段的儿童行为发展经过三个层次——本能时期、习惯时期和智慧活动萌芽时期。儿童出生的第一个月只是遗传性反射格式，通过第二阶段习惯的形成，将一些单一的反射动作加以整合、联结如寻找声源、用眼跟随运动的物体等，在9个月到1岁左右开始出现最初的感知运动智慧。

⑵前运算阶段(二岁到六七岁)：此期儿童的思维特点是以自我为中心，他们很难从别人的观点(角度)看事物。例如，在这一阶段后期可以说出自身的左右，但对对方的左右常常弄错，而受自身左右的影响。这一阶段，儿童思维的另一个特点是思维的直觉性以及思维的集中性。他们的判断仍受到直觉调节的限制。这一阶段的幼儿正处于学校教育中的幼儿教育阶段。

⑶具体运算阶段(六七岁到十一二岁)：这一阶段儿童(少年)的基本特点是开始进行心理运算，能在头脑中依靠动作的格式，对事物之间的关系系统地进行逆反、

互反、传递等可逆运算。具体运算阶段的儿童(少年)，虽然在推理与问题解决和逻辑方面已经超过了前运算阶段的儿童，但其思维还具有局限性，抽象的语言推理还不能进行，离不开具体事物的支持。这一阶段的儿童(少年)一般处于小学教育阶段。

(4)形式运算阶段(十一二岁到十五岁)：这阶段的少年的思维已经达到了成人的成熟程度，是认知发展的最高阶段，能在头脑中将形式和内容分开，能根据假设来进行逻辑推理。这一阶段的儿童一般处于初级中学阶段。

2.初始技能

初始技能是指学生在学习时已经具备的有关知识与技能的基础，即原有知识的认知结构。它一般由学生能回想起来的事实、概念、命题和理论等构成。这些原有的认知结构是影响新的有意义学习与习得意义的保持的关键因素，即有意义学习的发生与习得意义的保持的效果都会受到学习者认知结构特征的影响。在现代社会中，由于学生可接受信息的多元化，每个学生的初始技能会变得更加不一样，这给分析初始技能带来了一定的难度。

根据学生认知特点和初始技能，结合教学内容，对教学目标进行有效权衡，可以制定出符合实际的教学目标。

如在“三角形内角和”的教学目标设计中，很多教师为了体现学生获得“三角形内角和是180度”这个规则的过程，同时设置了“通过量一量、算一算和拼一拼、验一验等活动，使学生体验获得三角形内角和结论”的过程与方法类型的目标。像这类策略性目标，需要学生具有较丰富或较高的认知水平，一般是在多次或长期的类似学习中形成。如果教学中经过了几次或多次的积累，就可以把它作为教学目标设置在某节课上。如果是在一节课或几节课上才出现，就把它当作教学目标来设计或者每节课都设计类似的目标，这种做法还不成熟，需要权衡利弊，必要时放弃该目标。请注意，放弃教学目标并不等于不去做相关内容，只是不需把它单独提出来，让学生在获得规则过程中有一个体验即可。比如,《桂林山水》中就有类似的情况。对于“总写—分写—总写”的目标，可以定为“初步认识”层次，也可以确定为更高的“会用”层次，这需要根据学生的学习水平和平时课堂教学的积累程度来具体确定。

再如，学习“元、角、分”时，由于大多数学生有较强的生活体验，已认识元、角、分等各种纸币和硬币，一些学生还懂得元、角、分之间的换算。如果把教学目标定在“认识元、角、分”，可能不符合实际，而定为“会进行元、角、分之间的换算”则可能更符合学生的实际。

第三章 为教学目标设计教学策略

确定教学目标以后，下一环节就是设计如何实施教学目标，即设计针对每个教学目标的教学策略。这是教学设计的关键环节，它决定教学实施过程的结构。策略即计谋、谋略，一般是指为达到某一目的而采用的手段和方法。对于教学策略，教育专家对它的内涵有着不同的认识，给出了各自的定义。例如："教学策略是为完成特定的教学目标而采用的教学活动的程序、方法、形式和媒体等因素的总体考虑。"（乌美娜，1994）"教学策略是指教师在课堂上为达到课程目标而采取的一套特定的方式或方法。教学策略应根据教学情境的要求和学生的需要随时发生变化。无论在国内还是在国外的教学理论与教学实践中，绝大多数教学策略都涉及如何提炼或转化课程内容的问题。"（施良方，1996）"所谓教学策略，是在教学目标确定以后，根据已定的教学任务和学生的特征，有针对性地选择与组合相关的教学内容、教学组织形式、教学方法和技术，形成的具有效率意义的特定教学方案。教学策略具有综合性、可操作性和灵活性等基本特征。"（袁振国，1998）"教学策略是教学方面的指南和处方。"（何克抗，1998）"教学策略是为了达成教学目的、完成教学任务，而在对教学活动清晰认识的基础上对教学活动进行调节和控制的一系列执行过程。"（和学新，2000）

本书认为，教学策略是教师为达成教学目标而采用的手段或谋略，它以一定的过程或步骤体现在实施教学目标的师生互动活动中。

在以目标为导向的教学设计中，所研究的教学策略是基于教学目标实施层面的策略，这样的教学策略叫目标策略。在目标策略中，内容策略和方式策略是两类基本的教学策略。内容策略是从如何有效提供和呈现教学内容的角度提出的教学策略，有时也称为教学内容组织策略。如果按照加涅关于学习结果的分类，这类策略可以分为言语信息教学策略、智慧技能教学策略、动作技能教学策略、认知策略教学策略和态度教学策略。这类教学策略和教学目标有着密切联系，还制约着教学内容的选择。本章研究的教学策略即是此类。方式策略是指用什么样的方式实施教学目标，包括以教为主的方式、以学为主的方式（如自主学习方式、合作学习方式、探究型学习方式等）和学教并重的方式。这类策略与教学方法密切相关，将在第五章中进行论述。

教学策略通常由一个或几个有序的步骤表现出来，即每个策略都由几个步骤构成。在教学策略每个步骤实施的过程中，又可能分为一个或几个环节，每个环节也需要一定的手段或方法。我们把在每个环节上使用的手段或方法称为教学方法。经过以上界定，教学策略和教学方法的区分也就非常清楚了：教学策略是由实施教学目标的一系列教学步骤或教学方式组成的，而每个教学步骤又由一系列教学方法组成。在本书的案例编写中，详细呈现了教学策略的步骤，使看不见的教学策略显性化(在教学策略步骤的前面加“■”)，同时也详细呈现了教学方法(用“【 】”表示)。这样一来，就为观察和研究提供了方便。

本章第一节至第五节介绍基于加涅有关学习结果五个分类的教学策略，第六节介绍为本书四个例子所选择的教学策略。

第一节　言语信息的教学策略

根据加涅的分类，言语信息类知识可分为三类——符号、事实和有组织的知识。按现代认知心理学的分类，言语信息类知识属于陈述性知识。按皮连生教授的研究，这类知识的形成和教学基本过程如图3–1所示。

这个过程可分为以下三个阶段：

■ 习得阶段

习得阶段由第一至第四步构成。这个阶段的教学有两种途径：一是直接告知(接受式)，二是学生发现后用言语陈述出来(发现式)。

■ 巩固阶段

巩固阶段即第五步，是学生在教师指导下，利用一定的方法对习得的知识加以复习，从而使所学知识条理化、结构化并得到牢固的记忆。这里促进记忆与保持的方法主要有复述、精加工和组织知识等。

■ 提取与应用阶段

提取与应用阶段即第六步，是指在需要的时候，学生能回忆起所学的知识，用以回答是什么、为什么的问题。

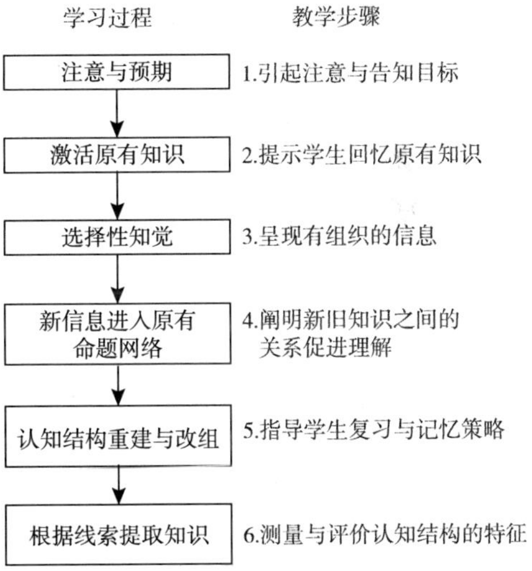

图3–1

［**例3–1**］语文教学“太”字

其过程如下：

■ 引起注意

师：今天我们学习“太”字。

■ 呈现新知识

师：板书“太”字。

■ 回忆旧知识

师：这个字是怎样的结构？和什么字差不多？

生：上下结构，和“大”字差不多。

■ 阐述新旧知识之间的联系

师：有什么区别？

生："太"的上部和"大"一样，下部多了一点。

■ 巩固新知识

师：现在，我们先书写这个字，再默写这个字。

■ 提取与应用。

师：现在，我们用"太"字写出一个词。

［例3-2］初中数学教学"垂直"的定义

其过程如下：

■ 回忆旧知识

师：如图（图3-2），两个木条相交，木条b转动时木条a和木条b所成的角α也在变化，α的变化范围是多少？

生：在0°和180°之间。

■ 呈现新知识

师：当α=90°时，我们称两条直线互相垂直。

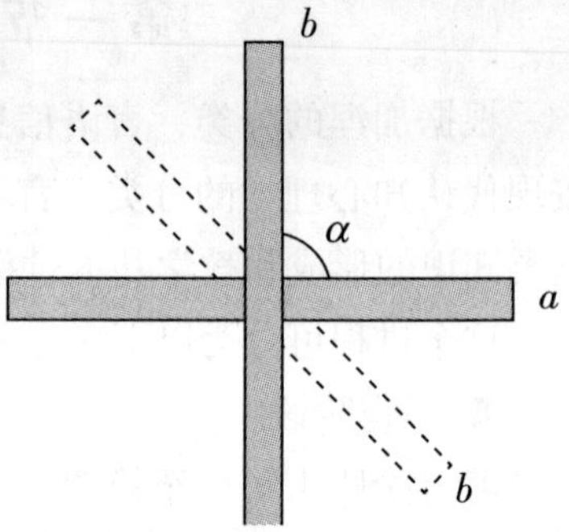

图3-2

■ 引起注意

这是今天学习的新概念，同学们要记住它，在以后会经常用到。

■ 阐述新旧知识之间的联系

师：两条直线垂直是两条直线相交的特殊情况，只有当相交所成的角是90°时，才叫两条直线互相垂直。

■ 巩固新知识

师：请同学们举出教室中两条直线互相垂直的例子。

生：黑板的上边线和左边线、书本的上下边线和左右边线……

师：定义中的"互相垂直"是什么意思？

生：如果直线a与直线b垂直，那么直线b也与直线a也垂直。

■ 提取与应用

如图3-3，找出各图中互相垂直的两条垂线。

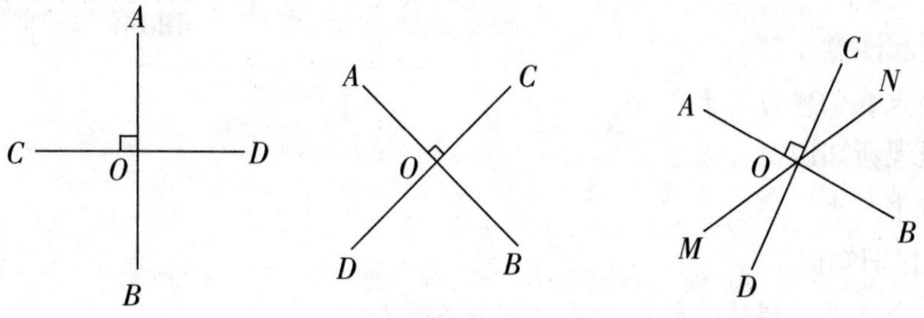

图3-3

上述六个步骤是进行言语信息类知识教学设计所运用的最基本的教学策略。但教学步骤并没有严格的顺序关系，在实施过程中，由于教学内容的差异，教学过程变得复杂多变，不仅有些阶段可以调换顺序，还可以将几个阶段合并在一起。

有时，先进行学习准备即复习旧知识，然后呈现学习目标、引起注意；有时，在复习旧知识后直接呈现新知识并建立新旧知识的联系，然后再呈现学习目标；有时，通过课前预习把复习旧知识或呈现新知识前置，课上直接建立新旧知识的联系；有时，把巩固和应用合并在一起。

有时，根据学生所处年龄段的学习特点，可以将有些教学阶段省略。如对于小学低年级来说，上述阶段可能缺一不可；而对于初中学生乃至高中学生来说，有些阶段则可能省略。这是因为，随着年龄的增长和学习经验的积累，学生已经具备了完成某些教学阶段任务的能力。例如，小学高年级的学生具备了课前预习、课上积极维持注意、积极通过新旧知识的联系理解新知识的能力。因此，教师可以让他们通过自学直接把知识呈现出来，重点抓住对知识的理解巩固和提供全面的练习情境进行变式练习形成技能这两个环节。这里需要强调的是，有些阶段省略并不是学生学习不需要或不经过这些阶段，而是因为这些阶段的任务已经由学生自己替教师完成了。如果上述各教学阶段学生自己都能够完成，那么达到这样学习状态的学生就是当前课程改革中所描绘的具有自主学习能力的学生。

一、符号表征的教学策略

在三类陈述性知识中，最简单的是符号表征的学习。从通常意义上讲，符号表征学习就是学习单个符号或一组符号代表什么，在教学实践中就表现为词汇学习，即学习单词代表什么。实际上，符号表征学习是个体学习历程的起点，任何个体的学习都是从符号表征学习开始的。符号表征学习的教学策略可以分为如下两个阶段：

1. 早期阶段(连接生成阶段)

当现实中一只活生生的狗出现在孩子的面前时，视觉将这只狗的各种视觉刺激特征输入孩子的大脑中，形成一个表象（狗的表象）。与此同时，成人用手指着（或其他方式）孩子面前的狗对孩子说："这是狗。"于是，孩子又通过听觉将这一音符输入大脑中，并产生一个刺激兴奋点。根据条件反射原理可知，在孩子大脑中关于狗的表象与音符"gǒu"之间将产生暂时神经连接。当类似的事件多次出现后，狗的表象与音符"gǒu"之间的连接就逐渐固定下来了。至此，关于狗的符号表征学习的输入定型过程（早期阶段）结束。

2. 后期阶段(反应检测阶段)

反应检测阶段的目的在于检测孩子是否真正掌握了符号表征的意义。当一只狗再次出现在孩子面前时，孩子能够说出"狗狗"或"这是狗"等话语，可确定孩子已经完成了关于"狗"的符号表征学习。另外，当孩子听到成人或其他孩子发出"gǒu"的声音时，表现出寻找狗的动作行为（比如问"在哪儿"），也是确认孩子已经完成了关于“狗”的符号表征学习的一条途径。

由此可见，符号表征学习实质上应该是“刺激—反应”的联结，行为主义心理学关于学习的相关原理与策略对符号表征学习是具有指导意义的。

二、概念的教学策略

概念是加涅言语信息类知识的重要表征方式，概念学习是比符号表征学习更为高级的学习形式。概念被称为“知识的细胞”，各种规则、定理和学说都建立在概念的基础上。概念教学通常被认为有两种水平：一种是陈述性水平，主要是理解其名称、含义及关键特征；另一种是程序性水平，即所谓的技能，就是在学生习得概念后，运用概念的关键特征对正反例进行辨别区分。按信息加工心理学关于陈述性知识向程序性知识转化的理论，第一种学习水平是第二种学习水平的基础，即首先以陈述性知识的形式习得概念的关键特征，然后用这一关键特征来区分概念的正反例证，进而形成技能。

按加涅的分类，概念可以分为具体概念和定义概念。

具体概念是指其关键特征可以通过观察正反例直接得到的概念，如红的、圆的等，日常生活中形成的概念大多是具体概念。小学低年级学生常通过观察获得有关具体概念，如“我们在数物体的时候，用来表示物体个数的1、2、3、4、5……叫自然数”和“像1.25、0.726、0.005等都是小数”等。

定义概念是指通过下定义的方式揭示关键特征的概念，如生活中的“舅舅”、物理学中的“加速度”和数学中的“比例”等。定义概念反映的是概念之间的联系，一般以已有概念为基础。如“舅舅”是母亲的兄弟，这里的母亲、兄弟都是已有概念。

具体概念和定义概念的教学一般有两种基本方法——例规法和规例法。小学低年级更多的时候是使用例规法，而高年级则可以使用规例法。

例规法是从例子到规则，即先向学生呈现某个概念的各种例证，然后要求学生进行分析归纳，总结出定义，即所谓的“举三反一”，也就是通过几个例子来得出一个概念。使用例规法进行概念教学的策略叫发现式教学策略。它的一般过程是呈现实例——得出概念——变式练习——应用与迁移。

1.呈现实例

呈现实例即把含有新概念关键特征的实例呈现给学生，这样的实例一般不少于两个，以利于分析比较。这里的举例可分为三种情况。一是把新概念的下位例子呈现给学生，以便于通过下位实例的分析得出上位的新概念，这叫概念的上位学习。这时，原有概念是新概念的属概念。如在已习得“苹果”、“香蕉”和“桔子”等概念的基础上习得“水果”这个概念就属于此类学习。二是把新概念的上位概念的例子呈现给学生，从而得出下位概念，这叫下位学习。这时，原有概念是新概念的种概念。如学生已知“平行四边形”这一概念，通过呈现“平行四边形”的四条边一样的情形(例子)，产生了“菱形”这一情形，就属于这种类型的学习。三是新概念与原有概念不是种属关系而是并列关系，称之为并列结合学习。这时，新概念与原有概念具有某些相同的属性。如在学习“三角形”这一概念后，学习“四边形”时，它与“三角形”不是种属关系，但它们都具有“在同一平面内封闭”的共同属性。

无论是此处说的例规法，还是后面说的规例法，例子的应用非常关键。在概念的形成之前一般用典型的正例，而形成概念后要交叉使用正反例，通过辨别比较强化正确的概念。

实例研究属于回忆旧知识的阶段。对于定义概念来说，由于是由已知概念定义新概念，即新概念＝已知概念＋关键特征，因而在呈现实例之前还要回忆构成新概念的旧概念及与新概念的关键特征相关的知识。如“循环小数”的概念：一个数的小数部分，从某一位起，一个数字或者几个数字依次不断重复出现，这样的小数叫循环小数。设计时，除了提供实例外，还要对“小数”、“小数部分”、“位”、“数字”、“一个或几个”、“重复出现”等进行复习或学习，这样才会有利于促进循环小数概念的学习。

2. 得出概念

通过对实例的分析归纳总结出共同的属性，用实例所含的关键特征下定义得出概念。一般是先分析每个实例具有的属性，然后再共同分析每个实例所具有的属性，得到所有实例共同的属性，进而抽出关键特征，得出新概念的定义。

3. 变式练习

得出概念只表明学生已习得了概念的定义，还需要通过变式练习促进对概念的理解，使学生真正理解定义，也就是所谓的“举一反三”，即为了说明一个概念需要举出几个例子来。这时的变式练习主要是围绕概念的非关键特征的变化进行设计，以突出概念的关键特征。这时，可以由教师举出正例和反例由学生判断是否为概念的例子，也可以由学生举出概念的正例或反例，由教师或学生判断是否为该概念的例子。事实上，学生能不能举出概念的正例是学生是否习得概念的标志。如循环小数也是小数(相同点)，不同之处在于“小数部分，从某一位起，一个数字或者几个数字依次不断重复出现”，至于整数部分数字是什么样子、从小数的哪一位开始等为非关键特征。

4. 应用与迁移

学生若完成上述阶段，表明其已完成陈述性阶段的学习。但如果要让学生进入技能层次，就必须让学生在各种情境中练习用概念的关键特征对概念的正反例进行辨别，并从教师那里获得是否正确的反馈，促使概念向技能方向转化。这里要注意，教师提供的应用情境越全面，学生理解得就越深刻，形成的技能就会越强。这一阶段，教师要做的就是提供多种练习情境和对练习进行及时反馈。

下面是几个概念教学的教学片段：

［**例3-3**］人教版小学二年级《数学》“平移和旋转”

教材如图3-4所示，“平移和旋转”是一个具体概念，一般通过例规法的策略进行教学。

■ 呈现例子

【教师演示提问，学生看图回答】

师：（课件出示主题图）老师出示的图片是一个游乐园的图片，请同学们观察一下这个游乐园里有什么游乐项目？哪个是你喜欢的游戏项目呢？

图3–4

生：过山车、激流勇进、旋转木马……

师：你能说说每个项目是怎么运动的吗？可以用自己的动作表示一下。

生：有转的，有向前运动的，还有……

【教师引导，学生分类】

师：这些项目虽然不同，但我们观察，有些项目的运动方式是一样的。你能说出哪些项目的运动方式是一样的吗？为什么是一样的？请每个小组先讨论，然后小组和全班交流。

生：小火车、缆车、滑梯是一样的，它们都向前运动，方向不发生改变；摩天轮、转椅、风车分为一类，因为它们都是绕一点转动的。还有风筝，哪儿都动……

■ 得出概念

【教师讲述，学生接受】

师：像小火车、滑梯和缆车这样的移动，我们叫平移；像转椅、风车和摩天轮这样绕一点运动，我们叫旋转。如果运动的是一个图形，我们叫图形的平移、图形的旋转。

板书：平移（沿直线移动，方向不变）旋转（绕点或绕轴转动）

■ 变式练习

【教师提问，学生举例】

师：同学们回想一下，平时还见到了哪些平移、旋转的现象？

生1：我们教室的门，在下课的时候开和关都是旋转。

生2：钟表指针的转动是旋转。

生3：汽车方向盘的转动是旋转。

生4：家里用的电风扇是旋转。

生5：我把课本从桌子的左侧移至右侧是平移。

……

■ 应用与迁移

【教师举例，学生判断】

师：请同学们判断下面的说法哪一个正确。

（1）风车的转动是旋转。

（2）电梯直上直下是平移。

（3）汽车行车，车身是平移，车轱辘是旋转。

（4）荡秋千、跷跷板既不是旋转，也不是平移。

【教师引导，学生总结】

师：刚才，同学们知道了平移和旋转。请思考一下，怎么来区分平移和旋转呢？

生1：平移时物体形状不变，向前或向后移动。

生2：旋转时物体形状也不变，绕一个点转动。

生3：旋转总是一圈圈的，有时是来回旋转的。

生4：旋转是转圈，平移是直来直去的运动。

［**例3–4**］人教版初中《数学》八年级上册“全等三角形”的概念

“全等三角形”是一个定义概念，可以通过例规法习得，也可以通过规例法习得。这里是按例规法进行的设计。

■ 呈现实例

【教师提问，学生回答】

师：我们在洗照片时，往往用同一底片冲出来几张照片。那么，这些照片有什么特点？

生1：形状完全相同。

生2：放到一起是完全重合的。

【教师引导，学生操作】

师：现在，我们来做个试验：把一块样板按在纸板上画下图形，再裁下来，那么样板和裁下来的纸板的形状和大小完全一样吗？把样板和裁得的图形放在一起，能够完全重合吗？

学生操作。

【教师演示提问，学生观察回答】

师：（多媒体演示）下面图案（图3–5~3–7）中有形状和大小都相同的图形吗？

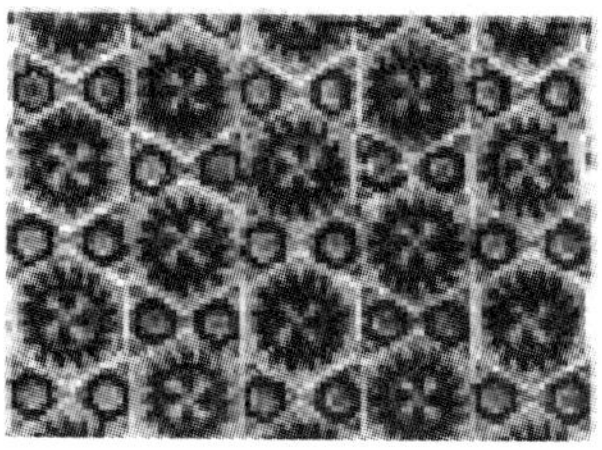

图3–5

图3–6

图3–7

生：找形状、大小都一样的图形。

■ 得出概念

【教师讲解，学生接受】

师：能够完全重合的图形叫做全等形。能够完全重合的两个三角形叫做全等三角形。

两个全等三角形重合到一起时，重合的顶点叫做对应顶点，重合的边叫做对应边，重合的角叫做对应角。

■ 变式练习

【教师提问，学生回答】

师:你能举出生活中全等形和全等三角形的例子吗?

生:我们使用的课本都是全等形……

师:全等三角形是全等形吗?

生:是。

师:反过来，全等形是全等三角形吗?

生:不一定。

■ 应用与迁移

【教师提问，学生回答】

师:在下面每组图形（图3–8~3–10）中的两个三角形分别是由一个三角形经过平移、翻折和旋转得到的另外一个三角形。请问，它们全等吗？如果全等，对应角、对应边和对应顶点都是什么?

生:每组两个三角形都是全等三角形，因为它们经过移动后能够完全重合在一起……

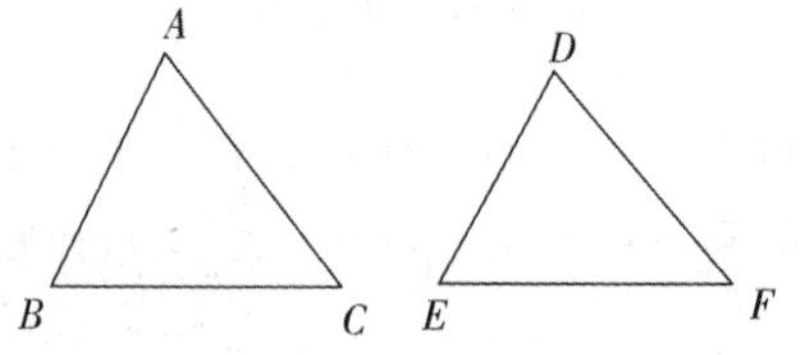

图3–8

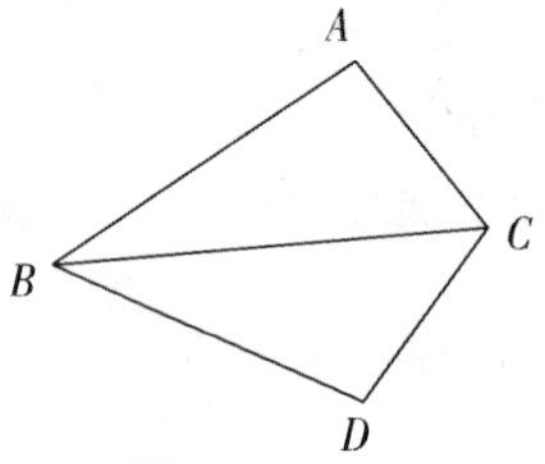

图3–9

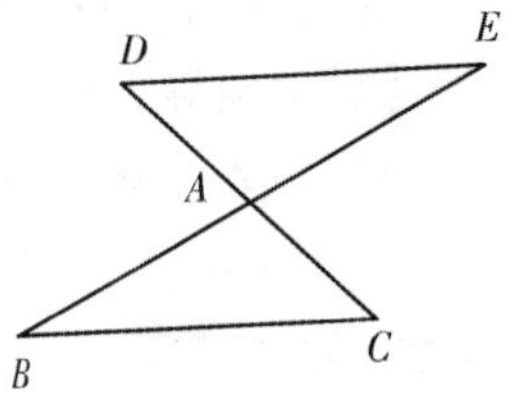

图3–10

[**例3–5**] 人教版小学数学“循环小数”的概念

教材内容如图3–11。

■ 理解“重复出现”的含义

师:观察下列图形或数的规律，如果继续填写下去，会填写什么？（出示课件）

（1）△○○ △○○ △○○

（2）123，123123，123123123，

（3）1.56，1.5656，1.565656，

生:（1）△○○

（2）123123123123，……

（3）1.56565656，……

师:你是抓住了什么特点才这样填写的?

生:（1）题是△○○重复出现。

（2）题是123重复出现。

（3）题是56重复出现。

师：生活中重复出现的事情还很多，如我们的星期总是星期一至星期日不断重复出现，还有这样的例子吗，请同学们说一下。

生:春夏秋冬重复出现，1月到12月也重复出现……

师：同学们说得非常好。在我们的数学王国里，有一类数，它的数字同样不断重复出现，这就是本课要学习的循环小数（板书）。学完本课之后，同学们要知道什么叫循环小数。

■ 实例研究

例1：400 ÷ 75

师：同学们随我来看课本中的例8，请阅读一下400 ÷ 75的除法算式，然后思考：如果我们继续做下去，会出现什么现象？请小组讨论后回答。

学生自学、小组讨论。

师:请同学们汇报一下小组讨论的结果。

组1:再做下去总也除不完。

组2:商的小数部分总是3。

组3:商的小数部分的3总是重复出现。

……

图3–11

师:对,这个算式如果继续除下去的话,小数部分的3总是不断重复出现。（板书“小数部分的3不断重复出现”）为了能表示这个算式的结果，我们用省略号来表现不断重复出现的现象。这时，刚才我们得到的商就是：400 ÷ 75=5.333……。（板书）我们再看下面两个算式，请同学们计算一下商是多少。

例2:28 ÷ 18　　　　　78.6 ÷ 11

（两名学生板演，其他学生独立完成）

师:同学们在计算时出现了什么情况？和板演的同学是一样的情况吗？

生：怎么也除不尽；28 ÷ 18的商的小数部分的5不断重复出现;（板书）78.6 ÷ 11的商的小数部分的45不断重复出现。（板书）

师：如果我们也用省略号表现不断重复出现的现象，那么这两个算式的商是多少？

生:28 ÷ 18=1.555……;78.6 ÷ 11=7.1454545……（板书）

■ 得出概念

师：我们观察刚才得到的三个商，共同的地方是什么，不同的地方是什么？

生：共同地方是总有数字重复出现，且都是小数。不同的地方是重复出现的数字不同，个数也不同，位置也不同……

师：像这样一个数的小数部分，一个数字或几个数字依次不断重复出现，这样的小数叫循环小数。刚才，我们得到的1.555……和7.1454545……都是循环小数。

我们把循环小数的小数部分依次不断重复的数字叫做这个循环小数的循环节，如5.3333……的循环节是3、7.1454545……的循环节是45。写循环小数时，可以只写第一个循环节并在这个循环节的首位和末位上面各记一个圆点。例如：1.555……可以写作$1.\dot{5}$，7.1454545……写作$7.1\dot{4}\dot{5}$。

■ 变式练习

师：下面老师举出几组数，请同学们找一下哪个是循环小数。如果是的话，都是哪些数字循环，从哪一位循环的，可以怎么简写？

（1）0.999……；4.1677……；3.212121

（2）3.1415926……；0.547745……；0.312042042……

（3）12121212.12456；1230.45858……；353535.023321321321……

生：（1）中的0.999……；4.1677……是循环小数，其中0.999……是数字9从小数第一位开始循环，4.1677……是数字7从小数部分的第三位开始循环。而3.212121不是循环小数。0.999……写作$0.\dot{9}$；4.1677……写作$4.16\dot{7}$

……

师：同学们能举出循环小数的例子吗？

生：78.33……；5.32727……；0.6155……；2.558558……

■ 应用与迁移

师：通过刚才的练习，请同学们总结一下，怎么判断一个数是不是循环小数？

生：是一个小数，有重复出现的数字，小数部分有重复出现的数字。

师：同学们说得非常棒。一个循环小数首先是一个小数，一个整数不会是循环小数；其次是小数部分有重复出现的数字；不管是从小数部分的哪一位开始，重复出现的数字的个数没有限制；还有就是“不断”，就是无限地重复下去。

师：请同学们完成下面两组练习：

练习1：判断（对的在括号内画“√”，错的画“×”）

（1）1.4545……保留一位小数≈1.4。（ ）

（2）2.453453……的循环节是435。（ ）

（3）1.2323……的小数部分最后一位上的数是3。（ ）

练习2：计算下面各题，除不尽的用循环小数表示商

13÷11=　　　57÷32=　　　30.1÷33=

［**例3-6**］高中物理“加速度”的概念

■ 实例研究

实例研究1：

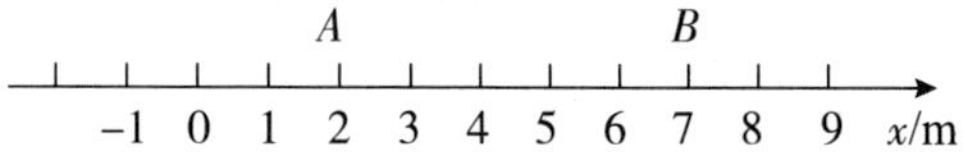

图3–12

师：请回忆一下，我们是怎样描述物体运动位置变化的？例如，在直线运动中，物体从A点运动到B点（如图3–12所示）。

建立数轴AB，设A点在数轴上的读数x_1（一维位置坐标，下同）为2m，B点在数轴上的读数x_2为7m，则物体运动位置的变化大小为多少？

生：$\Delta x=x_2-x_1=7\text{m}-2\text{m}=5\text{m}$，方向由$A$指向$B$。

师：如果物体从A到B是做匀速运动，如果所用时间$t=10\text{s}$，怎样求这段过程中物体的速度？

生：物体运动的速度$v=\Delta x/\Delta t=5\text{m}/10\text{s}=0.5\text{m/s}$，方向从$A$指向$B$。

师：如果物体做加速直线运动，同样在10s内，速度从2m/s增加到7m/s，怎样描述物体运动速度增加的快慢呢？

生：用物体速度的增加量除以所用的时间来描述这段过程中物体运动速度增加的快慢。

师：如果用a符号表示物体速度增加的快慢，Δv表示物体速度的变化量，Δt表示物体速度变化所用的时间，那么用公式如何表达呢？

生：$a=\Delta v/\Delta t=(7-2)\text{m}/10\text{s}^2=0.5\text{m/s}^2$

师：不同物体的运动，速度变化的快慢往往是不同的，再看下面的例子。

实例研究2：

飞机的速度由0km/h增加到约300km/h，飞机的速度的变化是多少？若发生这一变化用时约30 s，则物体的速度平均每秒增加多少？

生：300km/h约相当于83m/s，$a=\Delta v/\Delta t=(83-0)/30\text{m/s}^2=2.8\text{m/s}^2$。

实例研究3：

迫击炮射击时，炮弹在炮筒中的速度在0.005s内就可以由0增加到250m/s，炮弹速度的变化与发生这个变化所用时间的比值是多少？

生：$a=\Delta v/\Delta t=(250-0)/0.005\text{m/s}^2=5\times10^4\text{m/s}^2$

■ 得出概念

师：在物理学中，为了表示速度改变的快慢，引入了新的物理量——加速度。它的定义是："加速度等于速度的改变量跟发生这一改变所用时间的比值，通常用a表示。"用式子表示为：$a=\Delta v/\Delta t$。其中，Δv表示速度在时间间隔Δt内发生的变化。它的国际单位是m/s^2或m/s^{-2}，读作米每二次方秒。

■ 变式练习

1.两辆汽车以相同的速度变化率（速度变化快慢）做匀加速运动和匀减速运动，它们速度变化的情况相同吗？如果不同，说明了什么？

2."上海磁悬浮列车的最高速度可达430km/h，它的加速度一定很大。"这一说法对吗？为什么？

■ 应用与迁移

师：请举出生活中加速度的实例。

生1：汽车的加速性能是汽车的一个很重要的参数。有人说："我这车好，启动快。"

生2：在百米赛跑中，我们常说某某同学素质好，有很好的爆发力，起跑快。

规例法是从规则到例子，即先给出概念的定义，然后要求学生对概念的各种实例进行识别归类。使用规例法进行概念教学的策略，叫接受式教学策略。它的一般过程如下：

1. 呈现定义。即把新概念的定义直接呈现给学生。

2. 例子验证。即举出新概念的正例进行说明验证。

3. 变式练习。同例规法。

4. 提取与应用。同例规法。

［**例3–7**］"全等三角形"概念接受式教学策略的前两步

■ 呈现定义

【教师讲解，学生接受】

师：我们把能完全重合的图形叫全等形。比如，能够完全重合的两个三角形叫做全等三角形。

两个全等三角形重合到一起时，重合的顶点叫做对应顶点，重合的边叫做对应边，重合的角叫做对应角。

■ 例子验证

师：（多媒体演示）如图3–5中的大花是全等形，小的圆形也是全等形。图3–6中的黄色三角形是全等三角形，红色三角形是全等三角形，而紫色的三角形也是全等三角形。同学们能找出图3–7中的全等形吗？

生：图中三角形旗子是全等三角形。

师：你能举出生活中的全等形或全等三角形的例子吗？

生：我们在洗照片时，用同一底片冲出来的几张照片是全等形……

［**例3–8**］人教版初中《思想品德》中的"犯罪"概念

■ 回忆旧知识

【教师提问，学生回答】

师：请同学们回答：

1. 违法行为分为哪几类？不同的违法行为相应要承担哪些法律责任？

2. 举例说明什么是违法行为。

3. 一般违法行为包括哪些违法行为？

生1：违法行为分为民事违法行为、行政违法行为、刑事违法行为和违宪行为。其中，民事违法行为要承担民事责任，行政违法行为要承担行政制裁，刑事违法行为要承担刑事处罚。

生2：不履行法律规定的义务，或作出法律所禁止的行为，都是违法行为。如偷税漏税的行为，是法律所禁止的行为，所以违法；不接受9年义务教育，没有履行法律规定的义务，也是违法行为。

生3：一般违法行为包括民事违法行为和行政违法行为。

■ 呈现概念定义

【教师讲述，学生接受】

师：对于违法行为中的第三种情况“刑事违法行为”，我们又称其为犯罪行为。（演示文稿呈现）犯罪是指具有严重社会危害性、触犯刑法并依法受刑罚处罚的行为。

■ 例子验证

【教师提问，学生讨论回答】

师：我们如何来理解犯罪的概念呢？先看下面一组案例（演示文稿呈现）：

行为1：殴打他人，造成轻微伤害的行为。

行为2：殴打他人，导致其重伤甚至死亡的行为。

行为3：小偷小摸的行为。

行为4：偷窃他人财物，金额较大的，给他人造成巨大损失的行为。

请同学们分析讨论一下上述四种行为是不是违法行为，如果是，违反了什么法律，其中哪些行为是犯罪。

生1：行为1是违法行为，违反了《中华人民共和国治安管理处罚法》。

生2：行为2是违法行为，触犯了《中华人民共和国刑法》，是犯罪。

生3：行为3是违法行为，违反了《中华人民共和国治安管理处罚法》。

生4：行为4是违法行为，触犯了《中华人民共和国刑法》，是犯罪。

师：行为2和行为4是犯罪行为，而行为1和行为3不是犯罪行为，为什么？

生：它们对社会的危害程度不同，行为2和行为4的社会危害性严重，行为1和行为3社会危害性较小；它们违反的法律不一样，行为1和行为3违反的是《中华人民共和国治安管理处罚法》，行为2和4违反的是《中华人民共和国刑法》；它们承担的法律责任不同，行为1和行为3要受到刑罚以外的处罚，行为2和行为4要受到刑罚处罚。

【教师讲述，学生接受】

师：同学们总结得非常好，犯罪行为都是违法行为，但犯罪有三个突出的特点（演示文稿呈现）：

一是社会的危害性大，即具有严重社会危害性，这是犯罪的最本质的特征。

二是触犯《刑法》。具有刑事违法性，这是犯罪的法律标志。这里提出了一个刑法的概念，什么是刑法呢？（演示文稿呈现）刑法是以国家的名义规定什么行为是犯罪和对犯罪分子处以何种刑罚的法律。刑法规定了各种类型的犯罪行为以及各种犯罪行为应受到的处罚（量刑），如盗窃罪会根据情节轻重判处6个月及以上不等的刑罚。刑法共收集罪名四百多个，它是保护国家和人民利益、惩治犯罪的有力武器。

刑法不但规定什么样的行为是犯罪行为，而且还规定了一旦触犯了刑法必须受到的刑罚，就是通常我们听到的法院判决某某有期徒刑多少年等。从这里，我们可以知道，触犯了刑法必然受到刑罚处罚。因此，犯罪的第三个特点就是必然受到《刑法》的刑罚处罚，即刑罚当罚性，这是犯罪的必然后果。我们区别一个行为是不是属于犯罪行为，主要是依据上述这三点。

■ 变式练习

【教师引导，学生练习】

师：下面请同学们利用犯罪概念的定义判断下列行为哪些是犯罪。（演示文稿呈现）

（1）谎报险情、偷拿井盖的行为，且情节轻微。

（2）在国家旅游胜地乱涂乱刻的行为。

（3）制造噪音，影响他人休息的行为。

（4）杨某，厦门原海关关长，利用职务之便，收受贿赂折合人民币140.7万元，给国家造成巨大经济损失。

（5）故意往井里或河里投毒造成他人中毒或死亡的行为。

生：上面的（1）（2）（3）的行为属于一般违法行为，（4）（5）的行为属于犯罪行为。

师：你还能列举出一些犯罪的行为吗？

生：吸毒或贩卖毒品的行为，杀人、放火、抢劫的行为，拐卖妇女儿童的行为等。

■ 应用迁移

据中央电视台报道，经法院审理查明，被告人陈正平，32岁，初中文化，系南京市浦口区乌江镇商业村人，1992年曾因犯盗窃罪被判处有期徒刑2年6个月。陈正平在南京市江宁区汤山镇经营“菊红”面食店期间，为琐事与汤山镇“正武”面食店业主陈宗武发生矛盾。陈正平见陈宗武面食店生意兴隆，遂怀恨在心，意图报复。

2002年9月13日晚11时许，陈正平潜入“正武”面食店，将所携带剧毒鼠药“毒鼠强”投放到该店食品原料内，造成三百多人因食用有毒食品而中毒，案发至今已死亡42人。

9月30日，南京市中级人民法院依法作出一审判决，判处被告人陈正平死刑，剥夺政治权利终身。

教师：（1）陈正平的行为给社会带来了什么危害？

（2）他的行为违反了什么法律？

（3）陈正平的行为受到了什么处罚？

（4）综上问题，陈正平是否构成犯罪行为，为什么？

学生1：陈正平的行为给社会带来了严重危害，造成三百多人因食用有毒食品而中毒，案发至今已死亡42人。

学生2：他违反了刑法。

学生3：陈正平受到了被判处死刑、剥夺政治权利终身的法律处罚。

学生4：犯罪的特征是具有严重的社会危害性、刑事违法性和刑罚当罚性，陈正平的行为具备以上条件，所以构成了犯罪。

三、原理的教学策略

原理又称规则、命题、公式、定律、定理或规律等，它表征的是事物之间的联系，是言语信息的另一重要表征方式。原理教学也有两种水平，一是按陈述性知识教学(即掌握原理的内容)，二是按程序性知识教学(即形成技能)。它的教学策略也可以分为三个阶段。

1. 回忆已有知识

由于原理反映的是概念之间的关系，学习原理首先要掌握构成原理的概念。因此，教学原理的第一阶段就是引导学生回忆构成原理的相关概念。如“三角形内角和”中与“三角形内角和是180度”这个原理相关的“三角形”、“内角”、“角的和”和“180度”等相关概念，都是需要回忆的旧知识；“倾听声音”中“声音是由振动产生的”中的“声音”和“振动”等都是需要回忆的旧知识。

2. 形成原理

形成原理同概念的形成一样也有两种形式，一种是由例子到原理，另一种是由原理到例子。

(1) 由例子到原理。先呈现蕴含原理的情境(如实验)或实例，引导学生对例子进行比较分析，最后得出结论，这种方法叫原理教学的例规法。使用例规法进行原理教学的策略叫原理教学的发现式策略。

有研究表明，例证的直观性、排列方式等和教师的语言引导对发现原理有较大的影响。一般来说，例证越直观越有利于发现规则，如模型图表等有利于学生发现线索；例证的空间排列方式和时间上呈现的先后顺序也会对规则的发现学习产生影响；教师的引导提示不仅给学生提示线索，而且还会影响线索探究思考的方向。皮连生等人的发现学习实验证实了这个问题，他们在小学五六年级做了一项实验，目的是让学生掌握计算几个连续奇数和的简便计算公式。被试者分为两组，A组学生看A组例子，B组学生看B组例子。

A组	B组
$1=1^2$	$1+3+5=3^2$
$1+3=2^2$	$1+3+5+7+9+11=6^2$
$1+3+5=3^2$	$1+3+5+7=4^2$
$1+3+5+7=4^2$	$1=1^2$
$1+3+5+7+9=5^2$	$1+3=2^2$
$1+3+5+7+9+11=6^2$	$1+3+5+7+9=5^2$

要求A、B两组学生根据上面呈现的例子，找出规律，并求出1+3+5+7+……+99的和。实验结果是，看A组例子的学生多数能发现规则，即从1开始的N个连续奇数的和等于奇数个数N的平方；而看B组例子的学生无人发现规则。这就说明了规则

例证呈现的方式对原理或规则学习有影响。

"三角形内角和"是通过对不同三角形进行"量一量、算一算"、"拼一拼、验一验"来发现三角形内角和的规律。

发现式学习是意义学习的一种方式，是学生在教师的启发下独立发现事物意义、关系和规律的学习，其基本过程是呈现例子——得出原理——变式练习。在进行概念学习时，主要是发现概念的关键特征，获得概念的定义。在进行原理学习时发现的是概念之间的关系，主要是二者的不同点。由于原理学习"发现"的不是事物本身，而是事物之间的关系，所以，原理的发现式学习，其认知过程比概念的发现式学习的认知过程要复杂得多，需要更多的创造性思维参与。其中，由于发现式学习是一种不完全归纳学习，其获得的原理是不适当的规则，这种规则被学生组织到自己的认知结构中去，就会影响学生知识结构的精确性和规范性，会使认知同化出现错误，影响接受学习。因此，发现原理后，随着学段的增高，需要进行一个原理证明的过程。

⑵由原理到例子。由教师直接把原理告诉给学生，学生运用先前回忆的概念对新原理加以同化理解，这种方法叫原理教学的规例法。用规例法进行教学的策略叫原理的接受式教学策略。其过程是呈现原理——举例说明原理——变式练习。

3. 应用与迁移

上述过程只说明学生习得了原理，为使原理向技能转化，教师需要向学生提供原理应用的各种情境进行变式练习，并及时进行反馈。练习情境提供得越全面，技能转化就越强。

下面是一组原理教学的教学片段。

[**例3–9**]"三角形内角和"中"三角形内角和是180° "的发现式教学片段

■ 回忆旧知识

【教师提问、学生回答】

师：请同学们回答老师提出的下列问题：（1）平角的度数是多少？（2）怎样量一个角的度数？（3）怎么计算两个角度数的和，如35° +40° 。

生：平角是180° ……

■ 形成原理

㈠呈现实例

实例1：三角板内角和

【教师演示提问，学生观察回答】

师：现在老师手中有两个三角板，你知道三个内角的度数吗？内角度数的和是多少？

生1：（观察三角板）60° +30° +90° =180° 。

生2：（观察三角板）45° +45° +90° =180° 。

师：你是怎么得出的？

生：知各角度数，然后相加。

【教师设疑，学生猜想】

师:老师手中的三角板的形状是特殊的三角形，它的内角和是180°，那么一般的三角形的内角和是不是也是180°呢?

生:是或不是。

实例2：不同的三角形量一量、算一算

【教师引导，学生操作】

师：刚才，同学们通过计算的方法得到了三角板的内角和。现在，同学们在自己的练习本上任意画一个三角形，量出三个内角的度数，算一下内角和是多少。

学生画三角形、量三个内角、算内角和。

教师巡回指导。

【教师提问，学生回答】

师：请×××同学说一下你画的是一个什么样的三角形，它三个内角的度数及度数和是多少。

学生回答。

（重复，直到直角三角形、锐角三角形、钝角三角形三种类型全部出现。如缺少类型，可提示画出缺少的三角形重新进行量、算，得出三个内角的和）

【教师提问，学生回答】

师:观察我们算出的内角和，有什么共同特点?

生:180度、接近180度……

师:到底是180度还是接近180度?我们有没有其他方法进行验证呢?

实例3:不同三角形移内角、拼平角

【教师引导，学生操作】

师：请同学们再任画一个较大的三角形，先把三个角分别做上记号，然后把三个角裁剪下来拼在一个顶点上，观察一下可以得到一个什么图形?

学生画、标、裁、拼，得平角。

师:我们这个实验说明了什么?

生:拼成的三角形的内角和是180度。

(二)得出原理

【教师引导，学生总结】

师：通过刚才的学习，我们知道了三角板的内角是180度;通过量三角形的三个内角，得出三角形的内角和约为180度;我们通过拼图，也得出任意一个三角形的内角和是180度。那么，通过这三个操作，我们可以得出什么样的结论?

生:三角形内角和是180度。

师:“三角形内角和是180度”，这个发现是正确的。同学们升到初中以后学习了平行线的有关知识，就可以证明它是正确的。现在，我们只需记住这个结论，并在今后的学习和生活中运用它。

(三)变式练习

【教师引导，学生举例】

师:请同学们举出你身边的三角形，并指出它的内角及度数的和。

生:红领巾的三个角的和是180° ……

[例3–10]“倾听声音”中“声音是由振动产生的”的发现式教学片断

■ 实验研究

【教师引导，学生猜想】

师:你能根据自己的生活经验，猜一猜声音是怎样产生的吗?把你的猜想在组内说一说。

学生独立思考、猜想，进行组内交流和全班交流。

师:关于声音是怎么形成的，同学们刚才猜想了很多。要想知道你们的猜想是否正确，怎么办?

生:做实验来验证。

【教师引导，学生实验】

师:是的，做科学工作光靠猜想是不够的，还需要通过实验收集证据来验证自己的猜想。请按照老师的提示,组内先来制定实验方案吧。(大屏幕显示制定方案小提示)

学生在小组内制定实验方案。

师:哪个组愿意和我们一起分享你们小组的方案?

学生汇报、补充。

师:通过补充，各组的方案都已经很完善。如果需要，可以边实验边改进，也可以按照老师的提示来完成实验。(大屏幕显示实验提示)

生:实验开始并记录，教师参与指导。

■ 得出原理

【教师引导，学生总结】

师:愿意与大家一起分享你们组的实验结果吗?注意:汇报时，其他同学要保持肃静，注意倾听，相互补充，及时评价。保持好的同学由老师颁发“实验习惯奖”。

生:汇报交流(板书:弹动、抖动、跳动、摆动……)

师:通过实验，同学们发现:只要物体发声，它们都会“动”起来。怎样动?你能用一个比较科学的词来概括总结吗?

生:振动……

师:物体发声时都在来回运动，这种来回往复的运动在科学上用“振动”来表示。(板书:振动)现在，你能说说声音是怎样产生的吗?

学生试着复述。

师:刚才同学们的实验说明，声音是由物体振动产生的。这是我们今天学习的重点。在刚才的小组实验中，同学们充分发挥了小组的力量，认真探索、分析，总结出

了“声音是由物体振动产生的”这个结论，很了不起。现在，给表述优秀的小组发一面红旗。（给小组发旗）

■ 变式练习

【教师提问，学生实验】

师：老师也有个疑问，不知道你们能否解决：既然声音是由物体振动产生的，那么，如果物体停止振动还会有声音吗？猜猜看。让我们在组内用实验来验证吧。请看老师的提示（大屏幕显示提示）。

学生组内实验，记录。

师：你们是怎样做的？结果怎样？

学生汇报、补充。

师：物体停止振动，声音同时停止。这说明了什么？讨论一下。

生：说明声音是由物体振动产生的。

师：你能用自己的话说说物体振动和声音的关系吗？

生：物体振动就会发出声音，物体停止振动声音就会停止。

【教师引导，学生操作】

师：同学们学得非常好，知道了物体振动和声音的关系，就是“声音是由物体振动产生的”。现在，哪位“小诸葛”能解释我们课前只用一只左手鼓掌，没有成功的原因？

生：没有另一只手帮助产生振动。声音是由物体振动产生的。

师：再体会一下……

师：你们太棒了。鉴于你们的表现，我们来玩个更好玩的游戏：伸出你的左手放在你的喉咙部位，拿出你的右手竖起大拇指向你的同桌大声说一句：“你今天的表现真棒！”

学生玩游戏。

师：发现了什么？

生：手被振动了。

师：人和动物都是因为声带在振动才产生了声音。你能举出生活中听到的声音并解释一下产生的原因吗？

生：钢琴的声音、用嘴吹小瓶子的声音……（是什么在振动？）

［**例3-11**］七年级《思想品德》下册第七课“走近法律”中“法律具有保护作用”的发现式教学片段

■ 回忆旧知识

【教师提问，学生回答】

师：请同学们回忆一下，法律有哪些特点？

生：法律有三大特点：一是由国家制定或认可；二是靠国家强制力保证实施，具有强制性；三是对社会全体成员具有普遍约束力。

师:你能说出几部法律的名称吗?你能说出这些法律中都有什么规定吗?

生:《中华人民共和国义务教育法》、《中华人民共和国教育法》、《中华人民共和国预防未成年人犯罪法》、《中华人民共和国消费者权益保护法》和《中华人民共和国刑法》等。《中华人民共和国义务教育法》规定我们必须完成九年义务教育，法律保护我们接受义务教育的权利和义务;《中华人民共和国刑法》规定，禁止人们杀人、放火、抢劫;《中华人民共和国预防未成年人犯罪法》禁止未成年人携带管制刀具、打架斗殴、强行向他人索要财物等。

■ 形成原理

【教师提问，学生讨论】

师:同学们回答得都很好。有了法律,我们就可以知道应该做什么、不应该做什么;当我们受到伤害时，就可以通过法律武器来保护自己。下面，我们看两个案例。

(一)实例研究

案例1:七年级学生小郑家楼上住着一对舞迷夫妇，每晚都邀请舞伴跳舞到深夜。那咚嚓嚓的踩脚声震得顶灯直晃。更令人心烦的是，摇滚乐每晚都吵到深夜，扰得四邻不安，严重妨碍了小郑的学习及邻居的休息。邻居多次与舞迷夫妇交涉，可他们就是不听。小郑懂得治安管理处罚法，知道国家颁布了《环境噪声污染防治法》。于是，他找到有关执法部门，请求干预此事。结果，舞迷夫妇受到了警告，他们保证不再噪声扰民。

案例2:小叶在展销会上买了一双鞋。没穿几天，鞋跟就断了。按照法律，他应该得到赔偿。相关法律第三十八条规定，消费者在展销会、租赁柜台购买商品或者接受服务，其合法权益受到损害的，可以向销售者或者服务者要求赔偿。展销会结束或者柜台租赁期满后，也可以向展销会的举办者、柜台的出租者要求赔偿。展销会的举办者、柜台的出租者赔偿后，有权向销售者或者服务者追偿。最后，小叶得到了展销会举办者的赔偿。

师:阅读完这两段材料，请同学们讨论:这两个案例都说明了什么?

生:案例1说明，舞迷夫妇的做法影响了邻居的正常休息，是违法的;说明学生小郑知道国家有《环境噪声污染防治法》;舞迷夫妇受到警告并不再噪声扰民，说明舞迷夫妇受到了法律的约束,也说明了学生小郑受到了《环境噪声污染防治法》的保护。

生:案例2说明，消费者的合法权益如果受到了商家、厂家或者销售者的侵害，依照法律，有权得到赔赏。小叶的合法权益也受到了法律的保护。

师:案例1说明小郑受到了《环境噪声污染防治法》的保护，不再被噪声搅扰。案例2说明小叶作为消费者，权利受到了侵害，得到了相关法律的保护。

(二)得出原理

【教师提问，学生回答】

师:上面两个案例说明了一个道理，也就是法律的一种作用，请同学们归纳一下是什么作用?

生:保护作用。

师:对,法律具有保护作用。

(三)变式练习

【教师引导,学生举例】

师:请同学们根据自己的经历或听说过的事例,举出几个体现法律保护作用的例子。

生:作为消费者,我们买到了假冒伪劣商品,《消费者权益保护法》会保护我们的合法权益;依据《未成年人保护法》,父母有义务抚养、监护和教育我们到18周岁;《继承法》保护未成年人的继承权等。

■ 迁移与应用

【教师引导,学生练习】

师:下面两组案例,也是体现法律的保护作用的,请同学们分析一下都保护了什么?

材料一:一日晚,小明家来了几位朋友,他们约定到某酒店赴宴。宴席中,小明喝了一瓶啤酒。宴席结束后,小明开车送朋友回家,刚走不远就被交通警察截住。经检测,小明血液中酒精含量为70mg/ml。警察当即对其进行了罚款。请问,警察的行为依据是什么?它保护了谁?

材料二:最高人民法院、最高人民检察院、公安部联合下发的《关于依法严惩"地沟油"犯罪活动的通知》和《刑法修正案(八)》规定,对于利用"地沟油"生产"食用油"的,依照刑法第144条生产有毒、有害食品罪的规定追究刑事责任;对于具有累犯、有前科、共同犯罪的主犯、集团犯罪的首要分子等情节,以及犯罪数额巨大、情节恶劣、危害严重,群众反映强烈,给国家和人民利益造成重大损失的犯罪分子,依法严惩;罪当判处死刑的,应该依法判处死刑。请问,这条规定的保护作用是什么?

[**例3-12**]高中《化学》"氯气的物理性质"的发现式教学片段

■ 实例研究

师:这是一幅2004年4月15日重庆天原化工总厂氯气发生泄漏的图片(幻灯片呈现)。事故中,15万名群众被疏散,一度举国震惊,谈"氯"色变。那么,我们通过整个事件发生和处理过程可以得到哪些关于氯气的知识呢?

发生氯气泄漏后,旁边的工人首先看到一股浓浓的黄绿色气体溢出,接着闻到一股刺激性气味,然后晕倒。这说明氯气具有什么性质呢?

生:是一种黄绿色气体,有刺激性气味,有毒。

师:消防官兵得到信息后,迅速将中毒人员转移至地势较高处等待救护车,同时将周围的群众往高处疏散。这说明了氯气的什么性质?

生:氯气密度比空气大。

师:消防官兵在周围50米处筑起了"水墙"并将液氯钢瓶扔进投放了大量烧碱的水坑内。这说明了氯气具有什么性质?

生:氯气能溶于水和碱性溶液。

■ 得出结论

师:总结一下,我们可以得到氯气的物理性质有哪些?

生:黄绿色,刺激性有毒气体,密度比空气大,易溶于水和碱性溶液。

师:同学们总结得很好,但要注意,氯气溶于碱性溶液是化学性质。氯气的物理性质有:黄绿色、刺激性有毒气体,密度比空气大,易溶于水。

■ 变式练习

师:请同学们记忆此结论。

学生记忆。

■ 应用与迁移

师:如何闻氯气?为什么?

生:可以用手轻轻在瓶口扇动,使极少量的气体飘进鼻孔。之所以这样做,是因为氯气有毒。

[**例3-13**]小学《英语》"现在进行时"的接受式教学片段

■ 导入新课

【教师播放视频,学生倾听吟唱】

T:Hello, boys and girls. Nice to meet you.

Ss:Nice to meet you, too.

T:Let's enjoy a beautiful song. Let's try to sing together.

Ss:OK.

T(Play the video of the song)

Ss(Listen and sing)

■ 回忆旧知识

【教师表演,学生模仿】

T:Good.Boys and girls. Stand up, please. Please do it like me.(伴随着动作)

Stand, stand, I'm standing.

Swim, swim, I'm swimming.

Read, read, I'm reading.

Write, write, I'm writing.

Ss(Read and act)

【教师展示,学生认读】

T:(出示单词卡片)Yes.I'm writing. Follow me, please. write—writing .Let's try to read the others.

(read—reading, swim—swimming, clean—cleaning, wash—washing, cook—cooking)

S1：write—writing

S2：…

T：动词的ing形式的构成有几种？

S1：read—reading，动词后直接加ing。

S2：write—writing，以不发音字母e结尾的要去e加ing。

S3：swim—swimming，双写最后一个字母再加ing。

T：Yes，you are right.动词加了ing，这叫现在分词。今天，我们就来学习一下跟它有关的时态——现在进行时吧。

■ 呈现新知识

【教师讲述，学生接受】

T：Look! I' m cooking. What are you doing？（展示动作图片）

S1：(试着回答）I' m drawing pictures...

（drawing pictures /washing clothes/ watching TV/cooking dinner/listening to music/cleaning the room）

T：现在进行时表示现在正在进行或发生的动作。What are you doing？是一个现在进行时的特殊问句，它的句子结构是：What + be（is/am/are）+ 某人/物 + doing？即某人/物正在做什么？

I' m swimming.是现在进行时的陈述句，它的句子结构是：某人/物+be（is/am/are）+现在分词，指某人/物正在做的事情。

■ 举例说明原理

如I am swimming. You/We/They are swimming. He/She/It/Amy is swimming. 等。Be动词（包括is/am/are）要随前面的人称发生变化，请记住这个规律：我是am，你是are，他/她/它是is，我（你、他）们是are。

■ 理解练习

【教师引导，学生练习】

T: Now I' m watering the flowers. What are you doing，××？（板书）

S1: I' m watching TV. What are you doing，××？

S2: I' m playing football. And you，××？

S3: I' m playing ping-pong.

T: Please ask and answer one by one.

Ss（Ask and answer in pairs）

S1: Hello！ Mike！ What are you doing，？

S2: Hi！ I' m writing an e-mail. What about you？

S1: I' m reading books.

（提供现在分词cooking/watering/cleaning/washing/playing/listening/watching/reading/

swimming/running/writing/having/taking/skating)

■ 应用与迁移

(1)主语是单数时的现在进行时的用法

【师生练习】

T:What are you doing，× × ?

S1:I' m answering the phone.

T:Zhang Hong is answering the phone.(图3-13)

Look! Who is the man ?

S2:He' s Zhou Jielun.

T:What is he doing ?

S3:He' s singing.

T:What is the girl doing ? What is she doing ? (图3-14)

S4:She' s writing a letter.

T:Let' s talk about the other pictures in pairs.

【生生练习】

Ss (Do pair work)

S1:What is Mike doing ?

S2:He is reading a book.(图3-15)

T：当主语是单个人或物，或是he、she、it时，系动词要用is。

图3-13

图3-14

图3-15

(2)主语是复数时的现在进行时的用法

【师生练习】

T:Look ! What are the kangaroos doing ? (图3-16)

jumping

图3-16

tigers sleeping

图3-17

monkeys climbing

图3-18

elephants drinking

图3-19

S2:They are jumping.

T:Look at the other pictures. Let' s ask and answer in pairs.（图3-17—3-19）

【生生练习】

S1:What are the tigers doing ?

S2:They are sleeping.

T:当主语是复数或是we、they、you时，系动词要用are。

［**例3-14**］初中《数学》“代入消元法”解二元一次方程组的接受式教学片段

■ 回忆旧知识

师:请回答下列各题:

1.一元一次方程:$2y+(10-y)=16$的解是:________________。

生:$y=6$。

2.什么叫二元一次方程和二元一次方程组?

生:含有两个未知数，且未知数的指数都是1，这样的方程叫二元一次方程。把两个二元一次方程合在一起，就组成了一个二元一次方程组。

3.什么叫消元思想?

生:二元一次方程组中有两个未知数，如果消去一个未知数，将二元一次方程组转化为我们熟悉的一元一次方程，就可以解出一个未知数，然后再设法求出另一个未知数。这种将未知数的个数化少加以逐一解决的想法，叫消元思想。

4.在$x+y=10$中，请用一个未知数表示另一个未知数。

生:$x=10-y$、$y=10-x$

■ 习得原理

(一)呈现原理

师:现在，学习用代入消元法解二元一次方程组。由二元一次方程组中的一个方程，将一个未知数用含有另一个未知数的式子表示出来，再代入另一方程实现消元，进而求得这个二元一次方程组的解，这种方法叫代入消元法，简称代入法。

(二)举例说明原理

师:解二元一次方程组:$\begin{cases} x+y=10 & ① \\ x+2y=16 & ② \end{cases}$

解:由①得 $x=10-y$ ③

把③式代入②式 得$(10-y)+2y=16$

解这个方程得 $y=6$

把$y=6$ 代入③，得$x=4$

所以，这个方程组的解是:$\begin{cases} x=4 \\ y=6 \end{cases}$

师:同学们思考:在这个二元一次方程组中，可不可以把y用x表示?如果可以，怎么解?

(三)变式练习

解下列方程组：(1) $\begin{cases}2x-y=5\\3x+4y=2\end{cases}$　　(2) $\begin{cases}3x-y=5\\5x+2y=15\end{cases}$

■ 应用与迁移

师：刚才，同学们解了两个二元一次方程组，请总结一下解法过程是什么？

生：第一步。从方程组的一个方程中把一个未知数用另一个未知数表示；第二步，把这个未知数代入到另一个方程中去得到一个一元一次方程；第三步，求出这个一元一次方程的解；第四步，把这个解代入到第一步变形后的方程中，求出另一个未知数的值。第五步，写出这个方程组的解。

师：请同学们讨论，在解题时，第一步是把一个方程变形，用一个未知数表示另一个未知数。第三步求出的解能不能代入变形前的那个原方程？

学生讨论。

师：请解下列二元一次方程组：

(1) $\begin{cases}y=x+3\\7x+5y=9\end{cases}$　(2) $\begin{cases}a-b=6\\2a+b=9\end{cases}$　(3) $\begin{cases}3x-4y=16\\5x-6y=33\end{cases}$　(4) $\begin{cases}3(x-1)=y+5\\5(y-1)=3(x+5)\end{cases}$

习得概念或原理后，需要进一步把原有的概念或原理联系起来，促进知识的组织化和系统化，以有利于更牢固地掌握知识。这项工作可根据情况在概念或原理的当堂教学中进行，也可以另外单独进行有关知识的组织，形成有组织的知识。

第二节　智慧技能的教学策略

按加涅的分类，智慧技能包括辨别、概念、规则和高级规则，即知觉辨别技能、运用概念识别和分类技能、运用规则对外办事的技能和综合运用规则办事并产生高级规则的技能。根据信息加工心理学关于陈述性知识(知识)向程序知识(技能)转化的理论，技能的教学策略一般可分为两个阶段：一是陈述性阶段，即知识的获得阶段；二是程序性阶段，即陈述性知识向程序性知识转化阶段。需要强调的是，在技能形成过程中(即陈述性知识向程序性知识转化过程中)，不论是对内进行认知调控还是对外办事，都需要相应的一套规则并达到自动化运用的程度，以支配对内调控和对外办事，形成能力。因此，不论哪类技能的训练都离不开变式练习，以形成相应的一套规则并达到自动化的程度，以此来进行对办事的调控。这里的变式是指原理应用的各种情境。教师能提供的情境越全，学生所形成的办事技能(即解决问题的能力)就越强。

总起来说，运用概念、规则进行办事技能的教学策略是：先用发现式学习或接受式学习习得概念或规则，然后进行变式练习形成技能，课堂中变式练习的一般策略是基本练习——总结规则——强化练习。

一、知觉辨别技能的教学策略

辨别的基本过程就是把事物与大脑中已存的表象样例进行比较，获得是与不是的结论的过程。有意识地进行辨别练习通常适用于年幼的儿童。对于大多数学校而言，都假定相关的辨别已经在生命的早年习得了。

二、运用概念、规则办事的技能的教学策略

运用概念和规则办事的技能的形成也分为两个阶段：第一阶段是概念和规则的习得阶段，在第一节已有叙述，此处不再重复；第二阶段是概念和规则向技能转化的阶段，这个阶段的策略就是变式应用练习。对概念应用来说，变式练习指向学生呈现概念的正反例证，让学生进行辨别判断；在规则学习中，变式练习是指对于同一条规则，要给学生呈现多种有变化的问题情境，要求学生运用规则来解决问题。情境提供得越全，所形成的技能就会越强。这里需要教师具有挖掘知识应用情境的能力，寻找出知识应用情境规律性的东西，组织学生有针对性地进行练习，避免题海战术。例如，初中物理“密度”公式 $\rho = m/v$ 的应用情境可涉及以下几个方面：

1. 计算密度鉴别物质

利用公式 $\rho = m/v$ 测算出物质的密度，查找密度表，看跟何种物质的密度相等，便可知道物体可能是由什么物质组成的。

2. 计算不便测量的质量

利用公式 $m=\rho V$，对于不便直接测量的物体质量，只要知道这个物体是由什么物质组成的，从密度表中查出这种物质的密度，再设法测出其体积，便可计算出这个物体的质量。

3. 计算不便测量的体积

利用公式 $V=m/\rho$，对于难于直接测量的物体体积，只要知道这个物体是由什么物质组成的，从密度表中查出这种物质的密度，再设法测出其质量，便可计算出这个物体的体积。

4. 合金类问题

首先，要抓住合金体的总质量与总体积分别等于各种物质的质量之和与体积之和这一特征。然后，根据具体问题，灵活求解。

5. 空心类问题

包括判断物体是实心还是空心和计算空心部分体积两种情况。判断空心还是实心，可选用比较密度、比较体积和比较质量这三种方法中的任何一种方法；求算空心部分体积时，则必须求材料的体积，有 $V_{空}=V-V_{材}$。

［**例3-15**］“三角形内角和”中应用“三角形内角和是180度”解题的变式练习

■ **基本练习**

1. 教材第85页“做一做”。
2. 教材第88页9题、10题。

3. 如图3-20，找出图中的三角形并说明三角形内角和的度数。

■ 总结规则

通过练习，请同学们总结一下应用三角形内角和度数解决问题的步骤。

■ 强化练习

4. 判断每组中的三个角是不是同一个三角形中的三个内角。

80°　95°　5°　(　)

60°　70°　90°　(　)

30°　40°　50°　(　)

5.你会求图3-21、图3-22和图3-23中三角形的内角和吗？你发现了什么规律？

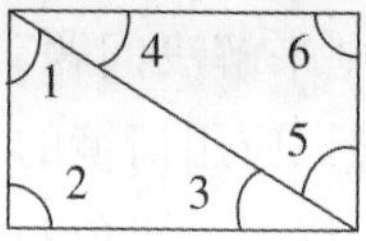

图3-20

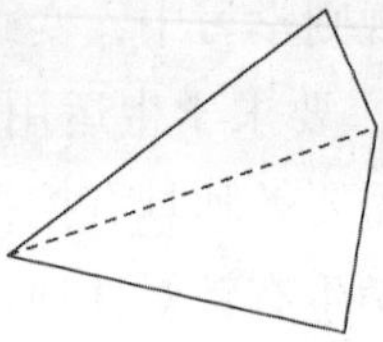

图3-21

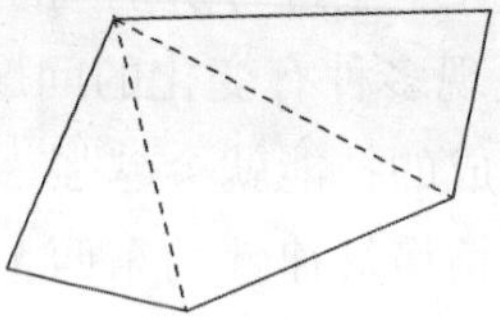

图3-22

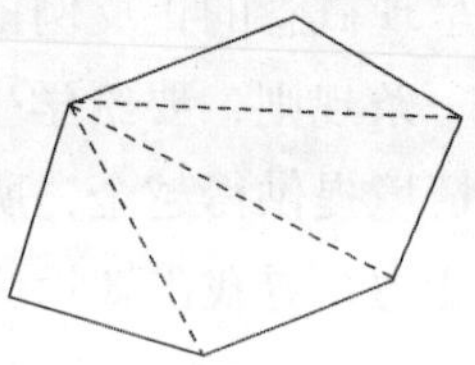

图3-23

[**例3-16**] 语文阅读中归纳概括技能训练的变式练习设计

中小学生的阅读理解能力由词汇量、句意整合、推理理解、归纳概括、情感理解、评价赏析和综合应用这七种成分构成。这七种成分可进一步归为认读能力、一般理解能力、深层理解能力、评价鉴赏能力和综合应用能力。下面是在阅读理解的归纳概括中，以中心句理解段意的技能训练的教学片段：

■ 基本练习

下面是三段文字，请同学们分别概括出每段的段意。

1. ①母亲是个好劳动的人。②从我能记忆起，总是天不亮就起床。③全家二十多口人，妇女们轮班煮饭，轮到就煮一年。④母亲把饭煮了，还要种田，种菜，喂猪，养蚕，纺棉花。⑤因为她身体高大结实，还能挑水挑粪。

本段的段意是：________________________________

引导交流：句①是本段落的中心句。②③④⑤句都是围绕“好劳动”这个而展开的，是对这个特点进一步的举例说明。因此，句①可以直接摘录下来作为整段的段意。

2. ①理想的阶梯，属于珍惜时间的人。②富兰克林有句名言：“你热爱生命吗？那么别浪费生命，因为时间是组成生命的材料。”③鲁迅先生以“时间就是生命”的格言律己，献身无产阶级文学艺术事业三十年，始终视时间如生命，笔耕不辍。④巴尔扎克每天用十六七个小时如痴如狂地拼劲奋笔疾书，即使手臂疼痛，双眼流泪，也不肯浪费一刻时间。⑤他一生留下为人民深深喜爱的巨著《人间喜剧》，共九十四部小说。⑥这些血汗的结晶，不正是时间与生命的光辉记录吗？

本段的段意是：________________________________

引导交流：先分析句①，理想是什么？阶梯又是什么？合起来其实句①说的是达到理想的方式就是要珍惜时间，后面的②③④⑤⑥句是为了论证这一观点，或是引用名言佐证，或是举例说明，总之都是为它服务的。所以，句①正是本段的中心句。

3. ①姑娘戴花，公园种花，庭院养花，是因为花除了在嗅觉上给人们浓郁的芳香外，还能把姑娘、大地和环境打扮得绚丽多彩，赏心悦目，从视觉上给人以美的享受。②自古以来，人们常用“如花似玉”、“花容月貌”来形容人的美丽，用“花好月圆”来比喻团聚的美好。③可见美寓于花，花含着美。

本段的段意是：____

引导交流：把句①的句意浓缩一下，也就是说，不管是戴花、种花还是养花，都是为了从视觉上给人以美的享受，所以美就藏在花中。而句②中写“如花似玉”和“花容月貌”来形容美，可见花代表着美，花含着美。句①加上句②的句意等于句③的意思，而句③能够总括句①和句②的内容，所以，句③为本段的中心句。

■ 总结规则

1. 同学们，你能从以上的例子中找出概括段意的方法吗？

联系文段的内容来分析，逐字逐句地理解句意，从中找出最能总括该段意思的句子，即中心句。从位置来看，中心句有规律可循，根据出现频率依次为段首、段尾和段中。

2. 在这个过程中，你又获得怎样的启示呢？

一个句子能够成为中心句，是因为它能总括全段的主要意思。也就是它能全面、准确地反映作者的写作意图，作者根据这个意图展开或是论述或是议论或是说明等表达。但是，当我们以后遇到一个文段中没有明显中心句的时候，我们就需要用自己的话去概括，而我们的语言也就应该尽可能全面、准确地反映作者的意图。读段如此，读文亦如此。

■ 强化练习

1. ①她从来不打骂我们。②仅仅有一次，她的教鞭好像要落下来，我用石板一迎，教鞭轻轻地敲在石板边上，大伙笑了，她也笑了。③我用儿童的狡猾的眼光察觉，她爱我们，并没有真正要打的意思。④孩子们是多么善于观察这一点啊！

本文段的中心句是__________，理由是 ________________________________。

2. ①有了鸟的树显得格外生动。②我喜欢这些在树与树之间飞来飞去的小鸟，喜欢它们在树枝上舞蹈。③冬天的风因为这些小鸟的跳跃，也就显得细微而富有弹性，它们在树枝上唱着歌，一只鸟的歌唱使树上的冬天没有了寒冷的凝滞。

本文段的中心句是__________，理由是 ________________________________。

3. ①语言的变化，短时间内不容易觉察，日子长了就显出来了。②比如宋朝的朱熹，他曾经给《论语》做过注解，可是假如当孔子正在跟颜回、子路他们谈话的时候，朱熹闯了进去，管保他们讲什么，他是一句也听不懂的。③不光是古代的话后世听不懂，同一种语言在不同的地方经历着不同的变化，久而久之这个地方的人也会听不懂那个地方的话，形成许许多多方言。

本文段的中心句是________，理由是______________________。

[例3–17]初二《地理》"自然资源"概念的变式练习

■ 基本练习

师：我们已学习了自然资源的概念。请问：空气、沙漠、毒蛇、土地都是自然资源吗？依据教材中的定义作出判断。

生1：空气、土地是自然资源，因为符合自然资源的两个特征：一是都存在于自然界中；二是有利用价值。人类生存离不开空气和土地。

生2：沙漠不属于自然资源。

生3：毒蛇也不是。

生4：我觉得沙漠也不是自然资源，沙漠对人类的危害太大了，破坏环境，侵占我们的土地、家园，淹没河流，而且使气候变得异常恶劣。

生5：毒蛇也不是，我在电视上看到，每年都有很多人被毒蛇咬死。去年，我就听说我亲戚家的邻居在山上放羊，被毒蛇咬伤，险些死了。

生6：可是，沙漠和毒蛇也有对人类有利用价值的一面呀。沙漠上有一些特有的动植物，如果沙漠消失了，那么这些动植物就失去了生存的家园，破坏了生物的多样性，而且沙漠还是重要的旅游资源，沙子也是建筑材料。

生7：我也在央视"人与自然"节目中看到，毒蛇的毒液有很高的药用价值，每年的需要量很大。为了满足需求，国家还鼓励毒蛇养殖，以便提取毒液。

师：由此可见，沙漠、毒蛇与空气、土地不同，既有好处也有坏处。那么，到底是不是自然资源呢？

生1：我觉得，是不是自然资源，要看是否有可利用的一面。

生2：是的，我们要利用这些东西的有利一面，要避免或治理不利的方面。就像沙漠，因为它有危害，我们才去治理。通过治理，让它的危害变得最小，让它变得"温顺"，更好地发挥有利的一面。

师：大家分析得非常好，那么毒蛇和沙漠应该是——

生：（齐声）自然资源！

■ 总结规则

师：非常正确！请大家总结一下，如何判定一个资源是不是自然资源？

生：要判断一个资源是不是自然资源，首先得知道它是不是存在于自然界，其次就是要看它是不是有利用价值。在看待它的价值时要全面，既要看到不利的一面，也要看到有利的一面，不要因为有害处，就否认它的利用价值，就否定它是自然资源。

师：这位同学说得好！要判断一个资源是不是自然资源，一要看它是不是存在于自然界，二要看它是不是有利用价值。

■ 强化练习

接下来，检测一下大家探究之后的收获。下面一段话，指出划线部分中哪些是自然资源。

土地上一片生机，野花盛开，河流在欢快地流淌，鱼在水里游来游去，远处是一片森林，它可以制作出我们使用的课桌、家具等用具；不远处有一座矿山，出产铁矿石，提炼出的钢铁可以生产出各种汽车、机床等工业产品。

生：自然资源有土地、野花、河流、鱼、水、森林、矿山、铁矿石，而课桌、家具、钢铁、汽车、机床和其他工业产品不是自然资源。它们虽然对人们有利用价值，但不是在自然界中形成的，是人们通过加工制作而形成的。

三、高级规则的教学策略

高级规则是运用基本规则推出的新规则。像各学科中的综合性问题都是由基本的问题推出的新问题，属高级规则的学习。高级规则的教学属问题解决教学，它的教学策略分为两种：一种是接受式的策略，即由教师直接把高级规则的策略呈现给学生，然后由学生进行变式练习，通过模仿形成技能；另一种是发现式的策略，让学生面临以前没有接触过的情境，进行自主探究，创造性地解决问题。发现式教学策略的一般过程是回忆旧规则——理解问题——选择解决策略——执行策略。

1. 引导学生回忆相关的旧规则

由于新规则是由已知规则推导出来的，因此，它的前提条件是已经习得相关的旧规则和相关的概念。这既是习得新规则的前提条件，也是建立新旧规则之间联系的基础。因此，回忆旧规则和相关概念是新规则学习的第一步。如人教版初中《数学》习题24.2第14题：

如图3–24，AB 为⊙ O 的直径，AD 和过 C 点的切线互相垂直，垂足为 D，求证：AC 平分∠ DAB

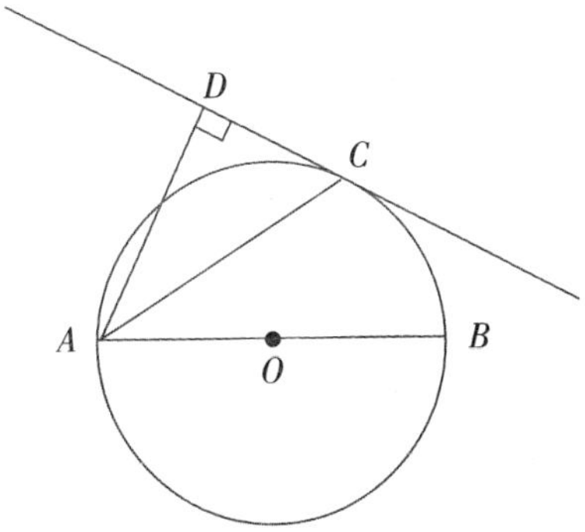

图3–24

本例中涉及与圆、直径、切线、垂直、平分线等相关的旧规则。如关于圆的概念和规则有圆的半径相等、圆的直径过圆心、圆周角定理、圆心角定理……关于切线的概念和规则有切线的定义、切线的性质、切线长定理……这些都是解决本题的前提条件，是在教学过程中应该回忆的，并且回忆得越多，解决问题的可能性越大。

2. 引导学生理解问题

引导学生理解问题即对要解决的问题进行有效的理解，区分出问题的已知条件（相关的概念）是什么、问题（最好识别出问题的类型）是什么。这时，需要具备各类基本规则的知识。

在这个问题中，已知的三个条件是：“AB 为⊙ O 的直径；DC 是⊙ O 的切线，切点为 C；$AD \perp DC$。”而问题是“求证 AC 平分∠ DAB”，其类型是平分角的证明问题。

3. 选择解决策略

选择解决策略即选择解决问题的思路和方法。这需要学生具备一定解决相应问题的智慧技能。需要具备已知规则的智慧技能(前需技能)，才有可能推出新规则，形成高级技能。

由于本题是求证“线段平分角”，而要实现这一点，通常的策略是转化为证明两个相关角相等(前需技能)，本题可以证明“∠ DAC= ∠ OAC”。本例从直观上看，∠ DAC 和∠ ACD 互为余角，现在又可以转化为证明∠ OAC 与∠ ACD 互余即可，而证明互余只需证明是“同一个角的余角”即可。如果连 OC 的话，这是很容易证明的。在这里，我们不断使用转化的方法，把未知向已知转化。

4. 执行策略

在执行过程中，如何对解题思路进行控制是核心，即对解决问题的步骤、子目标的情况进行测量、评价和分析，从而选择最优方法的过程。这需要在学习过程中积累一定的认知策略作为支撑。

如几何证明过程中的“正向推导”、“逆向逆推”和“正逆结合”的策略是高级规则教学中常用的策略。本例的执行过程如下：

(1) 正推监控策略。正推监控策略就是用“由条件不断想出性质”控制思维过程，直到推出结论为止。

首先，识别一下问题的条件，重点是三个：AB 为⊙ O 的直径；DC 是⊙ O 的切线，切点为 C；AD ⊥ DC。我们由这三个条件进行正向推理，思考过程如下：

AB 为⊙ O 的直径 => { OA = OB；OA 是半径 } OC=OA (半径相等) => ∠ OCA= ∠ OAC

DC 为⊙ O 的切线 => OC ⊥ DC (连 OC，圆的切线垂直于过切点的半径) => ∠ OCD=90° => ∠ OCA、∠ ACD 互余

=> ∠ OAC、∠ ACD 互余

AD ⊥ DC => ∠ ADC 是直角 => ∠ DAC、∠ ACD 互余

=> ∠ DAC= ∠ OAC => AC 平分∠ DAB

正推的目的指向性不强，思考过程会变得复杂，但由于题目的结果是由题目的条件推出的，所以，利用条件正推总能推出问题的结果。

(2) 逆推监控策略。逆推监控策略就是用“由结论不断想希望有哪些条件”(由结论想希望) 控制思维过程。本例中，由于结论为证明 AC 平分∠ DAB，就希望∠ DAC= ∠ OAC；而 AD ⊥ DC，∠ DAC 与∠ ACD 互余，又希望∠ OAC 与∠ ACD 互余；由于 DC 是切线，有 CD ⊥ OC，有∠ ACD 与∠ OCA 互余，所以，现在又希望∠ OCA= ∠ OAC。很明显，把该过程逆推过去就是问题的解法。由此可见，逆推的目标性较强，其思维过程相对简单。

(3) 正逆结合监控策略。正逆结合监控策略即上述两种策略结合着进行，形成了交叉点即完成解法过程的分析。事实上，“由条件想性质”和“由结论想希望”想得越多，

思路就会越宽广，解决问题的可能性就越大，解法也就越多。如本例中 DC 为⊙ O 的切线，除了想到“圆的切线垂直于过切点的半径”外，还可以想到“切线长定理”和“弦切角定理”等。顺着这两个定理再想下去，会得到不同的解法。这里略去具体的思考过程，读者可以自己研究一下。

［**例3–18**］小学《数学》“数格法”习得“平行四边形面积”的教学片段

在小学阶段，平行四边形面积是由长方形面积得出的，其学习过程属高级规则的学习。此处介绍的是利用“数格法”获得平行四边形面积公式的教学片段。

■ **回忆旧规则**

师：现在有一块长方形草坪，知道它的长是8米，宽是4米（演示文稿给出数据）。那么，这个草坪的面积是多少平方米？

生：32平方米。

师：你是怎么计算出来的？

生：长方形的面积=长×宽，4×8=32（平方米）。

■ **理解问题**

师：假如我们也知道一个平行四边形草坪的底是8米，另一条邻边是5米、高是4米，现在我们也想计算出它的面积，请同学们思考：我们已知什么？最终解决的问题是什么？

生：已知一个平行四边形，它的底边长是8米，邻边长是5米，高是4米，想要得到的是这个平行四边形的面积。

■ **选择策略**

师：根据现有数据，请同学们思考一下：怎么能得到平行四边形的面积？

生1：邻边相乘。底边是8米，邻边是5米，面积是8×5=40（平方米）。

生2：底边和高相乘。底边是8米，高是4米，面积是8×4=32（平方米）。

生3：高和邻边相乘，面积可能是20平方米。

……

师：同学们想出了这么多的方法（策略），哪些能正确得出平行四边形的面积呢？

■ **执行策略**

师：我们还用数格的办法来研究一下这个平行四边形的面积是多少。

首先看第一种办法，得到面积是40平方米。现在，请同学们观看屏幕，还是刚才这个平行四边形（投影出示画着长方形和平行四边形的方格纸）。请同学数一下这个平行四边形的面积是多少。

生：面积是32平方米。

师：第一种方法算出来的面积是40平方米，不等于32平方米，这说明邻边相乘是错误的。现在来看第二种办法，计算得到的面积和数格得到的面积相同，这说明有可能是平行四边形面积就是底边和高相乘。下面看第三种方法，得到面积是20平方米，与实际数格得到的32平方米不符。通过刚才的分析，平行四边形的面积最大的可能是什么？

生：底×高。

师：下面，我们再看另一个平行四边方形，它的底是10厘米、高是6厘米（幻灯片呈现）。同学们还用数格的方法，算一算它的面积是多少？它的面积还等于底×高吗？

生：（数、算）面积是60平方厘米，也等于底×高。

师：同学们这个发现是正确的，就是：平行四边形的面积=底×高。这在以后的学习中会得到证明，现在只要会用它解决实际问题即可。

［**例3-19**］人教版初一《地理》"阐述环境对人种的影响"的教学片段

"阐述环境对人种的影响"是一个由环境、人种理论等基本规则推出新规则的综合题目，属高级规则的学习。

■ 回忆旧知识

师：什么是自然环境？热带、温带、亚寒带气候的特点是什么？

生：热带气候最显著的特点是全年气温较高，四季界限不明显，日温度变化大于年温度变化，主要分布于南北回归线以内；温带气候冬冷夏热，四季分明，我国主要处于温带。亚寒带气候冬季漫长而严寒。

师：世界有哪些人种？它们主要分布在哪里？

生：黄种人主要分布在亚洲东部；黑种人主要分布在非洲、大洋洲和美国境内；白种人主要分布在欧洲、北美洲和大洋洲。

■ 帮助学生理解问题

师：我们要学习的问题是环境对人种的影响，也就是环境和人种的关系。这里主要讨论的是自然环境和人种的关系。而自然环境包括气候、温度、水、植物、动物和土壤等，这些是人类赖以生存的物质基础，它们对人种都会有一定的影响。

■ 选择策略

师：从字面上，看问题涉及环境和人种两个概念，那么要得出环境对人种的影响，我们应该从什么地方入手进行分析？

生：从环境特点入手进行分析，找出环境对人种的形成所产生的影响。

师：好，我们就从分析环境特点入手，分析它对人种形成的影响。

■ 执行策略

［实例研究］

师：首先思考：和人类密切相关的自然环境有哪些？

生：温度、湿度、土地、气候……

师：在这些环境中，哪些可能对人种有影响呢？我们来看一个具体的实例：农民与城里人从表面上看有明显的区别吗？

生1：有，农民皮肤黑、粗糙……

师：同学们能分析原因吗？

生2：农民整日在田地里干活，风吹日晒。

生3：尤其是夏天，紫外线强，皮肤里有很多黑色素形成，皮肤更黑。

师：这说明和太阳的照射有关。同学们还能举出这样的例子吗？

生4：青藏地区的藏族人皮肤就黑。

生5：我知道，青藏高原海拔高，空气相对稀薄，紫外线更强，所以藏族人皮肤更黑。

生6：我想起来了，我以前看过介绍非洲的书，非洲就以高原为主，海拔高而且又位于热带，紫外线更强。

生7：我们的祖先从树上来到地面，周围有大型食肉动物，在那种生活环境里，为了生存，奔跑能力超强。我觉得，那时候像我这样大的孩子，随便挑出一个都是奥运冠军，这就是环境造成的影响。

师：（利用视频向学生们展示非洲黑人的生活环境）从大家的探究中以及视频展示的内容上，你得出了什么结论？

［得出结论］

生：环境对人种的形成起到了关键的作用，不同地域的环境不同，为了适应环境的变化，人们的肤色等生理特征也相应发生变化。

师：同学们说得好。环境对人种的影响起了关键作用。在人类发展早期，长期生活在一个地方的人们，受到当地环境的影响，身体就逐渐形成了适应当地环境的特征。黑色人种多分布在气温较高的热带地区，皮肤内黑色素含量高，可以吸收太阳光中的紫外线，保护皮肤；他们鼻子低而宽，体毛少，便于散热。白种人多分布在较为寒冷的地区，鼻子高而窄，鼻孔通道较长，可以使冷空气较缓慢地进入肺部；他们体毛稠密，可以御寒。黄种人多分布在温带，所以肤色和身体特征具有上述两种人的过渡性。

师：说到这里，我突然想到一个伟人和他的伟大成就。

生：（齐声）达尔文和《进化论》。

师：达尔文的进化论阐述的核心就是环境对物种进化的影响，不同历史时期的环境变化和不同的地域环境造就了不同的物种。

第三节　认知策略的教学策略

认知策略被认为是高级的智慧技能，是调节和控制学生思考、记忆和解决问题等认知活动的一套程序或步骤。如语文文章的六种结构（时间顺序、地点顺序、事物的发展顺序、事物的几个方面、概括—具体和总—分等）是分析文章、构思文章的策略，数学中转化的策略和换元的策略、解决问题的逆推策略等是认知策略。此外，各学科利用概念图进行概念记忆也是认知策略。

认知策略是可以教学的。它的教学策略与概念或规则的教学策略类似，仍是分为两个阶段——形成策略阶段与转化为认知策略阶段。其形成阶段可用接受式策略或发现式策略。所不同的是，在形成概念或规则时是通过实例研究概括出概念或规则，而认知策略概括形成的不是概念或规则，而是策略。其转化阶段仍是通过变式练习反复利用策略来形成技能。认知策略的教学策略的主要步骤如下：

1. 提示学生回忆已有知识。回忆策略所涉及的原有知识，这与概念及原理教学策略中回忆原来的概念或规则是一样的。

2. 呈现适合策略应用的变式环境。把蕴含策略的例子呈现给学生，让学生直接学习，在头脑中留下一定的印象。这和概念及原理教学中提供正、反例是一样的。

3. 引导学生概括成策略的规则。这需要对正反例进行比较，概括成规则或步骤。这与概念及原理教学中概括成概念及原理也是一样的。

4. 设计变式练习，引导学生理解策略应用的条件。这里类似于规则转化为技能的变式练习。

[**例3-20**]《桂林山水》中“使用排比句式说明或表述意思”策略的教学过程

■ 实例研究

【教师引导，学生分析】

师：同学们看教材的第二自然段，主要写的是桂林的水的特点。课文是这样写的：

（1）……却从没有看见过漓江这样的水。漓江的水真静啊，静得让你感觉不到它在流动；漓江的水真清啊，清得可以看见江底的沙石；漓江的水真绿啊，绿得仿佛那是一块无瑕的翡翠

请同学们思考：这段话各写了什么？是从哪些方面写的？这些方面之间是什么关系？

生：这段话写出了桂林水的特点。写了静、清、绿三个方面，它们之间是并列关系。

师：看课文第三自然段。

（2）……却从没见过漓江这一带的山。桂林的山真奇啊，一座座拔地而起，各不相连，像老人，像巨象，像骆驼，奇峰罗列，形态万千；桂林的山真秀啊，像翠绿的屏障，像新生的竹笋，色彩明丽，倒映水中；桂林的山真险啊，危峰兀立，怪石嶙峋，好像一不小心就会栽倒下来。

请同学们思考：这段话各写了什么？从哪些方面写的？这些方面之间是什么关系？

生：这段话写出了桂林山的特点。写了奇、秀、险三个方面，它们之间是并列关系。

师：请同学们再看老师写的一段文字，分析一下，写了什么意思？分为几个方面写的？它们之间是什么关系？

（3）母亲是疲惫中的一杯龙井，当你软弱无力时，只消几口就使你神清气爽；母亲是烦恼中的一曲古筝，当你意志消沉时，优雅的旋律一飘荡，眼前立即一片青翠；母亲是沙漠中的一片绿洲，当你无助绝望时，指引你向着希望迈开坚定的步伐；母亲是挫折中的阵阵清风，当你惊惶伤心时，为你拭去焦躁的汗水，梳理好零乱的思绪；母亲是困难中的一根拐杖，当你脚步蹒跚时，帮助你找好重心，支撑起一片希望的原

野……

生：写了母亲。分为五个方面，它们之间也是并列关系。

■ 得出策略

【教师引导，学生总结】

师：上面三个例子，共同的特点是什么？

生：都是三个以上的并列句，句子的意思相关，都写出了一个意思……

师：像这样把三个或三个以上意义相关或相近、结构相同或相似、语气相同的短语或句子并排在一起组成的句子叫排比句，句子之间用分号分开。一个排比句用于表达一个中心意思。

写作时可以先写出这个中心意思，然后用几个并列的意义相关或相近的句子进行分别表述。（策略）

■ 举例说明

【教师引导，学生练习】

师：下面的两个例子也是用排比句表达中心意思的句子，请你体会一下其特点，分析表达的意思。

（4）痛苦是黑暗中的摸索，前进的路途中满是坎坷；痛苦是无人理解的悲哀，无助地面对一切挫折；痛苦是心灵最深的折磨，无泪且无法直言；痛苦是天生没有的表情，是烦恼中的恶魔。

（5）愚蠢是一种天生的无奈，是一种后天的懒惰，是一种自己种下的恶果，是一种好果实中的蛀虫。

■ 应用结论

【教师引导，学生练习】

师：现在，老师说一句话"我爱长江、西湖和家乡的小河"，谁能把它改写成排比句，并指出表述的意思？

生：我爱长江，我爱西湖，我更爱家乡的小河；或：我爱浩荡的长江，我爱明镜般的西湖，我更爱家乡弯弯曲曲的小河……

师：同学们能不能自己写一些这样的句子呢？试着写一句。

学生学写。

［**例3-21**］"利用概念图记忆和理解概念"策略的教学过程

■ 实例研究

实例1：三角形的分类

师：同学们学习了三角形，请同学们回忆一下，三角形都包括哪些？

生1：锐角三角形、钝角三角形、直角三角形。

生2：等腰三角形、等边三角形……

师：你是按什么标准进行分类的？

生1:我是按角的大小分的。

生2:我是按边的长短分的。

师:如果老师用一个图的方式把刚才的分类表示一下就是下图(如图3–25)。

师:请同学思考:如果有了这个图,对记忆三角形的概念有什么帮助?

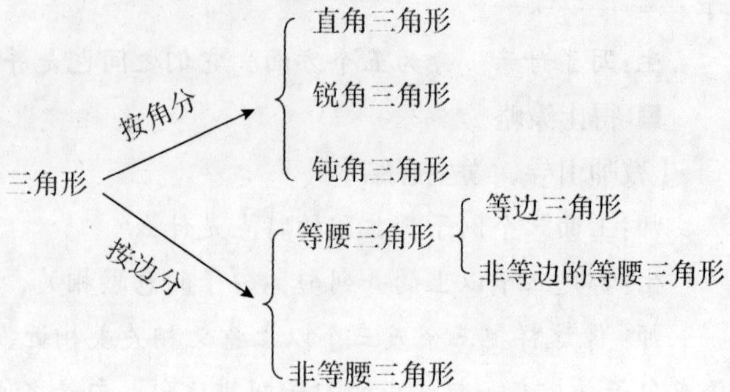

图3–25 三角形的分类

生:容易记住这些概念。

师:这个图是依据什么来画的呢?

生:一个是按角来分,一个是按边来分。

师:这说明,我们如果想方便快捷地记住三角形的有关概念,可以按一定的标准对概念进行分类,画出概念关系图,这样有利于记忆概念。这种办法叫用画概念图的方法记忆概念。下面,我们看另外一个例子。

实例2:方程的分类

师:我们学习了方程的概念,请同学们回忆一下,我们学过的方程可以分为几类?

生:整式方程和分式方程。

师:你是根据什么来分的?

生:分母是否含有未知数。

师:在整式方程中,又可怎么来分?

生1:如果按未知数次数来分,可以分为一次方程、二次方程、高次方程。

生2:如果按未知数的多少来分,可以分为一元方程、二元方程、多元方程。

生3:如果二者结合来分,可分为一元一次方程、一元二次方程、二元一次方程、二元二次方程……

师:如果老师把同学们的理解用一个图表示一下就是下图(图3–26):

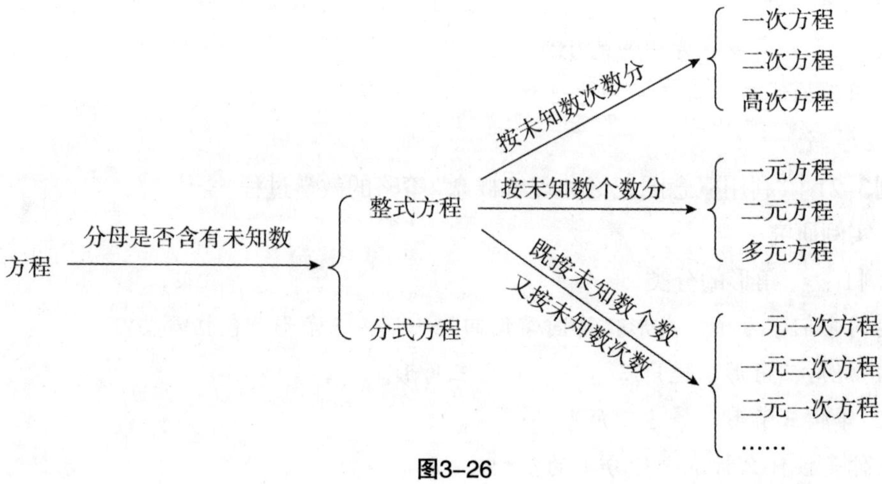

图3–26

师：请同学们思考，有了这个图对记忆方程的概念有什么帮助？

生：容易记住这些概念，对这些概念的含义更清楚。

师：老师在画这个图时用了分类的方法，请问都是怎么分类的？

生：先是按是否含有未知数分数，然后对整式方程又按未知数的次数或个数进行了分类。

师：这说明我们在记忆方程的概念时，是依据一定的标准对概念进行了分类，把这个分类用一个图形表示出来，这样做对于我们理解和记忆概念非常有帮助，这个办法就叫画概念图来记忆概念。

■ 得出策略

师：分析上述两个例子，对于我们记忆知识有什么帮助？

生：能方便地记忆和理解概念……

师：是的，在我们的学习中，我们为了记忆知识，经常依据一定的标准，对概念进行分类，然后画一个图表明概念之间的关系，这个办法就是画概念图来理解和记忆概念的方法。请同学们在以后的学习中，要善于画出概念图，并对概念进行分类，这样对于记忆和理解知识会有很大的帮助。

■ 举例说明

师：如图（图3–27）是光合作用的概念图，你能看懂吗？对你记忆和理解光合作用的概念有什么帮助？

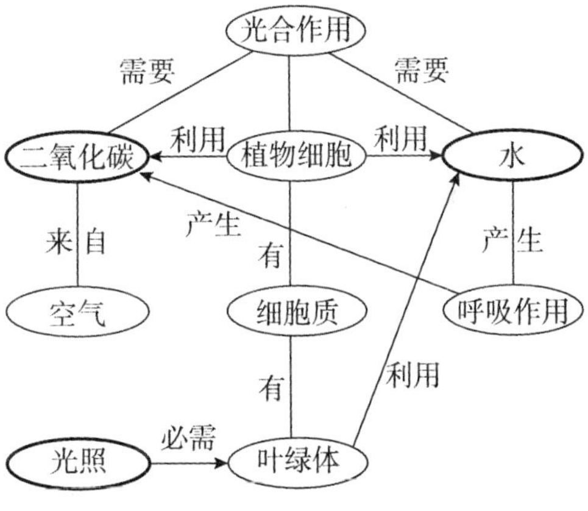

图3–27

■ 应用结论

师：请同学们用这个办法选择其他学科的知识进行分类记忆。

［**例3–22**］小学《语文》“总分句群”的教学设计(引自《现代教学设计》第30页)

认知策略与一般的智慧技能的联系是：认知策略是高级的智慧技能，它与一般智慧技能的构成和习得过程是十分相似的。它们都是由概念和规则构成的，习得过程同样都是首先经历陈述性知识阶段，然后经过变式练习转化为程序性知识。

认知策略与智慧技能的区别：认知策略和智慧技能都由一套规则来支配。但认知策略的规则支配的是对内的认知活动，具有内潜性，或者说是支配“想了什么”，是不能外显的，这样的规则具有高度的概括性和模糊性，主要是思维和解决问题的策略，没有可以直接感知的对象；而支配智慧技能的规则是对外的，即规则支配对外“做了什么”，这样的规则可以由具体的事例进行指称，是具体的、可见的。

表3-2

过程	教学内容与教师的活动	学生活动
习得阶段	一、出示示例1 葡萄成熟了，收下来的葡萄真多啊！有的葡萄运到城市去，深受市民欢迎；有的运到当地阴房里，制成葡萄干；有的运到酒厂去，酿成香醇的美酒。 问：1.下面我们一起来读读这段话，想一想这一节主要写了什么？哪句话可以概括？（画线句） 2.从哪一方面写了葡萄多？（加点字） 3.小结：第一句总的写了葡萄真多，概括了全节内容。其余句子围绕这句概括句写了有的葡萄运到城市去，有的运到阴房里，有的运到酒厂去。具体写了葡萄的多。 二、出示示例2 今天，天气非常闷热。树叶一动不动，知了不停地叫着。大滴大滴的汗珠从人们的脸上落下来，人们多么希望一阵大风啊！可风却和我们捉迷藏，不知躲到哪去了。 问：1.哪句话概括了全句的内容？（画线句） 2.围绕天气热，写了哪几方面？（加点字） 三、出示示例3 乐山大佛是世界上最大的石刻雕像。它有二十多层大楼那么高。大佛的眼睛有三米多长，耳孔里能并排站两个人，一个脚趾上就可以放一张桌子，供十来个人吃饭呢! 问：1.哪句话概括了全句的内容？（画线句） 2.语段围绕乐山大佛的大，写了哪几方面？（加点字） 四、得出结论 1.出示三个例子，问：上述三个例子有什么相同的地方？ 出示：第一句概括了全节的内容。后面句子围绕该句分几方面写，把意思写具体。 2.第一句和其他句子之间的关系叫总分关系 板书：总分关系 3.引读：总分关系的句子有什么特点？ 五、告知： 今天我们就来学习写总分关系的句子	1.齐读短文 2.个别回答问题 女生读短文 个别学生回答问题1和问题2 个别学生读短文 个别学生回答问题1和问题2 同桌讨论后交流 齐读“总分关系”
练习阶段	师：首先，请你判断下列段落中的句子是不是总分关系，如果是，请画出概括句。 1.出示第一题： 日月潭是一个美丽的大湖。潭里有一个小岛，把潭分成两半。“日”谭和“月”潭湖水相连，像个碧绿的大玉盘。小岛就像玉盘中的明珠。日月潭的四周是山，山上有茂密的树林。日月潭的水很深。山林倒映在潭里，湖光山色，非常美丽。 （画线句） 2.出示第二题和第三题： 周总理走到教室后面，看墙上的学习园地，一边看一边不住地点头。然后，他在我的身边坐下来，拿起我的语文课本，轻轻地问：“是讲这一课吗？”我连忙回答：“是的。”周总理戴上眼镜，认真地看课文。看完课文，他把眼镜拿在手里，跟我们一起听讲。 煤可以用来做饭烧水，炼钢发电，开动火车和轮船也都要用煤做燃料。人们还可以从煤身上提取很多宝贵的东西做成原料，再加工成人工肥料、人造石油和染色的染料等。	个别学生读短文 同桌讨论后交流

过程	教学内容与教师的活动	学生活动
变式练习	1.问： （1）这段话有几句？每句各讲了什么？ （2）两句都讲了什么？ （3）你能不能加上一个概括句，把它变成总分关系的一段话？ 出示：煤的用处可真大！ 2.述：概括句除了在一段话的开头，也经常放在最后来总结这段话的主要意思。谁来为大家读一读？ 3.在原文最后加上：人们称它是"工业的粮食"、"黑色的金子"。 述：最后加的这句话把煤比做"工业的粮食"、"黑色的金子"，说明煤的用处很大，对我们的生产生活很重要，起到了总结的作用。像这样，段落开头概括主要意思，结尾时再总结一下，也是常用的写作方法。	个别学生回答
应用练习与目标检测	述：下面，老师要来考考你们，看一看你们是不是学会了。自己来说一说，写一写。 1. 分几方面把句子写具体： （1）清晨，树林里的小动物都醒来了，可热闹啦！ ________________________________。 （2）大扫除开始了，同学们干得可带劲了。 ________________________________。 2. 写一段总分关系的话。 ________________________________。	同桌讨论 口头练习 自由练习后交流

第四节　动作技能的教学策略

动作技能与智慧技能有相同之处，即都含有一套操作步骤。不同之处在于智慧技能在头脑中完成，而动作技能必须借助个人的躯体、四肢或其他部位的肌肉协调配合才能完成。所以，在认知领域，规则用于支配个体的认知运作；而在动作技能领域，规则用于支配个体的骨骼和肌肉协调运动。动作技能学习一般包括三个阶段——认知阶段、动作联系形成阶段和执行自动化阶段。

下表(表3–3)是智慧技能和动作技能学习策略对比：

表3–3

阶 段	智慧技能	动作技能
第一阶段	习得概念和规则，如"举三反一"	观察记忆操作步骤
第二阶段	变式练习	重复练习
第三阶段	概念、原理的运用	执行的自动化

［**例3–23**］获得绘画技能的教学片段——"猫的画法"

■ 认知阶段

(一)感知猫的生活习性及外形特点

（播放视频：学生仔细观察倾听猫的形态、动态及叫声等）。

师：孩子们，你都看到什么？谈一谈你的感受。

生1:我看到小猫在捉老鼠。

生2:我看到小猫在睡觉,还伸着懒腰,特别的萌。

生3:有几只小猫在玩线团,把自己缠住了,好可爱,我非常想养几只,多好呀!

……

(二)探讨、示范猫的画法步骤

师:孩子们,你们观察得很仔细,那你知道猫的身体都由哪几部分组成?

生:有头、身体、四肢、尾巴。

生:还有耳朵、嘴、鼻子、胡子。

师:说得太全面了,那么,如果我们用简笔画的形式来画猫,你觉得我们应该先做什么?

生1:先画头再画身体再画其他。

生2:先知道猫的特点……

师:说得对,我们应该先了解猫的身体结构,再把猫身体的各部分用图形来加以概括。那谁知道猫身体的各部分应当分别用什么图形来表示?

生:头用圆形表示,身体用椭圆形表示。

生:耳朵是三角形,尾巴是长长的像个细圆柱……

师:那就用这种方法来试着画一下。

(学生一边说,教师一边来用简笔画的形式画出猫的形象)

先画圆圆的头,再画长长的身体,再画竖起的耳朵,最后画长长的尾巴……

师:孩子们要注意,画画时要先从整体开始,先画大的轮廓,然后再细节描绘,这样才会使所画的形象更全面。

师:画好后,请你们观察,这只猫在做什么?猫有哪些性格特点?

生:顽皮、淘气,但却很爱睡懒觉;猫咪还会洗脸……

师:对,在画猫时,我们只是把身体各部分画好还不完美,还要注意猫的个性特点,把猫的动态和表情画出来才更加形象。

■ 重复练习

(三)组织绘画及练习

师:孩子们,了解了猫的画法,现在就让我们来动手大胆表现吧!

生:创作猫的形象。

师:(巡回指导)画完的同学,观察一下你的作品,像不像你心中的猫呢?如果你画得不够流利顺畅或画得不够形象,请与小伙伴儿交流一下感想,然后再进行创作,直到满意为止。

■ 执行自动化阶段

(四)组织绘画比赛强化训练

师:同学们学会了画猫,下面我们来比赛一下好不好?

生:好。

师：请同学们拿出纸和笔，创作一幅以“可爱的猫咪”以主题的作品，并合理地填画背景，使画面丰富多彩。比比谁的作品完成得新颖，有创意。

学生画，教师巡回指导。

［**例3-24**］幼儿体能活动——小兔搬家“夹物跳”动作技能学习

■ 动作步骤

1.指导幼儿试做夹物跳的动作。

2.教师：你学会了吗？看看妈妈学会了吗？

教师示范：走到场地一侧，取一件物品，用双腿夹住，跳到“仓库”处放下。

■ 模仿练习

师：孩子们随妈妈一起做一下好吗？（放音乐，幼儿自由练习夹物跳）

师：夹物跳时，把东西夹在什么位置最好呢？（通过幼儿讨论、个别幼儿示范，强调夹物跳动作要领）

■ 形成技能

师：孩子们，我们分组练习用夹物跳的方法来搬家的本领吧。（幼儿在音乐伴奏下分组练习）

师：刚才哪个兔宝宝搬家本领最大呀？我们学学他吧。（幼儿在音乐伴奏下再次练习）

第五节　态度的教学策略

在很多教师的教学设计中都设计了态度类型的教学目标，但观察整个实施过程，却没有实施态度类型目标的有效过程。我们认为，态度类型的教学目标一旦制定，必然要有一个实施过程，必然会涉及态度的教学策略问题。加涅认为，态度具有认知、情感和意志的成分。态度教学包括态度形成教学和态度改变教学。态度形成是从没有态度的状态到产生某种态度的状态，而态度的改变则是把原来的某种态度改变为另外的态度。态度教学的策略主要来自班杜拉的社会学习理论，这个理论认为：人的行为是在社会环境的影响下，通过对示范行为的观察学习而得以形成、提高或加以改变的。态度的教学策略一般有如下两类：

一、直接方法

直接方法即通过一些自然出现而不需要事先计划的行为，来形成或改变态度，偶尔也能通过精心设计来加以应用。许多年前，华生和雷诺（Watson & Rayner，1920）的“恐怖实验”表明，通过条件刺激是可以改变儿童态度的。该实验是当一名儿童先前接受和喜欢的白鼠出现时，在儿童的头后面突然发出一尖叫的响声。这时，儿童形成条件反射“躲开白鼠”。虽然这个实验本身没有什么教学用途，但重要的是我们可以通过这种方式帮助学生建立或改变态度。在理论上，几乎所有的态度都可以用这种方法建立或改变。在学校中的惩罚与奖励就是这种方式的表现。

二、间接方法

间接方法类似于概念或原理的发现式教学策略，即通过案例示范，由学生观察学习而习得或改变态度。学校中广泛使用的间接方法就是“榜样作用”（即通过榜样的示范作用，使学生形成有关的内部表征，再经过一定的强化达到形成和改变态度的目的）。下面是一个利用榜样作用进行态度教学的实例。

［**例3-25**］态度教学——“帮助敬老院的老人”

■ 榜样示范

（1）向学生展示一些敬老院老人的图片。

（2）展示表现他们生活自理困难的照片。

（3）播放其他人帮助老人的录像。

■ 形成表征

（1）向学生播放人类从年幼到年老的生理变化过程。

（2）向学生阐述帮助别人（尤其是老人）的意义，并进行相应的心理练习。

■ 态度的改变

（1）让学生讲述自己的体会。

（2）让学生自愿去帮助附近的孤寡老人和敬老院的老人。

榜样可以是真实的，也可以是想象的。幼儿时，父母、兄弟姐妹或其他家庭成员可以起到榜样作用；在学校时，教师可以作为榜样，其他公众人物也可以作为榜样。榜样不一定是身边见到过的，新闻媒体或者课本上的人物也可以作为榜样。下面是几个关于态度类型教学目标的教学策略的实施过程。

［**例3-26**］“我和动物交朋友”中的“通过欣赏、创作作品等学习活动，增强学生爱护动物、保护动物的意识”

■ 评价作品

师：在刚才的学习中，我们看到很多人类和动物和谐相处的情景。在大自然中，人类要与动物和谐相处，共同生存，这样才能使我们的生活变得更加美好。同学们已经完成了自己的作品，请同学们把完成的作品展示在展区里，先对自己的作品进行自评，然后互评。

生1：我画的是两只小白鸽和主人一起快乐地生活。一天，小白鸽叼着主人的肩膀飞到太空中旅游去了。

生：我觉得他的画很有创意，而且它画的小主人很形象，小白鸽展翅飞翔时翅膀特别美丽。

……

■ 得出态度

师：从今天的主题绘画学习中，我们知道，动物是人类的朋友，我们要从自身做起，从小做起，保护环境，热爱动物。让我们行动起来，共同建设美好的家园。

■ 播放保护动物的公益广告，升华学生的情感

教师播放一段公益广告——“没有买卖就没有杀害”。

［**例3–27**］“倾听声音”中的教学目标“通过寻找、倾听等活动，感受到声音是美妙的，有时也是烦噪的，养成传递美妙声音、抵制噪音，增强人生快乐的意识”

■ 实例研究

师：现在，我们轻松一下，再来听一段音频。仔细倾听哦，一会儿可别被考住。（播放音频）你听到了什么声音？有什么感受？

生：有的很美，听起来很舒服；有的听起来很刺耳，不好……

■ 得出态度

师：是啊，有的声音给我们带来享受；有的声音听起来让我们感觉很不舒服，那就是噪音。所以，我们在生活中要从自身做起，减少噪音的产生。

■ 升华态度

师：既然好声音能给我们带来享受，让我们一起共同唱一首《赶海的小姑娘》，好吗？（师生共同歌唱）

［**例3–28**］《桂林山水》中的教学目标“能够说出桂林山水的特点和对桂林山水的感受，增强对祖国河山的热爱”

■ 分析最后一个自然段得出桂林山水之美

师：我们游览了漓江的水，又观赏了桂林的山，课文最后一个自然段写出了游览的感受，写得很美。让我们来欣赏阅读一下，说说这一小节文字哪儿写得好。

学生读、说。

师：本段用字很少，但从不同角度写出了桂林山水之美。

（1）从山到水，从水到山，相互映衬。

（2）从空中到山间再到江上，写得很有层次。

（3）从云雾迷蒙到绿树红花再到竹筏小船，由静到动，而且写了色彩，更觉桂林山水的美。

（4）把桂林山水比成“连绵不断的画卷”，更觉桂林山水美不胜收。

（5）最后，引用“舟行碧波上，人在画中游”结束全文，增添了文章的诗情画意，并给读者留下了许多回味。

■ 语言训练，表达祖国山河之美

师：本课学习马上要结束了，在此请思考并回答以下问题：

（1）当我们游览结束的时候，如果我们登上桂林市郊的叠彩山，那么桂林的山山水水就在我们的脚下，这时你想说什么？

（2）桂林的山水是祖国山河的一部分，你由此又想到什么？

（3）“山水”的同义词有哪些？（河山、山河、山川、江山）可以加上哪些词组成词组？你能从这些词组选出一组，用它来赞美祖国的锦绣河山吗？为了强调，也可用反问句。例如：

我爱祖国的大好河山。

祖国的锦绣山河美如画。

江山如此多娇，叫我怎能不爱?

■ 强化阅读，体验祖国山水之美

拓展阅读《青海湖，梦幻般的湖》。

[例3-29] 人教版高一《化学》"氯"中"慎用化学用品"的态度

■ 案例示范

例1:本课介绍了使用次氯酸进行消毒、漂白和使用次氯酸钙制作漂白剂，这给我们的生活带来了方便。这些化学用品对人类是有益的。本课开始时介绍氯气泄漏事故，说明氯气给人们造成了伤害，这表明对于人们来说氯气又是有害的。这说明化学用品对人类有有益的方面，也有有害的方面。在生活中，我们要慎用。

例2:2008年轰动全国的三鹿奶粉"三聚氰胺"事件中，造假者在奶粉中加入三聚氰胺，以提高奶粉蛋白质含量。三聚氰胺俗称蜜胺，又名氰尿酰胺，日常的主要用途是与醛缩合，生成三聚氰胺—甲醛树脂，用于涂料、层压板、模塑料、粘合剂以及纺织和造纸等，此外还可用于皮革鞣制、作为阻燃化学品以及脱漆剂等。这一化工原料对人体有害，不可用于食品加工或用作食品添加剂。这说明化学制品三聚氰胺对人体是有害的。

例3:使用工业酒精制作饮用酒的案例中，甲醛含量过高致人死亡;使用假冒伪劣化妆品造成人体伤害的事件也时有发生。这些事件都是错误地使用了化学用品。

■ 形成表征

化学用品对人类有有益的一面，也有有害的一面。在生活中，为了保护人们的健康，请慎用化学制品。

■ 练习巩固

你能举出在你的生活中使用化学用品的例子吗?谈一下你是怎么进行自我防护的。

下面列出改变态度的几条原则，供研究参考:

1. 向学习者提供关于多种选择的信息。因为态度具有选择性，学习者可能不知道有哪些选择。

2. 向学习者提供做出所要求行为正反方面的理由。因为把正反例的后果都陈述出来，对态度的形成影响很大。

3. 提供与所要求行为相关的榜样。因为人物榜样越突出，学生采纳相应行为的可能性就越大。

4. 确保教学环境能支持所要求的行为。因为没有环境支持的行为，学习者会认为是没有意义的，被采纳的可能性相应会变小。

5. 如果可能，将所要求的行为纳入更大的价值观框架中去。这是因为，态度是价值观的反应。如学生把搞卫生纳入"学生职责"这一更高的价值观中去，会更加认同搞卫生或改变对搞卫生的态度。

6. 识别和教授能使所要求的行为让学生付诸实施的技能。

7. 当学生表现出所要求的行为时，要加以认可并对其进行奖励。

第六节　为教学目标选择教学策略

为教学目标选择教学策略就是根据加涅的分类先看教学目标是什么类型，然后选择相应的教学策略，并确定教学策略的步骤。对于本书所使用的四个案例，确定的教学策略情况如表3–4所示。

表3–4

课题	目标简述	类型	策略步骤
“三角形内角和”	知道三角形内角和的度数	规则	回忆旧知识
			实例研究
			得出结论
			举例说明结论
	能用三角形内角和解决实际问题	技能	练习
			总结步骤
			强化练习
《桂林山水》	认识8个生字，会写11个生字，能正确读写8个词组	技能	整体感知
			讲述字词
	正确、流利、有感情地朗读和背诵课文	技能	听读与朗读
			背诵
	能知道各自然段的含义	技能	逐段分析
	初步学会用排比句描写景物的方法和分号的用法	认知策略	实例研究
			得出结论
			巩固结论
			应用结论
	初步认识“总写—分写—总写”的文章构思方式	认知策略	通过实例分析得出结论
			结论应用
	感受山水之美，增强对祖国河山的热爱。	态度	课文分析强化感受
			语言训练表达感受
			拓展阅读体验感受
“倾听声音”	能寻找出生活中的声音并会加以模仿和表述	技能	实例研究
			归纳表述声音的方法
			举例练习
	知道声音是怎么产生的	原理	提出问题
			猜想结论
			组织实验
			得出结论
			理解巩固
	提高好声音意识	态度	例规法
“我和动物交朋友”	知道动物是人类的朋友	原理	实例研究
			得出结论
	发挥自己的想象力，选择自己喜欢的绘画形式，创作一幅人与动物和谐相处的作品	技能	观察
			构思
			创作
	通过欣赏、创作等学习活动，树立爱护动物、保护动物的意识	态度	实例研究
			得出结论

第四章　组织教学内容

由于任何教学策略的实施都是通过教学内容来实现的，因此，组织教学内容既是教学设计的重点，也是教学目标和教学策略能够得以实施的前提条件。课堂教学的总体过程可分为三个部分——导入、新课和评价，其中新课部分是课堂教学过程的核心过程，它一般由几个教学目标的实施过程组成。因此，组织教学内容可分为三部分：一是支持新课学习中每个目标的教学策略的教学内容，称为策略内容；二是支持导入新课的教学内容，称为导入内容；三是支持教学评价的教学内容，称为评价内容。

本章第一节、第二节讲述的是如何组织支持每个目标的教学策略的教学内容，第三节、第四节讲述的是如何组织支持导入新课和教学评价的教学内容，第五节呈现的是为本书使用的四个案例设计的教学内容。

第一节　分析教材获得主要教学内容

当为每个教学目标选择了教学策略以后，就要选择支持教学策略的教学内容，即选择策略内容。根据第二章的阐述，每一个策略都是由几个步骤组成的。因此，组织支持教学策略的教学内容的基本原则，就是按教学策略每一步的使用需求进行组织。假如你制定了一个关于具体概念的教学目标并选择了发现式的教学策略，你应该准备这样几方面的教学内容：一是用于抽出概念关键特征的实例；二是这个概念的定义是什么；三是获得概念后进行辨别练习的正例和反例；四是形成概念技能的练习题。假如你制定了一个定义概念的教学目标并选择了发现式的教学策略，那么你除了准备上述内容外，还需要准备回忆旧概念的教学内容。

教学内容的主要来源就是上课使用的教材(或课本)，它是选择教学内容最重要的参考和凭据。这是因为：第一，教材是依据课程标准编制的，它能最大限度地体现课程标准的要求，与课程标准有较高的适切度；第二，我们制定的教学目标是通过对教材内容进行分析而得到的，因而教材内容包含了实施教学目标的主要内容；第三，教材提供了一种展开教学内容的方式，它注重知识的形成过程、层次性和逻辑性，蕴含了教师的教学策略和学生的学习策略，可以为我们组织教学内容提供最好的帮助；第四，教材的内容对于一线教师来说，具有更强的经典性。

总之，对教材内容的分析可以获得支持教学策略的主要教学内容。

分析教材的基本做法就是对教材内容进行两个层次的划分。第一个层次是确定哪一部分教材内容(包括练习题和习题)是用来实施哪一个教学目标的。第二个层次是对已确定为实施某一教学目标的教材内容进一步划分，划分出这些内容可以用来实施该教学目标的教学策略的哪一个步骤。这两个层次就是分析教材的两个对应——教材内容与教学目标对应、教材内容与教学目标实施策略的步骤对应。

[例4–1]人教版小学《数学》“循环小数”的概念

教材内容见图3–11。经过分析会发现，这段教材内容是用来实施教学目标“循环小数”的概念的，这是分析教材的第一层次——把教材内容与教学目标对应。再进一步分析可以看出，在这段教材内容中，例8和例9中的两个例题属于实例部分，接下来的部分则属于“循环小数”概念的定义部分，定义的后面是举例理解概念的内容。这正好与定义概念的教学策略的三个过程“实例研究——得出定义——举例理解定义”相对应，这是分析教材的第二个层次——把教材内容与教学目标实施策略的步骤对应。因此，通过对这段教材内容的分析，就得到了“循环小数”概念教学的主要教学内容。

按此方法，上述教材内容与教学目标及教学目标实施策略的步骤的对应关系如表4–1所示(教材内容请参看第二章有关内容)。

表4–1

课题	目标简述	类型	策略步骤	教材已有内容
“三角形内角和”	知道三角形内角和的度数	规则	回忆旧知识	
			实例研究	课本第85页“量一量、拼一拼”
			得出结论	课本第85页“拼一拼”中有关部分
			举例说明结论	
	能用三角形内角和解决实际问题	技能	练习	课本第85页做一做；课后练习和习题有关部分
			总结步骤	
			强化练习	
《桂林山水》	认识8个生字，会写11个生字，能正确读写8个词语	技能	整体感知	整篇课文
			讲述字词	整篇课文
	正确、流利、有感情地朗读和背诵课文	技能	听读与朗读	整篇课文
			背诵	整篇课文
	能知道各自然段的含义	技能	逐段分析	整篇课文
	初步学会用排比句式描写景物的方法和分号的用法	策略	实例研究	第二、三自然段
			得出结论	
			巩固结论	
			应用结论	
	初步认识“总写—分写—总写”的文章构思方式	策略	实例分析得出结论	整篇课文
			结论应用	
	感受山水之美，增强对祖国河山的热爱	态度	课文分析强化感受	第四自然段
			语言训练表达感受	
			拓展阅读体验感受	

课题	目标简述	类型	策略步骤	教材已有内容
“倾听声音”	能寻找生活中的声音并会模仿	技能	实例研究	课本第10页“寻找声音”
			归纳表述声音的方法	
			举例练习	
	知道声音是怎么产生的	规则	提出问题	
			猜想结论	
			组织实验	课本第11页“观察物体发声时的现象”
			得出结论	
			理解巩固	
	提高好声音意识	态度	例规法	
“我和动物交朋友”	知道动物是人类的朋友	原理	实例研究	
			得出结论	
	创作一幅人和动物和谐相处的作品	技能	观察	课本第34页和第35页的七幅图画
			构思	
			创作	
	树立爱护动物、保护动物的意识	态度	作业分析	

第二节　挖掘和补充辅助教学内容

中小学教材注重知识的发现、探索过程，让学生亲身经历观察、实验、分析、归纳、解释与应用等过程，不但提供了主要教学内容，还提供了教学策略的主要过程。教材给教师提供主要的教学内容，但教材内容并不等于教学内容。由于教材编写时受到体系、课时和书面等因素的限制，教材存在一定的局限性，并不能完全体现教学策略的每一个环节，尤其是不能体现每一位教师所确定教学策略的每个环节。为此，对教材内容进行适当的补充，以满足教学策略步骤的要求是组织教学内容的重要环节。如本章第一节表4-1“教材已有内容”所在列中空白部分都是需要补充教学内容的地方。

补充教学内容可以从两个方面考虑：一是对教材内容的挖掘；二是教材以外教学内容的补充。

一、挖掘教材，补充教学内容

教师在使用教材时，应该融入自己的智慧，创造性地使用教材，真正体现“用教材教”，而不是简单的“教教材”。挖掘教材是创造性地使用教材的重要手段，它体现教师的教学个性。挖掘教材是指按教材的原有体系进行深化和系统化的过程，是补充和丰富教学内容的重要手段。挖掘教材的基本原则，一是增强教材内容的系统性，二是改变教学的深度和广度。

(一)以增强教材内容的系统性为主要原则挖掘教材

各学科教材内容虽然注重了学科知识的系统性，但由于受到学生认知水平、课时和版面等因素的制约，编写时不能完全把事物的内在联系写出来，其呈现内容的系统性存在一定的缺失。在组织教学内容时，可适当挖掘并补充到课堂教学内容之中，以增强教学内容的系统性。

1. 挖掘隐性教学内容

隐性教学内容主要体现在以下几个方面：

一是体现在知识的内在联系上。知识之间存在着内在的逻辑联系，但在教材上只能呈现这个联系中的一部分，其他部分做简略、省略处理或呈现在习题之中，因而存在缺失或间断。

［**例4–2**］“三角形内角和”

由于三角形包括锐角三角形、钝角三角形和直角三角形三种情况，教材中编写内容是“画几个不同类型的三角形”(见图2–2)，没有具体写明这三种情况。在组织教学内容时，对锐角三角形、直角三形形和钝角三形形这三种情况都有所涉及，会使实例研究具有更深刻的内涵。

［**例4–3**］人教版小学《数学》“除数是两位数的除法”

教材内容如图4–1。教材中两个例题均是将除数进行“四舍五入”转化为除数是整十数的试商方法。还存在着将被除数“四舍五入”、除数和被除数同时“四舍五入”进行试商的方法，但因为这两种方法与将除数“四舍五入”的方法比较起来有一定难度，没有被组织在教材内容之中。在组织教学内容时，将这两种情况作为拓展研讨是可行的，能为学生获得试商的方法、培养学生的思维能力提供较好帮助。

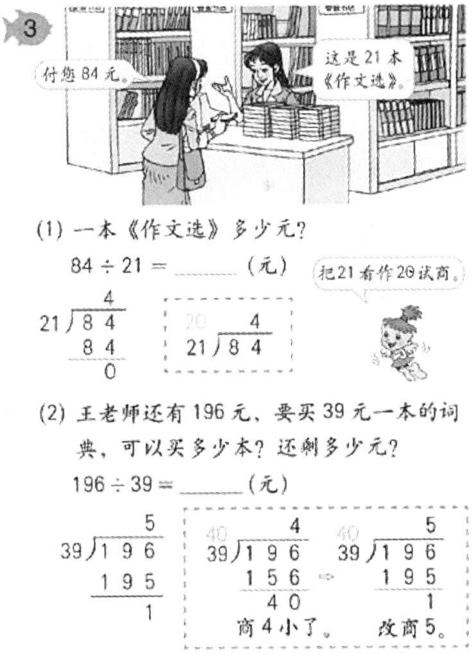

图4–1

二是体现蕴含的知识、思想和方法上。教材内容的编写除了表明本身的含义外，有时还蕴含、体现一些其他的知识、思想和方法等。这些知识、思想和方法不仅构成了教学内容，同时还是落实教学目标的教学策略的重要组成材料。教师组织教学内容时，要对这些挖掘到位并呈现给学生。

［**例4–4**］小学《数学》“平行四边形面积”

计算平行四边形面积蕴含了采用割补的方法。可把平行四边形面积转化为等底、等高、等积的长方形，由此可由长方形面积计算公式推导出平行四边形面积计算公式的转化策略。这样的转化策略在对数学学科乃至其他学科的学习都有非常重要的意义。

[**例4–5**]语文学科的知识及技能都含于课文中，教师挖掘隐含教学信息的水平会影响整个语文教学水平

例如，《桂林山水》除了文章本身表达的含义外，还隐含着“排比”句式和“总写—分写—总写”的作文写作策略等。

三是知识产生的背景。一些学科知识如概念、原理等都有其产生的背景，组织教学内容时把它们挖掘出来，使学生知道为什么要学习这些知识、这些知识是怎么形成的以及有什么历史原因等。这样可以有效地培养学生的学习兴趣，强化学生的学习动力，使学生深刻理解知识。

[**例4–6**]“面积单位”的概念

可以通过在日常生活中如何比较物体表面大小的需求作为“面积单位”概念产生的背景来补充教学内容。在通常情况下，我们在比较面积大小时一般来可以有以下几种方法：一是物体表面积大小差异很大时，通过观察就能直接比较它们的大小；二是面积相近时采用重叠的方法来比较大小；三是不能使用上面两种方法时，可以把它们画出相同的方格，哪个方格多哪个面积就大，但分成方格时，有时画得大有时画得小，不仅麻烦而且不准确。因此，需要有一个统一的标准“方格”去测量，这个统一的“标准方格”就是面积单位。补充了这样的内容，既说明了知识产生的背景，又揭示了面积单位的作用。

[**例4–7**]四年级《语文》柳宗元《江雪》

诗中“千山鸟飞绝，万径人踪灭，孤舟蓑笠翁，独钓寒江雪”，很多孩子学习时都有这样的疑问：这么冷的天，鸟都飞走了，路上也没有人了，这个老翁为什么还在江上钓鱼？学生们对这个问题会出现各种各样的理解。组织教学内容时，可挖掘出柳宗元写这首诗时的背景：柳宗元参加了王叔文集团的革新，失败后被贬官湖南永州。他在永州感到孤苦寂寞，但又不愿意与那些贪官同流合污，便借这首诗寄托了自己清高、孤傲的思想情感。当老师把这个背景呈现给学生后，学生会明白，柳宗元是借此诗表达自己清高、孤傲的思想感情。

[**例4–8**]人教版初中《历史》“贞观之治”

教材中，对于李世民取得皇位的过程是这样写的：“在继承皇位前，他经历了一次又一次争夺皇位的激烈斗争，最后夺得大权，迫使唐高祖传位给他。”这里“争夺皇位的激烈斗争”是指什么和过程怎么样，教材没有写出来。在进行教学设计时，要挖掘出“玄武门之变”这一关键事件作为补充内容，这样会对学生了解对李世民的历史评价具有很好的帮助作用。

2. 挖掘延伸性教学内容

延伸性教学内容是指教学内容向前和向后进行延伸，使教学内容更加系统，便

于学生理解教材内容。中小学教材内容有的涉及历史人物、历史事件和历史典故，有的涉及时间，有的是文章节选或历史事件节选，有的是同一系列内容分段编排出现等。这就造成了教学内容的孤立性，尤其是有些内容往往离现实较远，学生理解起来有一定困难。组织教学内容时，可以通过向前或向后延伸教材内容，帮助学生理清事情的发生发展过程，从而减轻教学难度，培养学生的学习兴趣。

［**例4–9**］“三角形内角和”

得出结论后，可以向后延伸补充介绍。到初中阶段学习了平行线的知识以后，可以证明这个结论，帮助学生认可和理解这个结论。

［**例4–10**］高中《语文》《失街亭》

《失街亭》是小说《三国演义》其中的一段。进行教学设计时，需要补充故事发生的背景：

话说天下大势，分久必合，合久必分。公元223年，蜀主刘备病危于白帝城，遗诏托孤于丞相孔明。孔明受此重任，竭力尽智，辅佐后主。当时孔明治蜀的基本政策是休养生息，巩固后方，联吴抗魏，统一中国。为此，他大力发展生产，使蜀汉“米满仓廪，财盈府库”，军需完备；又派邓芝往结东吴；期间，孔明采用马谡“攻心为上，攻城为下；心战为上，兵战为下”的用兵之道，兴师南征，七擒孟获，平定南方。公元227年，孔明又用马谡之计，离间曹魏君臣，使曹睿将司马懿削职遣归。孔明见时机成熟，便上《出师表》，起兵北伐。此次北伐目的是：“北定中原，兴复汉室，还于旧都。”初次战役，“从陇右取平坦大道，依法进兵”，大破曹军，夺取陇西三郡，声威大震，远近州郡望风归降。孔明便整顿军马，尽提汉中之兵，前出祁山，兵临渭水之西。曹睿大惊，于军情紧迫之际，恢复了司马懿的官职，加为平西都督，率南阳各路兵马。曹睿亲临长安。

孔明正在祁山寨中聚会议事，有人送来孟达的消息。孟达是昔日降魏蜀将，曹丕爱其才，封散骑常侍，领新城太守，镇守上庸、金城等地。曹丕死后，孟达遭到朝中嫉妒，日夜不安，早想起事。今得知孔明伐魏，愿为内应，直取洛阳，孔明大喜。

司马懿正调南阳各路军马，忽接孟达欲反消息，不待圣旨，昼夜兼程，以迅雷不及掩耳之势杀了孟达。司马懿奉命引兵来到长安，与曹睿会合。曹睿命司马懿出关破蜀，令张郃为前部先锋。

接下来的故事就是课文《失街亭》的故事情节。在课文之后，需补充故事的后续发展：

街亭失守。蜀军失去了重要的据点，也丧失了不少人马。诸葛亮为了避免遭受更大损失，决定把人马全部撤退到汉中。

诸葛亮回到汉中，经过详细查问，知道街亭失守完全是由于马谡违反了他的作战部署。马谡也承认了他的过错。诸葛亮按照军法，把马谡下了监狱，定了死罪。马谡自己知道免不了一死，在监狱里给诸葛亮写了封信，说：“丞相平日待我像待自己的儿子一样，我也把丞相当作自己父亲，这次我犯了死罪，希望我死以后，丞相能够像舜杀了鲧还用禹一样对待我的儿子，我死了也没牵挂了。”诸葛亮杀了马谡，想起他和马谡平时的情谊，心里十分难过，流下了眼泪。以后，他真的把马谡的儿子照顾得很好。

诸葛亮对将士们说：“这次出兵失败，固然是因为马谡违反军令。可是，我用人不当，也应该负责。”他就上了一份奏章给刘禅，请求把他的官职降低三级。刘禅接到奏章，不知该怎么办才好。有个大臣说：“既然丞相有这个意见，就依着他吧。”刘禅就下诏把诸葛亮降级为右将军，仍旧办丞相的事。由于诸葛亮赏罚分明，以身作则，蜀军将士都很感动。大家把这次失败当作教训，士气更加旺盛。这年冬天，诸葛亮又带兵杀出散关(今陕西宝鸡西南)，包围了陈仓(今宝鸡东)，杀了一个魏将。第二年春天，又出兵收复武都(今甘肃成县)、阴平(今甘肃文县西北)两个郡。后主刘禅认为诸葛亮立了功，下了一道诏书，恢复了诸葛亮的丞相职位。

通过向前和向后的延伸补充，使故事的来龙去脉更加清晰，对学生理解课文很有帮助。

像语文教学中对教材内容的续写、改写和缩写等都属于教学内容的延伸。

(二)以改变教材内容的深度和广度为原则挖掘教材

1. 铺垫性的教学内容

铺垫性教学内容的主要作用是降低知识获得或思维过程的难度，减少学习障碍，使教材内容变浅。

[**例4–11**]“三角形内角和”

在实施目标1时，如果开始就直接进入“量一量、算一算”段落，对于探索内角和的度数会感觉有些“突然”——你怎么知道需要量呢、算呢？为此，有经验的教师会根据数学学科的特点，在“量一量、算一算”段落前增加一个铺垫性段落——计算三角板的内角和(特例)。通过这个段落，既能使学生得出三角板的内角和是180度，又会使学生体会到这个180度是通算出来的，而能算出来是因为知道了三个内角的度数。这样的补充，为下一个段落“量一量、算一算”提供了较好的铺垫，降低了教学难度，对于学习水平较差的学生来说是一个较好的帮助。

图4–2

[**例4–12**]“平行四边形面积”(人教版小学《数学》五年级上册)

截取教材中的图(如图4–2)。分析教材会发现，“在数格法”与“割补法”之间有一句提示：“可以把平行四边形变成一个长方形。”这里就产生一个思维难点——你是怎么想到“把平行四边形变成长方形”呢？为什么是“先剪开，再拼成……”？这里需要增加教学内容，解决这个思维的难点，以便对进一步学习起到铺垫作用。下面是教学实践中的两个做法。

做法1：在上述两部分之间增加一个“探究讨论”环节。具体“探究讨论”的问题设计如下：

第一组：你已经会计算哪些图形的面积？(长方形)如何计算面积？(长 × 宽)这些图形的特点都是什么？(对边相等，有四个直角)

第二组：平行四边形具备上述图形的特点吗？(不具备)差别是什么？(没有直角)怎么才能使平行四边形具备上述特点？(做出直角，进而得出需要裁出直角)

做法2：增加一个“拼图”游戏。先用两个相同的直角三角形和一个长方形拼成平行四边形(这是容易做到的)，再反过来，能不能把一个平行四边形变成长方形呢？这也是容易做到的。由此得到课本中的“先剪开，再拼成……”。具体的过程如下：

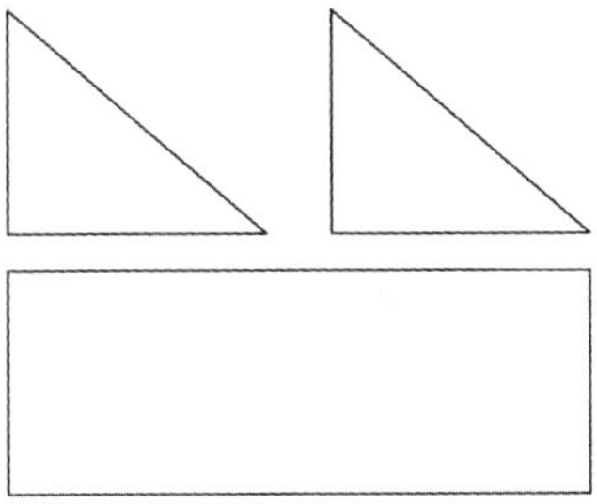
图4–3

(1) 给出一个长方形和两个直角三角形(如图4–3)，由学生自由拼图。通过拼图可以得知，这三个图形总可以拼成长方形或平行四边形或其他图形。

(2) 反过来，刚拼成的平行四边形能不能变成长方形呢？可以。只需把拼成的平行四边形拆开成如图4–3所示的两个直角三角形和一个长方形，然后通过(1)的方法再拼成长方形。这说明，平行四边形也可以变成长方形，拼的方法就是“先剪开，再拼成……”。

2. 挖掘教材深度的教学内容

教材的深度是指某一学科知识纵向发展的深浅程度。教学的深度要有一个限度：教学内容过深则学生不能接受；而教学内容过浅又不能使学生全面深刻地理解所学知识，不能激发学生的学习兴趣，更不能很好地开发学生的智力。在教学实践中，必须使大多数学生能够接受。所以，在某些情况下，适当对教材内容进行深度和广度的挖掘，对丰富教学策略的内容，开发学生智力和培养学生能力是非常必要的。

[**例4–13**]学习了“三角形内角和是180度”以后，可以向纵深挖掘教材内容

如图4–4所示，分别是四边形、五边形和六边形，它们内角和是多少度？有什么规律？通过教师的分析引导，可以得出规律——多边形内角和 = (边数 –2) × 180° 。这同时也体现数学学习中的重要思想——转化，利于由知识向技能的转化。

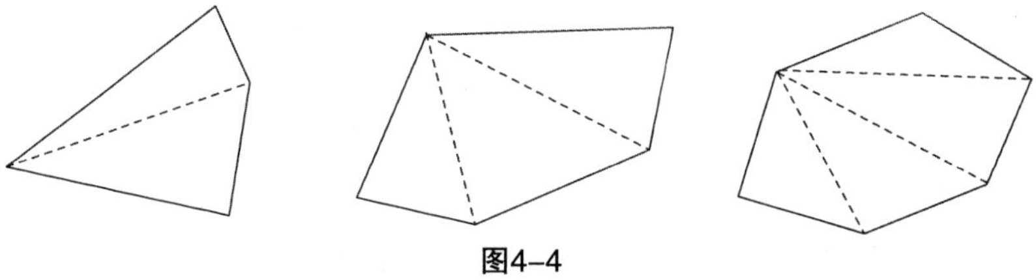
图4–4

3. 挖掘学生思维广度的教学内容

教学的过程是教师引导学生思考、启迪学生智慧的过程。在教学实践过程中，教师要利用教材来拓展学生思维的广度，扩大学生思维的空间，让学生多想几个为什么，多问几个为什么，多想解决问题的办法，培养学生提出问题、分析问题和解决问题的能力。补充这样的教学内容，对于丰富教学策略，高水平实施教学目标，是一项重要的举措。

[**例4–14**] 高一《语文》《孔雀东南飞》

《孔雀东南飞》是我国古代文学史上最早的一首长篇叙事诗。它描述的是汉朝末年晋朝初年刘兰芝、焦仲卿的经典爱情故事。组织教学内容时，可以对故事的结局进行如下分析：

刘兰芝和焦仲卿谁先殉情？

可不可以写成焦仲卿先殉情或同时殉情？

这个故事反映了当时社会怎样的爱情价值观？

我国其他朝代的爱情价值观也是这样的吗？

我们当代的爱情价值观是什么？

还可以对故事的结局进一步进行横向的分析：《孔雀东南飞》的故事以悲剧结束，你还知道哪些以悲剧为结尾的中外经典爱情故事？为什么以悲剧为结尾的爱情故事会震撼人心？

通过这样的分析，不但对学生理解课文内容会有所帮助，更对培养学生分析能力以及树立正确的人生观、爱情观有重要意义。

二、补充教材以外的教学内容，丰富、强化、支持教学策略的各个环节

虽然教材提供了主要的教学内容，但仍不能完全满足教学策略的需求。这时，需要教师因地制宜，适当补充教材以外的教学内容，用以丰富、强化和支持教学策略的各个环节。这些内容一般来说可以分为以下三个方面：

(一)实例

通过实例(含物理、化学和生物学科的实验)的研究形成有关概念或原理是基本的教学策略，尤其是低年级教学这方面的表现得更为突出。可以说，使用例子几乎是教师每节课都要做的工作。但教材中提供的例子有限，因而教学设计中补充相应的例子就成为补充教学内容的重要工作。补充实例应用于两个方面：一是概念、原理等的形成过程；二是概念或原理形成后的强化理解过程。一般来说，教材编写注重了形成过程中实例的提供，这类实例在教材的基础上适当补充即可；而形成概念或原理后的强化理解部分提供的实例较少，这是补充实例的一个重点，这类实例主要是围绕概念或原理的内涵和外延进行变式训练的例子，其作用是使概念或原理的内涵与外延更加清晰，促进学生理解和记忆。

[**例4–15**] 第三章中“循环小数”概念的教学片段

以下是“循环小数”概念的教学片段。

师：下面老师举出几组数，请同学们找一找哪个是循环小数，如果是的话，都哪些数字循环，从哪一位循环的。

(1) 0.999…… 4.1677……3.212121；

(2) 3.1415926……0.547745……0.312042042……

(3) 12121212.12456，1230.45858……，353535.023321321321……

(二)与新知识相关的旧知识

定义概念反映的是概念之间的联系，原理反映的是概念或已知原理之间的联系。一个定义概念或原理总会由相应的概念、原理等构成，这时，旧的概念或原理就成了新概念、新原理的前提条件。

[**例4–16**] 原理“三角形内角和是180°”

“三角形内角和是180°”这一原理反映了“三角形”、“内角”、“角的和”、“180°”等概念之间的联系，而“三角形”、“内角”、“角的和”、“180°”等概念都是该原理的前提条件，是新课学习应该复习的内容。

很多知识形成的前提条件是课堂回忆旧知识必选的内容，而这些内容一般不编写在教材中，因而也是组织教学内容时一项重要补充内容。

(三)技能形成的练习题

从第二章中可以看出，不论哪类技能，其形成过程一定离不开相应的变式练习。在中小学各学科教材中，虽然都提供了大量的例题、练习题等，但对于形成技能来说，这些还远远不够。因此，组织教学内容时补充相应的练习题也是补充教学内容的一个重点。补充时要注意练习题的层次性，一般可补充与技能形成的情境基本相同的练习以及各种不同情境的练习。

第三节 设计导入新课的教学内容

好的开始等于成功的一半，导入新课是教学过程的重要环节。创设情境导入新课，对于培养学生学习兴趣，提高学习效率有重要意义。导入新课的内容需要精心设计。小学低年级教材编写注重提供学习新知识的情境的教学内容，这些内容可以作为导入新课的教学内容。如“除数是两位数的除法”(如图4–1)，教材开始提供了儿童到书店购书的情境，可以由此引出新知“除数是两位数的除法”导入新课。随着年级的升高，教材中提供的导入新课的材料越来越少，组织教学内容时要根据需求合理补充导入新课的内容。

一、补充导入新课内容时应遵循的原则

目的性原则：导入新课的内容应服从于教学目标，有较强的针对性。不能喧宾夺主，只顾形式新颖而不顾内容。要使学生知道将要学什么、怎样学和为什么要学。

启发性原则：导入新课的内容应有利于引起学生注意、激发学生学习动机、启迪学生智慧，做到激其情、引其疑。

关联性原则：导入新课的内容应能够体现以旧引新、旧中蕴新，能揭示新旧知识的联系。

二、设计导入新课内容的基本思路

在现代教学设计中，以旧引新是新课教学的基本原则。因此，按知识产生的顺序引出新知识是导入新课常用的方法。设计导入新课教学内容的基本思路是：寻找本课新知识产生的背景知识(发生、发展)或与新知识密切相关的旧知识。按这两种内容导入新课的形式称为顺序导入和类比导入。

[**例4–17**] 人教版初中《历史》“贞观之治”可从朝代更替的历史知识这一角度入手按顺序导入

师：同学们，上节课我们学习了“繁盛一时的隋朝”，对隋朝的政治经济有了一定的了解。隋朝灭亡之后的朝代是唐朝，唐朝最为繁荣的时期是“贞观之治”和“开元盛世”。本节课我们学习第2课“贞观之治”(板书，导入新课)。本课的目标是……

[**例4–18**]《湖心亭看雪》是人教版初中《语文》的一篇文言文。它的内容是作者描写冬天西湖的景色，可以设计回忆描写夏天西湖景色的内容进行类比导入新课。

师：俗话说：“上有天堂，下有苏杭。”杭州西湖以她特有的美丽吸引了许许多多的文人墨客，也因此留下了许多脍炙人口的名句。请同学们想一想，你知道描写西湖的诗句有哪些？

生1：欲把西湖比西子，淡妆浓抹总相宜。

生2：毕竟西湖六月中，风光不与四时同。

生3：最爱湖东行不足，绿杨阴里白沙堤。

生4：接天莲叶无穷碧，映日荷花别样红。

……

师：这些诗句描写的是西湖什么季节的景色？

生：春天、夏天……

师：那么，冬天西湖的景色又是什么样呢？今天我们就走近一个与众不同的人，他就是明末清初的张岱。他选在冬天去游赏西湖，书写了冬天西湖的景色，这篇文章就是《湖心亭看雪》。(板书)

三、设计导入新课的问题

问题导入是教师最常用的导入新课的形式，它能激起学生探索释疑、解决问题的欲望，从而进入新课学习。问题设计也是补充导入新课的重要内容。

(一)类比提出新问题

[**例4–19**]“三角形内角和”的学习中先复习正方形定义及内角和，经过分析得知

不管正方形的大小如何，其四个内角的和是一个固定数(360°　)。由此类比，三角形三个内角和是不是也是一个固定数呢？四边形呢？五边形呢？通过类比提出新问题，激发学生解疑的积极性，导入新课。

师：我们学习了正方形，同学们知道正方形有几个内角？每个内角的度数是多少？内角和是多少？

生：有四个内角，每个角都是90度，内角和是360度。

师：现在，老师任意画一个三角形，每个内角的度数能确定吗？

生：不能。

师：虽然我们任意画一个三角形不能确定每个内角的度数是多少，但像正方形一样，三角形三个内角的和却是一个固定数。那么，这个固定数是多少呢？今天，我们就学习新课《三角形内角和》(板书)。

［**例4–20**］《桂林山水》的教学中可让学生介绍家乡山水的特点，再类比到桂林山水的特点，导入新课。

师：同学们，你了解你的家乡吗？你知道你的家乡都有哪些风景优美的地方吗？

(点名让三四个学生回答)

师：我们的美丽家乡仅是我们祖国秀丽河山的一角，在祖国的大地上有许多名山大川，其中桂林山水就是我国秀丽河山的典范。关于桂林山水，你都知道什么？今天，我就和同学们一起去欣赏祖国的秀丽山水——桂林山水。(板书：桂林山水)

(二)解释原因并提出新问题

［**例4–21**］“三角形内角和”还可以创设下面的情境从而提出新问题：

同学们先画好各种不同的三角形，分别测量出每个内角的度数，标在图中。接下来，由同学们报出自己所画三角形两个内角的度数，由老师猜第三个内角的度数。每次提问，老师都能对答如流。同学们惊奇、疑惑：“我们画的三角形，有大的、小的，有直角的、锐角的和钝角的，老师又没有见到，为什么猜得这样准确呢？是怎么得来的呢？”接着，老师提出问题：“你们想知道老师是怎么算出来的吗？”由此导入新课，使学生产生了强烈的探究情感需要和认知需求，带着疑问开始新的数学知识的发现和探索。

［**例4–22**］人教版高一《化学》“氯”的导入问题设计

师：(展示氯气泄漏事件图片)这是一幅2004年4月15日重庆天原化工总厂氯气发生泄漏的图片。事故中，15万名群众被疏散，一度举国震惊，谈“氯”色变。发生氯气泄漏后，旁边的工人首先看到一股浓浓的黄绿色气体逸出，接着闻到一股刺激性气味，然后晕倒。消防官兵得到信息后，迅速将中毒人员转移至地势较高处等待救护车到来，同时将周围的群众往高处疏散，然后在周围50米处筑起了“水墙”，并将液氯钢瓶扔进了投放了大量烧碱的水坑内。消防官兵这样处理的原因是什么呢？今天，我们共同学习新课“氯”来解开这个迷。

[**例4–23**]“倾听声音”的导入过程

师：同学们，请举起你们的左手，让我们为自己能在今天的课堂上有个出色的表现鼓鼓掌吧！

生：……（教师观察学生表情）

师：怎么了，不想吗？

学生没办法鼓掌，没有成功。

师：为什么没有掌声呢，能说说原因吗？谁能解释一下？

生：一只手是不能鼓掌的，因而是没有声音的。

师：是啊，为什么用一只手就听不到掌声呢？今天，我们将走进“倾听声音”单元，去揭开“声音”的神秘面纱。（板书：倾听声音）

（三）猜想提出新问题

[**例4–24**]人教版小学数学“平行四边形的面积”

“平行四边形的面积”可由“长方形面积 = 长 × 宽”猜想平行四边形面积是不是也等于长 × 宽，由此引入新课。

师：星期天，丽丽和爸爸到公园去玩（课件呈现场景：长方形和平行四边形草坪）。丽丽看到了两个形状不一样的花坛，小脑筋就转了起来。你知道她在想什么吗？

生1：这两个花坛一个是长方形，一个是平行四边形。

生2：这两个花坛的面积哪一个大呢？

师：你们和丽丽一样，都是善于观察、善于思考的孩子，我们学习数学就需要观察和思考。我们已经学习了长方形的面积，谁知道长方形面积等于什么？

生：长方形面积等于长乘以宽。

师：那么，请同学们猜想一下，平行四边形面积可能是什么呢？

生：底乘以邻边、底乘以高……

师：那么，同学们的猜想是不是正确呢？今天，我们就来学习新课“平行四边形的面积”。

（四）分析知识的内在联系，提出新问题

[**例4–25**]初中数学“一元二次方程”

教学时，可以先复习一元一次方程的特点，引出次数还可是二次、三次……导入一元二次方程。

师：我们学习过一元一次方程，请同学们举出几个一元一次方程的例子。

生：$2x+5=8$；$13-4y=6$；$6=5x+8$……

师：同学们观察一下这些一元一次方程，它们的次数都是一次。在方程中，除了次数是一次的，还有二次的、三次的、四次的等。今天，我们就学习次数是二次的一元方程——一元二次方程。

（五）以解决问题的需要提出新问题

［**例4–26**］教学“面积单位”时，可以通过在日常生活中如何比较物体的表面积或图形的大小来引入。

师：我们在日常生活中怎么来比较物体或一个图形面积的大小？

生1：当面积差异很大时，通过直接观察就能直接比较它们的大小。

生2：面积相近时，可采用重叠的方法来比较大小。

生3：上面两种方法都不能用时，可以把它们分别画出相同的方格，看哪个方格多，哪个面积就大。

师：这位同学说得好，我们平时确实可采用分方格的办法来比较两个物体或图形面积的大小。但是，分方格不仅麻烦而且不准确。有没有更好的方法来比较面积的大小呢？这就是本节课要学习的内容——面积单位。

四、设计导入内容的载体

设计导入新课内容的载体，需要依据教学内容和教师可以使用的教学媒体的情况加以综合确定。一般来说，通过音频、视频和图片等媒体形式以及游戏、故事、实验、操作等表现形式导入新课是受学生欢迎的方法。

［**例4–27**］冀教版小学《美术》“我和动物做朋友”导入片段（活动导入）

师：请同学们拿出绘画笔，在画纸上画出你喜欢的简笔画。（两位学生在黑板上绘画，其他学生在纸上创作，教师巡回查看指导）

师：请同学们把自己所画的展示给同学们，好吗？ ××× 同学，你说一下你画的是什么。

生1：我画了几只蜜蜂，飞来飞去很热闹。

生2：我画的是一只螳螂在一朵花上要捉害虫。

师：刚才，同学们画了好多作品，画得都非常好。其中，不少同学画的是可爱的动物。今天，老师就和同学们一起和动物交朋友。（板书课题）

［**例4–28**］初中《历史》“贞观之治”导入片段（视频导入）

师：同学们，今天我们继续学习中国古代史。在学习之前，先请同学们来看一段视频，它是电视剧《贞观长歌》中的一段（教师播放）。

学生观看。

师：同学们看完视频之后，一定会想视频反映的是中国哪一朝代的历史、视频中的主人公是谁以及他对中国历史都有哪些贡献等。今天，我们就来学习与此相关的历史——第2课“贞观之治”。

［**例4–29**］初中《思想品德》“人生自强少年始”的导入片段（音频导入）

师：多媒体播放歌曲《少年中国强》，让同学们跟着一起唱。

生：跟着音乐唱一遍歌曲《少年中国强》。

师：这首歌曲很有激励性，其中有几句歌词写得特别好。（节选歌词）少年强则中国强，吾辈少年当自强；远大理想，要勇敢去闯，壮志雄心在飞扬；少年强则中国强，敢叫日月耀东方；豪情铁骨，我充满能量；告诉全世界中国人的荣光。

请同学们畅所欲言，根据歌词，联系实际说一说，为什么少年强则国强，我们怎样做才能做到自强。

生1：因为我们是国家的希望和民族的未来，少年强则国强。

生2：在学习生活中，我们要刻苦学习，不贪玩；大胆质疑，不断创新；在生活中，遇到困难，不低头，不丧气；志存高远，执着追求。

师：同学们说得真棒，我为同学们有这样远大的志向而感到自豪，也为中国有你们这样的好少年而骄傲。从少年时期就让我们培养自强，为祖国的繁荣昌盛而自强。今天这节课，我们就一起来学习“人生自强少年始”。

第四节　设计教学评价的教学内容

课堂教学评价是课堂教学过程的重要环节。课堂教学评价是围绕教学目标进行教学后，对目标所规定的学习结果进行测量和评价，以确定学生是否达到目标要求。测量与评价是两个不同的概念。测量是指依据一定的准则或借助于测验给事物指派数字，评价是依据一定标准对事物作出价值判断。如默写10个生字，“学生甲正确默写出10个，学生乙正确默写出6个”，这是对学生学习结果的测量。如果我们以“全部正确默写本课生字”为标准，则学生甲已经掌握了本课的生字，而学生乙并没有掌握。显然，测量和评价这二者是两个密切联系的概念，测量是评价的基础，而评价要以测量的结果为依据。正是由于评价要以测量为依据，有时可以直接用评价来代替测量与评价两个环节。虽然有时也可以不经测量而对事物进行评价，但这样不科学，易造成以偏概全。

现行教材一般不编写用于课堂评价的教学内容，补充用于教学评价的教学内容是补充教学内容的重要组成部分，一般来说会涉及每一节课。课堂教学评价可分为形成性评价和终结性评价。

一、形成性评价

形成性评价是在某项教学活动过程中，为了更好地达到教学目标要求、取得更佳的教学效果而不断进行的评价，它能用来及时了解阶段教学的结果和学生学习的进展情况及存在问题，因而可据此及时调整和改进教学工作(《教育技术培训教程》，高等教育出版社，第102页)。形成性评价是在教学过程中随时进行的，其目的是为了获取学生学习情况的有关信息，及时对教学进行修正与补救，以便调节教学进程，促进学生的学习。

(一)形成性评价的方法

1. 教师点评

教师点评是教师通过问答、观察等形式获取即时信息，通过语言或物质等手段进行的评价。教师点评的优点是可以及时地把正确信息反馈给学生，使学生获得正确与否的结论，缺点是忽视了学生参与评价意识的培养，抑制了学生自我激励的能力。

2. 学生互评

学生互评包括同桌互评和小组互评等。学生互评的优点是学生既可以获得评价的信息，又可调动起学习积极性，使他们在评价中互相学习，提高认识他人与认识自己的能力；缺点是评价的准确性和客观性需要教师进行辨别和指导。

3. 学生自评

学生通过自我检查、自我分析、自我调整进行有效的自我评价，可以激发学生内在的学习动机，使其形成良好的学习习惯。但需要学生具备一定的评价能力和教师提供一定的评价标准并及时进行指导。

(二)形成性评价的评价时间线

形成性评价会贯穿整个课堂，具有一定的随机性。但有一类形成性评价需要专门设计，这就是教学点的形成性评价。什么是教学点呢？在设计好每一课的教学内容后，整个教学过程由若干相对独立的教学内容所组成，这些相对独立的教学内容就称为教学点(也叫知识点)。这些教学点可以分为三类：一类是导入新课的教学点；一类是各教学策略步骤的各环节的教学点；一类是教学评价的教学点。

[**例4–30**]“三角形内角和”一课，经过补充教学内容后(表中加粗部分为补充的教学内容，下同)的教学点如表4–2所示。

表4–2

阶段	教学目标	策略步骤	教学内容	教学点
导入			正方形及内角和、三角形及内角	1
新课	知道三角形内角和的度数	回忆旧知识	角的度量、角的度数的和以及平角的度数等	2
		实例研究	三角板内角和	3
			测量和计算任意三角形的内角和	4
			拼、验证三角形内角和	5
		得出结论	结论	6
		举例说明原理	生活中三角形内角和的实例	7
	能用三角形内角和解决实际问题	变式练习形成技能	1.做一做： 在三角形中，∠1=140°，∠3=25°，求∠2的度数。 2.教材第88页9题。 3.教材第88页第10题。 4.补充一组判断题。 5.习题16。	8
形成性评价			检测题略	9

在教学过程中，当用了某个方法实施了一个教学点的教学以后，需要对学生在这个点上的接受情况进行评价，以便了解学生对于该教学点的理解情况，确定是否进行下一环节的教学。这时的教学点也就构成了形成性评价的评价点。一节课上的各个评价点构成了课堂教学纵向的评价时间线。因此，设计形成性评价的重要任务就是设计纵向的评价时间线。在一些教师的教学设计中，由于缺乏教学点的评价，往往就会出现“夹生饭”的现象。

表4–2中共列出了9个教学点，在这些点上都应该设计相应的评价，比如以下一些：

1. 可以通过师生问答的方式，了解学生对正方形及其内角和、三角形的定义及其分类知识点等的掌握情况。

2. 回忆与三角形内角和有关的概念，也可以通过问答形式进行评价。

3. 教师通过演示两种教学用三角板，让学生计算三角形内角和度数，初步体验三角形内角和是180°。仍可以问答形式，了解学生是否能得出三角形内角和是180°。

4. 引导学生通过画、量、算得出三角形内角和约为180°。在学生进行测量和计算时，教师可以通过巡回查看的方式了解学生得出的结果。

5. 引导学生拼平角验证内角和，可以在学生拼验的过程中以巡回查看的形式进行评价。

6. 得出内角和结论后，可以通过问答的形式评价学生能否说出三角形内角和的度数。

7. 通过让学生举出生活中三角形内角和的实例来加深理解与记忆。教师可以通过问答的形式了解学生对结论的理解与记忆情况，进而加以评价。

8. 对三角形内角和结论的应用，可以通过板演、小组互评和班级点评的形式进行评价。

9. 可以通过语言等形式对形成性评价的结果进行点评。

对9个教学点的评价可以列成一条线，如表4–3所示。

表4–3

评价点	导入	回忆旧知识	三角板内角和	量、算内角和	拼、验内角和	得出结论	举例	结论应用	达标检测
评价方法	问答	问答	问答	巡回查看	巡回查看	问答	问答	板演、互评、师评	师评

《桂林山水》“倾听声音”和“我和动物交朋友”的形成性评价时间线请见本章第五节表4–5~表4–7。

二、终结性评价

终结性评价是在教学实施之后进行的，其目的是对一节课的学习效果进行最终评价，了解学生是否达到了预期的教学目标。终结性评价一般是对照目标通过测试题进行，设计终结性评价要掌握各类教学目标适合用哪类测试题进行测试。

（一）主要的测试题的类型

1. 填空题

填空题是通过回忆先前习得的知识，把给出的句子填写完整。此外，还有填图、填表等形式。

2. 简答题

简答题是要求学生通过回忆先前习得的知识，给出某一问题的完整答案。

3. 选择题

选择题是一种客观题的形式，常见的有以下几种：

(1) 判断题。这是最简单的一种题目形式，给出一个陈述要求学生做出正确或错误的判断，常被用于对事实性知识的测评。

(2) 单项选择题。包括两部分，即题干和选择项。题干是对问题的陈述，可以是一个完整的句子、一个不完整的句子或一个问题。选择项一般有4到5个，其中一个选择项正确或最好。

(3) 选择并判断。这种题目要求学生不但选出正确答案，还要说明选择的理由。

(4) 多项选择题。提供多个答案，但正确答案不止一个。这类选择题克服了单项选择题的很多问题。

(5) 匹配题。该题目类型通常适合低年级学生，要求学生将一组刺激与另一组刺激进行正确的匹配。

(6) 情境题。先以例证、图表、文章和情境的形式提出问题。然后，提供几个与解决问题有关的答案，要求学生运用已有的知识和技能来选择解决方案。

4. 建构题

建构题即没有现成的答案，要求学生自己组织语言回答问题的题目类型。

（二）不同类型教学目标的评价

1. 言语信息类知识教学目标的评价

判断言语信息类知识习得的标准是信息的输入与输出相同，宜采用填空题、简答题的形式进行测量与评价。题干可以是教材上的原句，也可以用意思相同而表达不同的句子。学生回答时，可以用教材上的原句，也可以用自己的语言表述。

2. 简单智慧技能的评价

简单智慧技能主要包括辨别、概念（具体概念和定义概念）和规则。

(1) 辨别。评价辨别目标时，可以给学生呈现一个标准刺激，再给出一些备用刺激，要学生回答哪个或哪些备用刺激与标准刺激相同。所采用的测试题一般可用选择题。

(2) 具体概念。评价具体概念是否习得，可以通过学生能否识别具体概念的正反例进行评价，所采用的测试题最好用选择题（选项中既要包括概念的正例，也应包括概念的反例)。

(3)定义概念。定义概念的评价有三种测试题：一是选择题。即给出一些概念的正反例，由学生进行识别。二是建构题。即给出一个学生未见到过的概念的正例或反例，要求学生解释该例为什么是(或不是)该概念的例子，或者要求学生自己举出概念的例子。三是混合题。即将选择题与建构题结合起来，让学生作出选择后再作出解释。

(4)规则。学生是否习得规则的标准是能否用规则处理相关问题。一般评价规则不用填空题或简答题，而应当利用建构题。

3. 高级规则和认识策略的评价

高级规则是综合运用几个规则推出的一个新规则，对其进行评价宜采用建构题。认识策略是对内调控认知过程的能力，宜于利用建构题进行评价。但认知策略的评价不能单看完成或没完成建构题，还要看完成建构题的过程是否应用了要评价的策略。

一堂课的纵向形成性评价和终结性评价一起构成了一堂课的教学评价方案。

[**例4–31**]“三角形内角和”总结性评价检测题设计

1. 填空

(1)一个等边三角形，每个内角是(　　)。

(2)一个等腰三角形，顶角是96度，每一个底角是(　　)度。

(3)一个直角三角形，有一个锐角是40度，另一个角是(　　)度。

(4)等腰三角形的底角是65度，则顶角是(　　)。

(5)把一个三角形分割成两个三角形，每一个小三角形的内角和是(　　)度。

2. 判断(请大家用手势来判断)

(1)一个三角形的三个内角度数是：80度、75度、24度。(　　)

(2)大三角形比小三角形的内角和大。(　　)

(3)两个小三角形拼成一个大三角形，大三角形的内角和是360度。(　　)

(4)一个钝角三角形中两个锐角和大于90度。(　　)

(5)直角三角形的两个锐角的和等于90度。(　　)

(6)任何一个三角形至少有两个锐角。(　　)

3. 根据图4–5，求出∠2和∠3各是多少度。(∠1 = 60°，∠4 = 125°)

4. 算出图4–6中∠1、∠2、∠3的度数，并求这三个角的度数和。

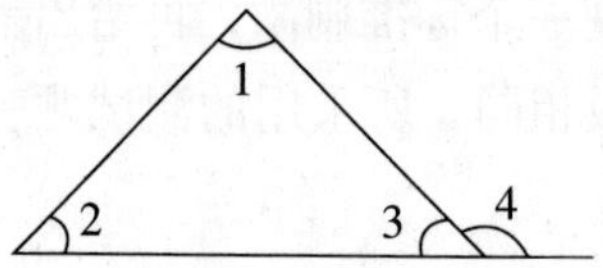

图4–5

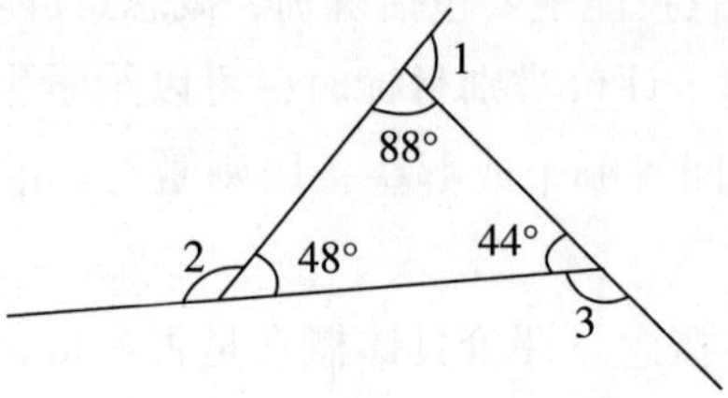

图4–6

5. 红领巾的一个锐角是30度，它的顶角是多少度？

[**例4–32**] 初中《思想品德》“人生自强少年始”终结性评价测试题设计

一、单项选择

1. 中央电视台“星光大道”2008年度亚军马广福、季军刘仁喜是两位地地道道的农民歌手。他们凭着坚定的信念和对梦想的追求，坚持不懈，一步一步走向成功！他们的成功主要得益于（　　）

①自尊自信　　②自负自傲

③自立自强　　④自卑自弃

A. ①②　　B. ①③

C. ②③　　D. ①④

2. 北京残奥会上，各国残疾人运动员展示了自尊、自信、自强和自立，感受着欢乐、友谊、梦想和成功，在挑战自我的过程中探索着生命的价值。这是一种（　　）精神。

A. 自强不息　　B. 艰苦奋斗

C. 爱国主义　　D. 开拓创新

3. 2008年对于中国而言是非常特殊的一年。从肆虐全国的冰雪灾害、夺去数万同胞生命的汶川大地震到北京奥运会的成功举办、“神七”的胜利飞天，无论是面对自然灾害的严峻考验，还是面对人类社会发展带来的新挑战，世界总能从中国人身上看到自强不息、迎难而上的民族精神。下列对于自强不息的理解正确的是（　　）

①自强不息是中华民族几千年来熔铸的民族精神的重要组成部分

②自强不息精神是我们中华民族所特有的

③自强不息的民族精神使中华民族历经沧桑而不衰

④正因为有自强不息的精神，我们才能豪迈地屹立于世界民族之林

A. ①②③　　B. ①③④

C. ②③④　　D. ①②④

二、观察与思考

我的名字叫勾践，士兵被杀，国土沦陷，堂堂国王当马夫，每天卧薪尝胆。我的名字叫张海迪，每天只能坐轮椅，高位截瘫虽然苦，自强不息超过你。我的名字叫桑兰，本是优秀运动员，一朝不慎身瘫痪，自立自强才能办。

根据上述材料，谈一谈自强在他们的人生经历中发挥着怎样的作用。

第五节　为课堂教学组织教学内容

为课堂教学组织教学内容，就是为教学目标的策略组织教学内容和为导入新课组织教学内容、为教学评价组织教学内容。根据上述要求，经过选择教学内容后，本书所使用的四个案例的完整教学内容设计如下（加粗部分为补充的教学内容）：

"三角形内角和"教学内容选择表

表4-4

阶段	教学目标	策略步骤	教学内容	评价时间线
导入			正方形及内角和、三角形及内角	问答
新课	知道三角形内角和的度数	回忆旧知识	**角的度量、度数的和、平角的度数等**	问答
		实例研究	**三角板内角和**	问答
			量、算任意三角形内角和	巡回查看
			拼、验证三角形内角和	巡回查看
		得出结论	结论	问答
		举例说明原理	**生活中三角形内角和实例**	问答
	能用三角形内角和解决实际问题	变式练习形成技能	1.做一做：在三角形中，∠1=140°，∠3=25°，求∠2的度数 2.教材第88页第9题 3.教材第88页第10题 **4.补充一组判断题** 5.习题16	板演、互评、问答等
评价		检测题	**测试题见第五节**	教师语言评价

《桂林山水》教学内容选择表

表4-5

阶段	目标简述	策略步骤	内容	评价时间线
导入			**家乡山水特点**	问答
新课	认识8个生字，会写11个生字，能正确读写8个词语	整体感知	**视频资料**	问答
		讲述字词	全篇课文	问答
	正确、流利、有感情地朗读和背诵课文	听读与朗读	全篇课文	问答
		背诵	全篇课文	问答
	能知道各自然段的含义	逐段分析	全篇课文	问答
	初步学会用排比句式描写景物的方法和分号的用法	实例研究	课文第二三自然段；**补充实例3个**	问答
		得出结论		
		巩固结论		
		应用结论		
	初步认识"总写—分写—总写"的文章写作构思方式	实例分析得出结论	全篇课文	问答
		结论应用		
	感受山水之美，增强对祖国河山的热爱	课文分析强化感受	第四自然段及补充文段	问答
		语言训练表达感受	**以"山水"为题**	问答
		拓展阅读体验感受	**补充阅读《青海湖，梦幻般的湖》**	问答
评价		检测题评价	**测试题（略）**	

"倾听声音"教学内容选择表

表4–6

过程	目标简述	策略步骤	教学内容	评价时间线
导入			**鼓掌游戏**	
学习新知	能寻找出生活中的声音并会模仿表述	实例研究	**补充音频**	奖励红旗
		归纳	课本1:寻找声音	鼓励语言
	知道声音是怎么产生的	举例	**补充练习**	发表现奖
		问题	课本2:观察物体发声时的现象	
		猜想		
		实验		语言评价 发表现奖
		结论		
		理解巩固	课本2:观察物体发声时的现象	观察
			补充练习	问答
	提高好声音意识	例规法	**拓展材料**	语言
评价		与课堂小结合并进行	课堂小结及奖励	

"我和动物交朋友"教学内容选择表

表4–7

环节	目标简述	策略步骤	教学内容	评价时间线
导入			**简笔画小练笔竞赛**	问答
学习新知	知道动物是人类的朋友	实例研究	**我与动物**	问答
			动物与动物	问答
			人类和动物和谐相处	问答
		得出结论	**动物是人类的朋友**	问答
	发挥自己的想象力，选择自己喜欢的绘画的形式，创作一幅人和动物和谐相处的作品	观察	欣赏人和动物相处的作品	问答
		构思	**构思本人绘画作品**	问答
		创作	**创作主题作品**	巡回
	通过欣赏、创作等学习活动，树立爱护动物、保护动物的意识	作业分析 教师总结	**评价作品** **播放视频广告**	问答
评价		与实施目标3合并进行	**同目标3**	

第五章　选择教学方式和方法

第二章至第四章所述设计教学目标、设计教学策略和组织教学内容，更多地体现了教育者的期望，包含了更多教育者的意志，不同教师设计的差异并不很大。第五章至第七章研究的内容则是在教育者的期望和学生实际水平之间建立起桥梁。由于建立这样的桥梁需要更多考虑受教育者及教学环境等因素，体现设计者的教学智慧，因此，其设计过程会更加灵活多样、丰富多彩，更能展现教师的教学个性。

教学方式和方法的设计是教学设计的重点，具有较强的灵活性和艺术性。由第四章可知课堂教学内容可以分为三类——支持导入新课的内容、支持教学策略每一步骤的内容和支持教学评价的内容。不论哪一类教学内容，都需要在课堂教学中由教师依据教学方式和教学方法传递给学生并由学生接收，这就需要设计课堂教学方式和教学方法。

第一节　教学方法简述

教学方法是教师和学生为了达到预定的教学目标，在教学理论与学习理论的指导下，借助适当的教学手段(工具、媒体或设备)而进行师生交互活动的做法，既包括教师教的方法，也包括学生学的方法，是二者的有机结合，它具有直接性和具体性。

按照在教学过程中的使用用途来分，课堂教学方法可以分为三类——导入新课的方法、传递教学策略每一步骤内容的方法和教学评价的方法。

按照师生活动的外部形态以及与之相对应的这种形态下学生认识活动的特点，课堂教学方法可以分为以下几类：

一、以语言传递为主

1. 讲授法

讲授法是教师用通俗而生动的语言，向学生系统而连贯地传授知识的方法。它包括讲述、讲解、讲读和讲演四种形式。讲授法的特点是教师讲解、学生接受，是教师常用的教学方法，也是其他教学方法的基础。讲授法可以在短时间内简捷、快速地向学生传授系统的知识，或向学生指出解决问题的途径。在本书案例中，用【教师讲解，学生接受】表示。

2. 谈话法

谈话法又叫问答法，是教师根据学生已有的知识和经验提问学生，并引导他们对所提出的问题进行探讨，得出结论，从而获得知识的一种教学方法。谈话法的特点是教师提问、学生作答，是课堂教学中师生互动交流的主要形式，是教学中最常用的方法之一。设计好提问的问题及设想可能的回答结果是谈话法的关键。在本书案例中用【教师提问，学生回答】表示。

3. 讨论法

讨论法是教师或学生提出有商榷性或探讨性的问题进行讨论，以使学生获取知识的方法。其交互活动是教师引导、学生探究，是合作学习的常用方法，在新课程的实施过程中越来越受到教师们的青睐。其组织形式主要有小组讨论、班级讨论和课堂议论。讨论法的一般过程是设计讨论课题、设计讨论小组、呈现讨论材料、开展讨论和汇报讨论结果等。在本书案例中，用【教师引导，学生探究】表示。

4. 自学指导法

自觉指导法是教师指导学生通过自学教材和参考书以获得知识的方法。其特点是教师引导、学生自学。自学指导法的一般过程是确定学习目标、学生自学、自学检查、集体讨论、教师讲解、练习巩固和课堂小结等环节。在本书案例中，用【教师引导，学生自学】表示。

二、以直接感知为主

以直接感知为主的课堂教学方法主要是演示法，就是教师在上课时，配合讲授或谈话，演示直观教具或做示范，使学生获得关于事物或现象的感性认识的一种教学方法。在本书案例中，用【教师演示，学生观察】表示。

三、以体验为主

1. 练习法

练习法是指在教师指导下，学生巩固知识和形成技能、技巧的教学方法。其特点是教师引导、学生练习。在本书案例中，用【教师引导，学生练习】表示。

2. 实验法

实验法是指教师利用一定的实验设备和手段，在一定的条件下引起某种现象的发生和变化，使学生在独立观察的学习中获得新知识的一种教学方法。其特点是教师操作、学生观察。在本书中，用【教师操作，学生观察】表示。

3. 示范教学法

示范教学法是指教师利用一定的规范动作引起学生相应的行动，使他们通过模仿形成技能的方法。其特点是教师示范、学生模仿。在本书案例中，用【教师示范，学生模仿】表示。

4. 体验教学法

体验教学法是指为了达到既定的教学目标，从教学需要出发，引入、创造或创设与教学内容相适应的具体场景或氛围，以引起学生的情感体验，帮助学生迅速而正确地理解教学内容，促进他们的心理机能全面和谐发展的一种教学方法。其特点是教师置境、学生体验。在本书案例中，用【教师置境，学生体验】表示。

本书把教学方法叙述成“教师……学生……”的形式，不但表明了教学方法，也表明了师生的双边活动。在案例中，用【 】括起来，如【教师讲解，学生接受】表示的是讲授法、【教师提问，学生回答】表示的是问答法等。

下面是常用教学方法使用的实例：

［**例5-1**］高中《化学》“苯”的物理性质教学片段

【教师演示提问，学生观察回答】(演示法+问答法)

师：请同学们观察老师手中装在无色试剂瓶中的苯是什么颜色？

生：(观察颜色)是一种无色的液体。

【教师实验提问，学生观察回答】(实验法+问答法)

师：现在，老师在一个干净的试管中倒入少量的苯，将试管放入盛有冰水混合物的烧杯中。同学们观察到什么现象？说明了什么？

生：液体变成无色固体。由于冰水混合物的温度为0℃，表明苯的熔点高于0℃。

【教师实验提问，学生观察回答】(实验法+问答法)

师：老师在一试管中加入1mL的苯，另外加3mL的水，振荡之后静置。出现了什么现象？这又说明了什么？

生：振荡时溶液混浊，静置后分层，在液面下1mL处有一明显界面。说明苯不溶于水；所加的1mL苯在上层，3mL水在下层，这表明苯的密度比水小。

【教师讲述，学生接受】(讲授法)

师：苯具有特殊的气味，但由于苯是有毒的，所以才没让大家闻其气味。

【教师提问，学生回答】(问答法)

师：通过刚才的观察和实验，我们可以得出苯的主要物理性质有哪些？

生：苯是一种无色、有特殊气味的液体，有毒、不溶于水、密度比水小，熔点大于0℃。

［**例5-2**］小学《美术》“神奇的大树”教学片段

(一)讲解和认识姿态各异的树木

【教师演示提问，学生观察回答】(演示法+问答法)

师：请同学看老师手中各种不同形态、不同种类的大树图片。

学生认真观察，欣赏。

师：同学们欣赏了这么多的树，你了解树木的基本结构吗？

生1：我知道树有绿色的叶子，还有树干。

生2：我还知道树有树枝、树根。

师：你们说得太好了，树由主干、枝干和树叶等组成。那么，你们知道这些部分有什么特点吗？

生：我知道不一样的树叶子不一样，松树的叶子像针一样，杨树的叶子是桃形的，而柳树的叶子是细长的……

生：大树干是长方形的，很粗，树枝就很细；叶子是绿色的，树干是棕色的。

……

(二)示范树的画法

【教师提问，学生回答】(问答法)

师：孩子们，你们对树了解得很全面，那么，你们想不想把这神奇的大树用手中七彩画笔画出来呢?

生：想。

师：那好，现在就用你们手中的画笔表现大树的神奇吧！首先，你们看大树树干像什么？树叶像什么呢?

生：树干像长方形的木棒，树叶像一大片云朵。

【教师示范，学生模仿】(示范法)

师：对，你们比喻得太形象了，看老师是怎么画的。(教师示范画树干、树枝、树叶等)

第一步：在画面中找好树的位置，先画一个长方形的主干；在主干两侧，画上细一点儿的树枝。

第二步：在树干的顶端画一大片像云一样的树叶。

第三步：用赭石色涂树干，用绿色涂树叶，涂色要按一个方向均匀地涂。

师：孩子们，下面也画一棵大树好吗？看谁画得又快又好，先画好的请展示给同学们看。

学生画，教师指导。

师：引导学生展示作品，教师适时评价指导。

(三)自由创造神奇的大树

【教师引导，学生练习】(练习法)

师：老师这里也有一些神奇的大树，想不想欣赏它们呢?

学生欣赏不同种类、不同类型的简笔画大树。

师：孩子们，这些大树的哪些部位发生了变化?

生：大树分出了几个枝干，叶子也变化了。

生：大树有的高、有的矮，有的直、有的弯。

生：有的大树还有小笑脸呢！还有的结苹果了。

……

师：那咱们也让大树变得多姿多彩吧！

生：自由创作各种姿态的神奇大树。

[**例5-3**]体验教学法两例

"一节恐怖的历史课"(选自《优秀教师的四项核心素质》，赵希斌，华东师范大学出版社，第160页)：

历史老师一上课就委屈地在同学面前掉下眼泪，因为昨天他在教室里发现一张纸条，上面写了老师的坏话！老师觉得很委屈，说他对同学一番好心，怎么还会遭到这样的对待。他教了这么多年的书，这还是第一次。老师已把这事报告了校长，学校等会儿就会带警察来班上。后来，警察真的来了！老师跟警察讲了一阵子，然后警察叫走了班上几个同学。老师说，他们是可疑的；其中一个是昨天考试不及格的，他可能因此记恨老师；还有几个是平时总和老师顶嘴的。

老师要求留在教室的人不许跟别人交流，每人写张纸条给老师，说明平时和谁接触比较多，他们都有什么对老师不敬的行为和言语。同学们都非常紧张、委屈，可又不敢不写。同学们真的被老师吓坏了。

看着“可疑的”同学被“拎”出教室，同学们都在想自己是不是也犯什么错了，下一个是不是轮到自己了，而对周围的同学充满了畏惧和提防。老师说，就是要让学生体会到这种感觉，紧张、莫名其妙的罪过感，检讨自己。老师说，不管上课讲多少内容，我们也不会印象如此深刻。这样，我们会深切体会到暴君统治下的人的心理有多恐惧。——原来老师在教俄国革命史，老师表演的是斯大林的做法。

德国志愿者卢安克在广西小山村的体验教学案例(选自《优秀教师的四项核心素质》，赵希斌，华东师范大学出版社，第24页)：

第一周。他带着学生上山，学生两两结对，一个学生蒙着眼睛，另一个学拉着他的手。他要让学生在突然没有视觉的时候，拼命“打开”他所有的感官，努力感受周围的世界。他让学生听风的声音、闻花的香味，把手脚伸到小溪里，感受水流如何改变形状。他让孩子们把他们看到的、听到的、感受到的都说出来、写出来、画出来。卢安克还组织孩子们在班上搞了一个小型的作品展览。在整个过程中，孩子们特别投入、非常认真，这是课堂上很少出现的状态。

第二周。卢安克让学生们来到他们生活的寨子的山顶上，仔细观察并描绘自己生活的地方，然后同学们一起讨论，他们需要什么，他们想改变什么。孩子们最后讨论的结果是“想要一个游泳池，想要一个洗澡的地方”。卢安克和孩子们一起讨论，最后决定在河中建一个小水坝。卢安克给孩子们讲建水坝的方法，带他们实地选址。他们确认水坝要建成一个弧形。卢安克又帮他们计算需要多少块空心砖和水泥。

最后，卢安克花了200元买了水泥和空心砖，和孩子们一块砖一块砖地建起来。这期间，他劝说家长不要帮忙，他要孩子们自己完成“作品”。在建水坝的过程中，孩子们都很累，还有孩子擦伤手脚，但他们非常努力，没有退缩。终于，水坝建了起来！孩子们在清澈的水里快乐地嬉戏，周围很多村民在围观。这件事让村民和学生很震动，因为这似乎让他们明白，有的时候改变自己的生活要靠自己，而且也可以靠自己。

第三周。卢安克让孩子们把建水坝的经历写出来，念给大家听。一个孩子写道：

"哪怕山高水又深，水深也有人行路。"这真是从孩子心底自然流淌出来的美妙声音。卢安克把他们听到的最好的10句话写在黑板上，然后，和孩子们一起谱曲，用这10句话写成他们班的班歌。

第四周。卢安克带着孩子们到了一个更为偏远、贫穷的教学点，他们唱着他们的班歌，分享他们的快乐和自豪，在大自然里画秋天。卢安克将孩子们的画放在地上排成一排，搞了一个小型的画展。我相信看到这些画，每个人都感到惊叹，孩子们画得太好了，造型质朴却又富有想象力，颜色明快而又富有感染力！这些贫穷的孩子在恣意地表达他们内心的快乐与自信。

第二节　教学方式简述

从第一节知道，在教学实施过程中使用的教学方法可分为三类——用于导入新课的、用于教学策略每一步骤的和用于教学评价的。用于教学策略每一步骤的教学方法可能是一个或多个，这样在实施教学目标时，所使用的教学方法就构成了一个教学方法系列。我们把蕴含于这个教学方法系列中的教学观念或理念称之为教学方式。教学方式实质上就是在实施教学目标过程中，教学内容的传递或呈现的方式，也是实施教学目标的方法类教学策略。由于这样的传递或呈现方式可以由教师做、学生做或者教师和学生共同做，所以，教学方式可分为以教为主、以学为主和学教并重三类。经过这样的定义，对于实施教学目标来说，除了根据内容策略构建教学内容外，还要构建实施每个教学目标的方法类策略——教学方式。在本节案例中，对"三角形内角和"同时使用了三种教学方式进行教学过程设计，请体会教学方式的不同对教学方法设计的影响。

一、以教为主的教学方式

以教为主的教学方式，也叫讲授型教学方式(或接受式教学方式)。其教育理念倾向于以教师为中心，注重教师的教，有利于教学目标的完成，对于传授各学科基础知识是有利的，但由于其忽视学生的学习能动性，不利于学生能力的培养。在以教为主的教学方式中，通常以教师讲解、教师演示、教师操作和教师总结为主要教学方法。

[**例5-4**]"三角形内角和"中"三角形内角和是180度"以教为主的教学设计片段

■ 实例研究

(一)三角板内角和

【教师演示讲解，学生观察】(讲解法＋演示法)

师：现在，老师手中有两个三角板，你知道三个内角的度数吗？

生1：60°、30°、90°；45°、45°、90°。

师：这三个角的和是多少？

生：180°。

【教师提问，学生回答】(问答法)

师：老师手中的三角板的形状是特殊的三角形，它的内角和是180°，那么一般的三角形的内角和是不是也是180°呢？

学生回答是或不是。

(二)量内角算内角和

【教师示范，学生模仿】(示范教学法)

师：刚才，同学们通过计算的方法得到了三角板的内角和。现在，老师在黑板上任意画一个三角形(教师画)，然后用量角器量一下各角的度数，分别是38.5°、75.5°、76.5°。我们现在计算一下这三个角的和可知是180.5°，这个度数接近180°。

师：老师刚才画了一个锐角三角形，它的三个内角的和接近180°。下面，请同学们在练习本上画出一个钝角三角形或直角三角形，量一量，算一下三个内角的和是多少？

学生画三角形，算内角和。

教师巡回指导。

【教师提问，学生回答】(问答法)

师：×××同学，请你说一下你画的是一个什么样的三角形？它三个内角的度数分别是多少？度数和又是多少？

学生回答。

(重复提问)

师：刚才几位同学画出的三角形内角和也都接近或等于180°，是不是所有三角形都可以得出这个结论呢？我们再用拼图的方法验证一下，请同学们看老师的操作。

(三)拼平角验内角和

【教师演示提问，学生观看回答】(演示法＋问答法)

师：先标出三角形的三个角，然后剪开拼到一个顶点上。同学们观察一下，构成了一个什么角？

生：平角。

师：平角的度数是多少？

生：180°。

师：这说明，经过拼图以后，三角形的内角和也是180度。

(四)得出结论

【教师总结，学生接受】(讲授法)

师：刚才，我们通过研究三角板得出三个内角和是180度，通过量一量、算一算得出三角形内角和接近或等于180度，通过拼图得到三角形内角和是180度。由这三个例子，我们可以得到什么结论？

生：三角形的内角和是180度。

师：对，这个发现是正确的。在以后的学习中，我们会用严格的方法去证明它。现在，我们只需记住这个结论，并在学习和生活中运用它。

评述：在落实教学目标“三角形内角和是180度”所使用的教学方法系列里，【教师演示讲解，学生观察】、【教师提问，学生回答】、【教师示范，学生模仿】和【教师总结，学生接受】等方法都体现了以教师为中心的教学方式。

二、以学为主的教学方式

以学为主的教学方式又叫探究型教学方式。探究型教学方式的理论基础是建构主义教学理论，其特点是以学生为中心，学生由被动接受者和知识的灌输对象转变为信息加工的主动建构者；教师由知识的传授者、灌输者变为学生主动建构意义的帮助者和促进者。探究型教学方式有利于学生的主动探索和主动发现，有利于创造型人才的培养，是新课程改革倡导的教学方式之一。在课堂教学中，可以设计的教学活动主要包括自主探究、合作探究、合作调查、分类合作、专题作业、资料收集、实验探究、动手操作、数据处理、质疑交流、游戏练习、游戏交流、情景模拟和故事渗透等。

在教学实践中，自主学习、合作学习和探究性学习都属于以学为主的教学方式。

(一) 自主学习方式

自主学习是新课程改革的要求，是学习理论发展的必然结果，它在培养学生的学习能力、创新能力等方面有重要的意义。自主学习从理论上说是由学生自己确定学习目标、选择学习方法、监控学习过程和评价学习结果的学习方式。现在，学校的教学仍采用班级授课制的形式，仍由教师主导课堂教学；学生学习既不是完全意义的自主学习，也不是一点儿自主性都没有的接受式学习，实际上是在教师指导下的自主学习。其特点是在学生的自主学习过程中有更多的教师主导的成分。课堂教学中主要的自主学习活动有自学、讨论、操作与实验和评价等。课堂上自主学习的教学策略可概括为回忆旧知识——提出问题——学生自学——呈现自学结果——讨论交流——教师讲解——练习巩固——教学评价……这个过程符合第三章所陈述的“六步三段两支”的过程，即：

■ 引起注意，即提出问题。

■ 回忆旧知识，即回忆与新课相关的旧知识。

■ 呈现新知识，即学生自学、呈现学习结果。

■ 阐述新旧知识之间的联系，即讨论交流、教师讲解。

■ 巩固新知识，即练习巩固。

■ 提取与应用，即教学评价。

［**例5-5**］人教版小学《语文》二年级下册《古诗两首》自主学习设计

■ 以旧引新，激发兴趣

师：同学们已经学过不少古诗。现在，请你们自由背诵你最喜欢的那一首。(学生自由背诵)

师：谁愿意先背一首？

生1：泉眼无声惜细流……

生2：春种一粒粟……

生3：朝辞白帝彩云间……

师：不错。今天，我们还要学习两首古诗，一首李白的，一首杜甫的。通过课外查阅资料，你们对这两位诗人有了哪些了解？

生：杜甫被人们称为“诗圣”。

师：李白呢？

生：李白被称为“诗仙”。

师：人们对他们的诗篇喜爱之极，所以给他们这样的称号。还知道别的吗？

生：李白是61岁病逝的。

师：虽然只活了六十多岁，却留下了许多不朽的诗篇。还了解些什么？

生：我知道李白写了九百多首诗。

师：流传至今的有九百九十多首。知道杜甫一生怎么样吗？

生：杜甫一生不得意。

师：他一生是在穷困和战乱中度过的，但这首诗却是在他心情愉快的情况下写的，这在他一生中也是很少见的。好，下面让我们一起来欣赏李白畅游庐山时所写下的《望庐山瀑布》。(板书课题)

■ 提出问题

师：我们已经学过《瀑布》一课，在叶圣陶先生的笔下，瀑布好像是一座珍珠的屏。李白是怎么描写庐山瀑布的呢？请同学们拿出自学提纲。(打出幻灯片)谁来读一读？

自学提纲：

1. 读一读这首诗，想一想庐山瀑布给你留下了怎样的印象？

2. 借助字典或联系诗句理解词语(如“生”、“遥”、“川”、“疑”等)的意思，并说说诗句的意思。

3. 记下不懂的问题。

■ 学生自学

师：打开书，按照自学提纲一步一步地学，学完一道题再学另一道题。

(学生自学，老师巡视指导)

■ 呈现自学结果

(指名读，有了进步，群体练读)

师：(边说边读)有读懂的内容吗？

生：我把整首诗都读懂了。

师：可以说一下印象最深的那句。

生："飞流直下三千尺，疑是银河落九天。"这是说瀑布从三千尺那么高的地方飞快地流下来，是从天的最高处落下来的。

师：他有一个词理解得非常准确，知道是哪个词吗？

生："飞"，他说是"飞快"的意思。

师：不错，对刚才那位同学的解释有不同的想法吗？

生："三千尺"并不是真有三千尺那么高，它是夸张。

师：那你想怎么说？

生：瀑布飞快地流下来，大约有三千尺那么高，就像银河从天的最高处落了下来。

师：他也有一个词补充得好……

生："好像"！

师：对，指的就是诗中的"疑"字，还有不同的说法吗？

生：好似。

生：可能是。

生：如同。

生：就像是。

师：都可以。这瀑布就像是银河从天上落下来，多么壮观！自己读一读这两句，想象一下瀑布奔腾而下的气势。

（学生自由练读，指名读；老师范读，学生再次练读）

师：谁再试试？

生：飞流直下三千尺，疑是银河落九天。

师：读得好！再现了瀑布宏伟的气势。齐读这两句。

师：不错，银河从九天上落下来，何等壮观。这里，诗人为什么用上了"疑"字呢？（板书：疑）

生：不是真有银河从九天上落下来，而是诗人想象出来的，所以用上了个"疑"字。

师：对，这不禁使我们想到了李白的另一首诗——《静夜思》，那首诗好像也有这样的笔墨。床前明月光……

生：(一起接背)疑是地上霜。

师：这神话般的想象，正是李白诗词特有的风格。想象这景象，自己带着感情读一读这首诗。

（学生有感情地读）

■ 讨论交流

师：刚才，同学们交流了读懂的内容，还有什么不懂的吗？

生：为什么这里说“疑是银河落九天”，而不说“像是银河落九天”？

师：谁帮他解决？

生：因为“疑”就是像的意思。

师：(转向提问的学生) 你比较一下，同一个意思，用哪个字好呢？可以读一读，体会一下诗人的想象力。

生：用“疑”更好。

生：为什么“生紫烟”的“生”不用升起的“升”？

师：这是一个值得思考的问题，大家怎么想？（板书：生）

生：因为这里还有产生的意思，所以用“生”。

师：对，可以综合着理解，先产生而后升起。明白了吗？

(学生会意地点头)

■ 教师讲解

师：随着大家的想象，我们眼前就出现了这样的景象：千丈青山衬着一道银白的瀑布，这瀑布飞腾奔涌，倾泻直下。这么壮观的景象只有远望才能一览无余。那么，该怎样读这首诗呢？请你们想象这景象，自己放开声音读一读。

(学生自由练读，指名读。)

师：你们想不想亲眼看一看这景象？

生：(齐声喊) 想！

(教师播放视频资料)

师：现在，你们面前就是庐山瀑布，你们想不想做一回诗人，也来吟诵一下这首诗呢？（再次练读）

师：做诗人还可以自然些，除了边读边想象外，你们还可以加上适当的动作来吟诵，能背下来的同学还可以背一背。

(学生有表情带动作地练读试背，之后集体背诵)

■ 练习巩固

师：通过读诗，我们看到了一幅很壮美的图画。那么，《绝句》又会把我们带入到怎样的情景中呢？你们自己读几遍第二首诗，一边读一边展开想象。(学生自由练读)

师：对于这首诗，同学们可以用自己喜欢的方式来学习。比如，能用自己的话描绘诗句景象的，可以试着说一说；喜欢朗读的，可以有感情地读一读；擅长画画的，可以画一画……还有什么别的方法，都可以试一试。

(学生选择各自喜爱的方式自学《绝句》，教师巡视指导)

师：画画的同学可以继续画，选用其他方式的同学能先汇报一下吗？

生：我用说的方式。两只黄鹂在翠绿的柳树上鸣叫，一行白鹭飞上了蔚蓝色的天空。远处的西岭上有终年不化的积雪，门口停泊着要到万里之外的东吴去的船只。

师：不错。其他同学想一想，如果把“含”字的意思加进去，可以怎么说？

生：在翠绿的柳树上，有两只黄鹂在自由自在地唱歌……

师：描述得非常生动。

生：一行白鹭悠闲地飞上了蔚蓝的天空。从窗口望去，远处的西岭上有终年不化的积雪，门前停泊着要到万里之外的东吴去的船只。

师：(赞许地点头)理解得好。谁知道“含”的本义是什么？

生：包含！

师：刚才这个同学的描述好在哪儿？

生：他说得自然生动，不死板。

师：对，这样解释就把诗的意境描述出来了。还有用其他方式汇报的吗？

生：我用读的方式……

师：画画的同学停下笔来，我们一块儿来欣赏。

生：(大声地朗读)两个黄鹂鸣翠柳……

师：两只小鸟欢叫跳跃，这句诗该怎么读呢？你们试一试。

(学生自由练读)

师：谁愿意展示一下？（一生读）

师：对前两句，有没有不同的读法？

生：(轻快的语气)“两个黄鹤……”

师：(赞许的语气)好啊！连诗人愉快的心情都读出来了。大家再试一试。(学生再次自由练读)

师：这景象在有些同学的笔下也已经画了出来。谁来展示？

(实物投影展示一学生的简笔画)

师：请你用诗句描绘一下你的画。

生：(指着画上的景物)这是“两个黄鹤鸣翠柳，一行白鹭上青天”，这是“窗含西岭千秋雪”，这是“门泊东吴万里船”。

师：那诗人在哪儿呢？

生：(沉思片刻)诗人应该在房子里。

师：干什么呢？

生：在望着窗外的景象做诗。

师：(满意地点头)你真正理解了“窗含”的意思。

师：如果我们给这幅画添上颜色，可以加上哪些颜色呢？

生：柳树可以添上绿色。

师：什么样的绿？

生：翠绿。黄鹤可以加上黄色。

师：好，这样的色彩才够明快。再看诗句，还有没有？

生：天要画成蓝色，白鹭和积雪是白色的。

生：船是土黄色的。

生：房子是……

师：千万种颜色都画得出来，你们再看诗句，诗中有什么是画不出来的呢？（学生们沉思）

生：黄鹂的叫声画不出来！

师：对，这是听到的。继续找。

生："一行白鹭上青天"中白鹭飞时的动作画不出来。

师：诗人不是画家，但仅仅用了二十八个字，就画出了一幅有动有静，有声有色，绚丽多彩的图画，这就是诗人的想象力。咱们来一次画配诗，同学们可以用诗句来描绘这幅画。

学生看着图画，练习背诵，然后纷纷举手。

师：不少同学想试一试，咱们一块儿来背诵。全体起立，背诵时可以加上适当的动作。(全班同学放声背诵)

■ 教学评价

师：通过这节课的学习，你有什么收获？

生1：诗人们能用简练的语言描绘出一幅幅绚丽多彩的图画，我很佩服他们。

生2：学习古诗的方法很多，可以用自己的话描绘诗句景象；可以有感情地读一读诗句；还可以用诗配画的方式表达自己的理解。

……

师：回去继续背诵这两首诗。李白流传至今的诗有九百九十多首，杜甫的诗流传下来的有一千四百多首。除了学过的，同学们再找一两首。下节课，你们来做老师，给大家介绍，好吗？下课！

在自主学习的过程中，为学生自主学习提供助学支持，是教学设计的重要内容。助学支持材料一般分为两类：一类是智能工具；一类是效能工具。所谓智能工具，是指帮助学生开发智力的工具，如提示性的问题、做法，示范性的材料，以及插图、注释等。在中小学课本中，类似的工具非常多，它们都能有效支持学生的自学活动。效能工具是提升学习效率的工具。像在自主学习中提供给学生的一些表格、模型和评价量规等，都能提高学生的自学效率。

在教学中使用最多的也是最重要的助学工具就是自学方案，教师一般通过自学方案引导学生完成自学。自学方案可简可繁，简单的就是一个自学提纲，较繁琐的可以写出自学的详细过程。设计自学方案时，要紧紧围绕教学目标，按不同知识的教学策略设计教学过程。

[**例5–6**] 初中数学"因式分解(一)"的自学方案

教学目标1：因式分解与整式乘法的区别

■ 实例研究

例 1：看谁算得快

(1) 已知：$x=5$，$a-b=3$，求 a^2-b^2 的值；

(2) 已知：$a=101$，$b=99$，求 ax^2-bx^2 的值。

问题：你能说说你算得快的原因吗？

例 2：把以下多项式写成整式的积的形式

(1) $x^2+x=$________　(2) $x^2-1=$________　(3) $ma+mb+mc=$________

问题：这个过程和前面的整式乘法有何关系？

■ 归纳定义

归纳因式分解(分解因式)的定义：________________________

■ 辨别练习

判断下列各式哪些是因式分解？为什么？

(1) $x^2-4y^2=(x+2y)(x-2y)$　　(2) $2x(x-3y)=2x^2-6xy$

(3) $x^2+4x+4=(x+2)^2$　　(4) $(a-3)(a+3)=a^2-9$

教学目标2：懂得寻找公因式，能正确运用提公因式法进行因式分解

■ 实例研究

例子：分解因式 $ma+mb+mc=m(a+b+c)$；$a(a-3)+2(a-3)=(a-3)(a+2)$

问题：上式的特征是什么？是什么导致它可以进行因式分解？

■ 归纳

公因式的概念：________________　如何确定公因式：________________

■ 巩固练习

(1) $8a^3b^2$ 与 $12ab^3c$ 的公因式是________________；(2) 多项式 $8a^3b^2-12ab^3c+16ab$ 的公因式是________________。

■ 变式应用

1. (板书示范)因式分解：$a(m-6)+b(m-6)$；$n(a-b)+m(b-a)$

2. 强化训练

(1) $m(2a+b)+3(2a+b)=$________　(2) $a(x+3)+5b(x+3)=$________________

(3) $6(x-2)+x(2-x)=$________　(4) $m(a+b-c)-2c(c-b-a)=$____________

3. 把下列各式进行因式分解

(1) $8a^3b^2+12ab^3c$　　(2) $75x^3y^5-35x^2y^4$

(3) $-10m^4n^2-8m^4n-2m^3n$　　(4) $\frac{1}{4}8a^3b^2-2a^2b^3$

问题：你认为用提取公因式法进行因式分解的步骤是________________

(学习评价)

1. 下列各式从左到右的变形为因式分解的是(　)

A. $(a-2)(a+2)=a^2-4$　　B. $m^2-1+n^2=(m+1)(n-1)$

C. $8x-8=8(x-1)$　　　　D. $x^2-2x+1=x(x-2)+1$

2. 把下列各式进行因式分解

(1) $a(a-3)+2(3-a)$　　　　(2) $9a^2b^3-6a^3b^2-3a^2b^2$

(3) $-6x^3-10x^2-2x$　　　　(4) $a(y-z)-4b(z-y)$

(二)合作学习方式

合作学习是学习的有效方法，也是人类社会存在和发展的基本形式。学会合作不仅是学习的需要，更是未来生活和工作的需要。在课堂教学中，合作学习是指在教师引导下，以学习小组为组织形式，师生、小组成员之间以共同的学习目标开展学习的一种教学方式。合作学习是一种以学生为中心的综合性教学方式，它是在新课程改革的教学实践中大力提倡的教学方式之一。它的基本特征是有共同的学习目标、群体之间互相配合和协调。它以协作与交流为基础，讨论法是合作学习的重要手段。在课堂教学中，合作学习的主要过程是提出问题——小组合作学习——呈现学习成果——讲解提升——深化巩固———教学评价……其过程仍符合“六步三段两支”的教学策略的步骤。

［**例5-7**］人教版初中《思想品德》“人生自强少年始”小组合作学习教学片段

■ 提出问题

师：下面，以小组为单位合作学习自强的作用。合作讨论的题目如下：

1. 刚才，同学列举了身边自强不息者的事迹，正是因为他们这种精神，才取得了这样或那样的成就，通过这些事迹，你能得出什么结论？

2. 列举民族英雄及其事迹，说明自强对于国家和民族的作用。

3. 阅读教材第50页小云雀的故事，分析思考这则寓言说明了什么。

■ 合作学习

各小组成员由组长组织开展合作学习，教师巡回查看。

■ 呈现学习成果

师：现在，我们来回答第一个问题，请第一二小组代表回答。

生1：这些例子说明自强是成功的阶梯。

生2：自强促进了个人的成功。

师：说得太棒了。自强不仅能带来个人自己的成功，自强不息作为一种民族精神，也促进着一个国家和民族的进步和发展。请同学们回顾历史，列举自强不息的民族英雄及事迹。(第二组回答略)

师：下面，我们看第二个问题，哪组回答请举手。第五六小组代表回答，第三四小组代表评价。(学生列举民族英雄詹天佑、戚继光、岳飞及郑和等的事迹，说明自强对于国家和民族的作用)

师：(多媒体归纳自强对于国家和民族的作用)自强不息是中华民族几千年来熔铸的民族精神，正是由于有这种精神，才使我们中华民族历经沧桑而不衰，备经磨难而更强，我们才能豪迈地屹立于世界民族之林。

师：第三个问题——小云雀的寓言故事又告诉我们什么道理？请第七八小组派代表到黑板前板演，并且讲解回答。

生黑板演并讲解："小云雀的故事告诉我们人活着要有人生目标、要自强，不要自暴自弃，否则会一事无成。"

■ 讲解提升

师：同学们说得很好，我们是祖国的希望，我们应当趁此大好时光，培养自强的品格，努力学习，奋发进取；决不可学蓬间雀，而要像雄鹰那样，展翅飞翔。

■ 深化巩固

"梦想中国"的挑战者之一，来自广西偏远地区身患肌肉萎缩症的女孩子谭全玲，在自己的坚持与拼搏后，不仅实现了自己在梦想舞台一展歌喉的心愿，而且因为她的自强和乐观，赢得了观众经久不息的掌声和肯定。挑战主持人的蔚迟林嘉，由一名普通高校的大学生，通过自己的拼搏，一举成功守擂九个月，刷新所有挑战纪录，凭的是永不自弃的执着。

设疑：从以上两则材料中，同学们得到什么启示？

■ 学习评价

(见第四章第四节)

[**例5–8**]初中《地理》"地球公转的形态及相对关系"中合作学习的设计

■ 提出问题

师：我们每天都生活在地球上，太阳总是早晨升起、晚上落下，这是因为地球绕着太阳公转的结果。那么，地球公转的形态及相对关系是什么呢？今天，我们就以小组为单位来研究这个问题。请每组组长组织本组成员讨论，并把研究结果整理出来在全班交流。

■ 合作学习

学生合作学习，教师巡回查看。

■ 呈现学习结果

师：我们分组对地球公转的形态及相对关系进行了研究，下面由各组展示本组的研究结果。交流时，同学们要认真倾听和思考，积极提出质疑问题。现在开始。

组长1：下面，我代表第一组来展示我们小组对学习专题一"地球公转的形态及相对关系"的探究成果，欢迎其他小组的同学补充和质疑。在没有展示之前，我先请两位同学演示一下，你认为地球是怎样围绕太阳公转的。这里有两个地球仪，假设这个大地球仪是太阳。

组员演示地球是怎样围绕太阳公转的(演示过程略)。

组长：我发现有人发出了善意的笑声。我点评一下：他俩演示时都注意到了太阳处于相对静止的状态，地球围绕太阳公转；也注意到了地球在公转的同时也在自传；但有一个共同的问题，没有注意到地球在公转时的形态，都有不同程度的翻滚。

生：(打开课件)大家看屏幕，这是地球公转的示意图(如图5-1)。通过观察，我们发现，无论地球公转到什么位置上，地球的形态都不会发生变化。现在，我请我们小组的组长描述地球公转时的形态。

地球公转的形态及相对关系

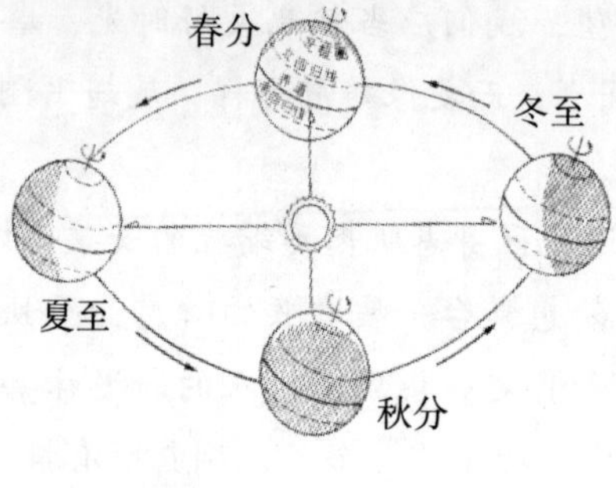

图5-1

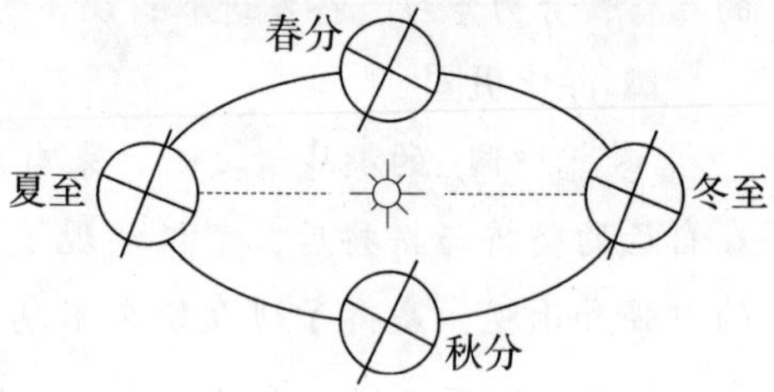

图5-2

组长：赵本山的小品里有这样一句台词：“地球非得围着你转，你是太阳呀？”其实，赵本山告诉了我们地球以太阳为中心公转。为了更清晰地展示地球公转的形态，我们设计了一张简图来演示公转的过程(图5-2)。通过这个图片，也证实了这点。我们发现，地球无论公转到什么位置，地轴都是倾斜的，倾斜的角度以及北极的空间指向不变。从图上的文字来看，公转一周的时间是一年，公转的方向是自西向东。

组长：我们组展示完毕，谁有什么问题？

生：请问，如果地球公转时地球的形态就像开头演示的那样，是翻滚的，会出现什么现象？

组长：(用两个地球仪演示)这时，就可以发现地球表面的昼夜及季节更替的时间变化会发生混乱。明白了吗？

生：懂了。

组长：请各小组根据老师制作的评价表为我组综合打分。

师：其他学习小组继续汇报你们小组的学习结果。

……

■ 讲解提升

师：关于地球公转的知识复杂而深奥，我们初中阶段只是学习最基本的、最简单层面上的知识。因此，大家学习的时候，一定要按照老师的学习要求进行。本专题只要知道地球公转时，地球和太阳的各自形态、相对位置关系以及由此产生的现象即可，并注重与生活中由此形成的自然现象联系起来。

■ 深化巩固

根据探究所学到的知识完成表5-1。

表5–1

	公转
方向	
周期	
围绕中心	
时间	
北极始终指示方向	
地球公转现象	

■ 教学评价

同学们探究详细、展示准确、语言清晰，能够按照教师的要求和教材的知识结构来安排知识层次及知识间的逻辑关系，很好！

［**例5–9**］人教版小学《数学》“圆的认识”合作学习教学设计

■ 问题一：车轮为什么都是圆的？

师：在生活中，我们看到很多车，它们的车轮都是圆的。请同学们思考：车轮为什么都是圆的？请按下列过程做：

⑴ 自己独立想一想。

⑵ 把自己的想法在小组内交流。

⑶ 每组选一名代表向全班展示交流，其他人员可以补充。

■ 合作学习

学生思考、交流，教师巡回查看。

■ 呈现学习结果

生1：我们组的观点是圆形的车轮滚动比较平稳，行驶速度快。

生2：我们组的意见是如果车轮是其他形状，比如是长方形、正方形、三角形或梯形等其他形状，车轮就很难滚动，车前进会很困难的。

生3：我们组基本同意前两个小组的意见，但我组要补充一点：如果车轮是椭圆的，还是能前进的，不过没有那么灵巧，人还会感到一高一低的颠簸，会很不舒服。

……

■ 讲解提升

（教师出示动画课件，演示车轮是不同形状时前进的状况，让学生们感受车轮为什么是圆的，以此作为此问题的小结）

■ 问题二：车轴应该安装在车轮的什么地方？怎样才能找到这个地方？

师：通过刚才的讨论和课件演示，同学们知道了车轮为什么要设计成圆形。那么，固定车轮的车轴应该安装在车轮的什么地方？怎样才能找到这个位置？

■ 合作学习

由组长组织本组同学利用课前准备的学具进行讨论、发现和验证。教师巡视，了解学生研究情况，并参与和帮助小组学生解疑。

由小组长组织学习与讨论并整理讨论结果。

■ 交流学习结果

生1：我认为，车轴应该安装在车轮的正当中，以使车轴到车轮边的距离处处相等，这样车辆在路上行驶时才平稳，不至于上下颠簸。

生2：我也认为车轴应该安装在车轮的中心，这样车轴离路面的距离始终是一样的，只要路面平，汽车行驶就比较平稳，不会上下跳动。

……

师：通过同学们的分析知道，车轴应该安在车轮的中心位置。那么，我们怎样才能找到车轮的中心位置?

生1：我们小组想出的方法是量出车轮的最宽的长度，然后除以2，求出一半的长度。一半长度这个地方就是车轮的中心点位置，车轴就该安装在那里。

生2：我们的方法是用两根一样长的木条做一个十字架，木条的长度正好是车轮的最宽度，把它放在车轮上，两根木条的交点处就是车轮的中心。

生3：我们认为，用一个大圆规，一个脚放在车轮上面，一次一次试，看圆规的另一个脚是否正好都落在圆车轮的边上。

生4：我认为，他们的方法不方便。我们想，可以用一张纸把车轮在纸上描出一个圆，然后把圆剪下来，再把纸圆对折两次，折痕的交点就是这个圆的中心，再把纸圆放在车轮上就可以找到车轮的中心位置了。

……

■ 讲解提升

师：同学们想的这些办法都是对的，老师认为第二个同学的做法最好。

■ 学习评价（略）

(三)探究性学习方式

探究性学习也叫研究性学习，它类似于大学研究生的学习方式。探究性学生通常是指学生在教师的指导下，通过问题研究获得知识、应用知识、解决问题的教学方式。完整的探究过程如下：

1. 明确探究问题

探究过程首先是由师生共同确定问题及其属性，根据问题的属性，进而确定采用哪一种程度的探究活动，如实地考察、读者讨论一个价值悖论、考虑一个具有挑战性的问题以及案例分析或研究地图、照片、广告、漫画和做游戏等。

2. 确定探究方向

确定问题后，在已有经验的基础上和形成解决问题的思路。

3. 组织探究活动

组织探究活动是整个探究性学习过程的核心。探究是学生根据事先所确定的思路，进行调查、实验、收集资料、访问及考察等各种活动，最终解决问题、得出结果的过程。

4. 收集资料

在探究过程中，学生可以通过各种途径和形式收集数据资料。可以设计的活动有参考和实地考察、调查和采访、进行实验、查阅文献、观看影视资料以及进行个案追踪分析等。

5. 整理资料

搜集资料不是目的，而是了解事物的手段。要对搜集的资料进行筛选、分类、统计、分析和比较等处理，以便组织和提供数据，形成或修正概念，比较对照结果，展开问题讨论，以及对数据结果进行评估。可以设计的主要活动包括制作和解释图表、小组讨论、对价值观进行分类、评价信息来源的有效性、使用计算机模拟和形成数据库等。

6. 得出结论

经过探究后，形成不同形式的探究结果，如实验报告、访谈结果、调查报告等。对探究结果的展示和交流，实际上也是探究过程的一种活动方式，设计的活动主要包括完成一篇科学论文、做一个模型、进行一次角色讨论、编写一个故事或小品、进行录像或录音、举行一次辩论会、做一次总结发言和组织一次展览等。

7. 社会应用

这里要求学习者根据调查、实验等结果积极参与有关问题的社会决策。在适当的条件下，运用自己的结论或采取相应的社会行动，以便培养自己的社会使命感和责任感。

在教学设计中，上述过程可概括为三个阶段，即问题（第①步）、过程（即②～⑤步）和结论（⑥～⑦步）。

［**例5–10**］《生物》“细胞的吸水和失水”的探究性教学设计（引自《现代教育技术——面向信息化的教师专业发展》第74页，电子工业出版社出版，胡来林主编，本文作者为北京101中学荆林海）

■ 问题

1. 实验引入课题

课前学生做了两个小实验。第一个实验：取水肥条件、生长状况、叶片数量及大小等均相似的两株天竺葵植株，其中一株浇清水，另一株浇等量浓盐水。第二个实验：取大小、形状差不多的两块萝卜，每个中间都挖一个容积差不多的洞，在一个萝卜洞中放入清水，在另一个萝卜洞中放入同体积的浓盐水，然后分别放在两个写有标签的小烧杯中，并在萝卜洞上都盖上玻璃片，放置一段时间。

课上，请学生描述两个实验的现象。

2. 学生讨论

实验二得出结论：萝卜在清水中吸水，在浓盐水中失水；萝卜吸收的水进入其细胞液中，从萝卜中流出的水是从其细胞液中来的。引导学生自己进行实验验证，并记录实验现象。

3. 学生发现要探究的问题

分析讨论了两个小实验后，教师设问："想一想，是不是只要把萝卜块儿放在盐水中，萝卜细胞液中的水就一定会流出来呢？"同时，做适当的提示，如："如果不断降低盐水浓度，萝卜细胞会一直失水吗？"要引导学生想到细胞得失水分与周围溶液浓度有关，进一步引导学生发现要探究的问题："萝卜块儿在浓盐水中会失水，在浓度很低的盐水中又可能吸水。从这种现象，你是否发现了想要研究的问题？"学生提出了一些自己想知道答案的问题，其中有本节课要探究的课题，如："植物细胞得失水分的多少与外界溶液浓度大小之间有何关系？"

■ 过程

[明确探究方向]

4. 学生以小组为单位提出假设，并向全班做汇报

激发、鼓励学生充分发挥想象力，利用所学的知识；实验小组的同学间展开讨论，大胆提出对这个问题的假设，并用曲线的形式画出植物吸水量与外界溶液浓度的关系。全班讨论时，各组派代表描述本组所画曲线的含义。(图5-3)

5. 学生以实验小组为单位设计实验方案

教师提供实验设计的要求和注意事项，激发、鼓励学生设计实验方案，看哪一组同学能集思广益，实验设计得又快又好并且有减少实验误差的具体想法和措施。实验要求：各小组讨论并制定实验设计及记录、分析实验数据的方案。

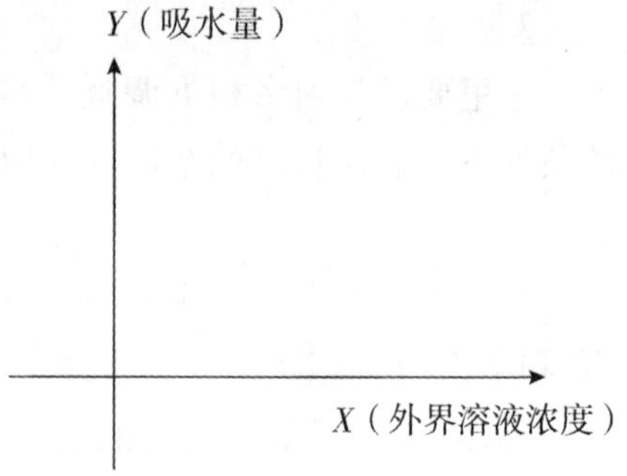

图5-3

注意事项：

(1) 设计的实验可以是定量实验，也可以是定性实验。

(2) 设计的实验应该控制哪个因素可变、哪个因素尽量保持不变？

(3) 想办法减少实验中可能出现的误差。

(4) 充分利用萝卜，不要浪费。

(5) 设计的实验要能在15分钟至20分钟内操作完成。

学生在设计实验时，教师要尽量与更多的实验小组交换意见，以了解学生的进度，为学生答疑，并进行适当提示。

[组织探究活动]

6. 学生以小组为单位进行实验操作

要求小组成员密切配合，有明确的分工，按本小组的实验设计方案完成实验操作。

实验数据记录、分析卡(表5-2或表5-3)：

表5-2

	清水	2%盐水	4%盐水	6%盐水	8%盐水
实验前萝卜质量					
实验后萝卜质量					
实验前后的差值					

表5-3

	清水	2%盐水	4%盐水	6%盐水	8%盐水
实验前液体体积					
实验后液体体积					
实验前后的差值					

7. 各小组汇报实验设计方案和减少误差的措施并在班上讨论

利用学生等待实验结果的空闲时间，请每个小组派一名代表发言，汇报内容具体包括：

(1) 实验步骤。

(2) 如何处理实验数据。

(3) 想了哪些办法来减少误差。

各组补充发言及全班讨论。

［分析与整理数据］

8. 学生以小组为单位记录实验结果、处理实验数据、绘制曲线(图5-4)

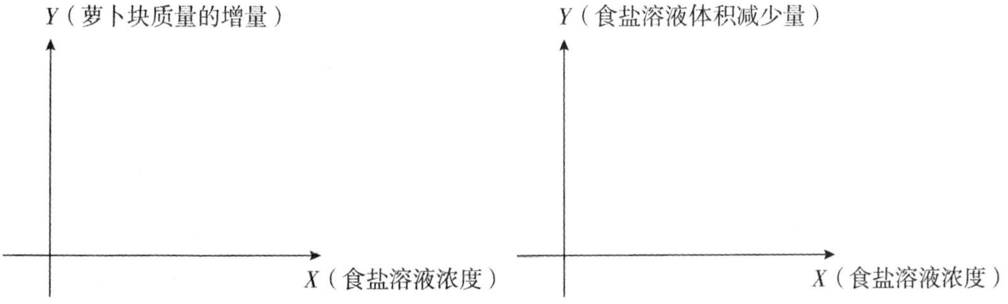

图5-4

要求小组成员密切配合，有明确的分工，按本组制定的方案处理实验数据。

■ 结论

［推出结论］

9. 分析讨论实验现象

讨论内容如下：

A. 假设时画的曲线与实验后画的曲线相比，二者走势是否一样？

B. 两条曲线哪里不一样？

C. 两条曲线一样说明了什么？不一样又说明了什么？

学生通过比较假设时画的曲线与实验后画的曲线，分析本组的实验结果是否支持本组假设。

全班讨论后，教师小结：在盐水浓度很低时，萝卜细胞已失水了；当外界溶液浓度增高时，萝卜细胞失水速度会减慢。

10. 教师引导学生分析讨论细胞得失水分的原理

在学生探究活动的基础上，进一步思考细胞液浓度与周围溶液浓度的关系。

曲线与横坐标的交点所代表的含义是什么？

细胞液的浓度与细胞周围溶液的浓度有关，并认为二者浓度一样时，萝卜细胞就不吸水也不失水。

教师总结：细胞得失水分取决于细胞液浓度及其与周围溶液浓度的差。

［结论应用］

11. 最后，通过设问："什么办法能救救那株浇盐水的植物？"让学生应用所学知识，培养学生爱护生物的意识，同时呼应本节课引言部分。

■ 评价

按照如下评价量规来评价小组学生的学习：

表5–4

评价项目	4	3	2	1
数据收集	多次收集数据。学生对数据做了总结，并以明晰的方式描述了实验结果	不止一次收集数据。学生对数据做了总结，以清楚的方式描述了实验结果	不止一次收集数据。学生需要老师的帮助才能清楚地总结实验结果	只做了一次数据收集。且学生需要老师的帮助才能清楚地总结实验结果
结论	学生依据实验结果做了详细的总结，与以前研究的结果和假想相关	学生依据实验数据做了较为详细的总结，与以前的研究成果和陈述相关	学生做了总结，但只是部分参考了数据和假想陈述	没有明确的结论，缺乏重要的细节
小组学习情况	所有小组成员积极配合，能够解释说明实验结果，对小组实验的过程有着清楚而明确的理解	所有小组成员积极配合，能解释说明实验的结果，对小组实验的过程有比较清楚的理解	大部分小组成员积极配合，能解释说明实验结果，对小组的实验过程有着相对清楚的理解	少数小组成员积极配合，能解释说明实验结果，对小组实验的过程理解得很少
实验记录与数据分析	实验记录提供了对所用的策略和结果的完整记录，数据分析合理，绘制的曲线正确反映实验原理	实验记录提供了完整的数据记录，数据分析合理，绘制的曲线基本符合实验原理	实验记录提供了大多数的数据细节。数据分析比较合理，绘制的曲线基本符合实验原理	实验记录提供了很少的数据记录，数据分析不合理，绘制的曲线不符合实验原理

个人学习评价标准：对小组探究活动的贡献大小、是否与小组成员积极配合、课堂发言是否踊跃等。

表5–5

自我评价	小组评价	教师评价

评述：这里由学生进行提出探究问题、提出假设、设计实验、进行数据收集与整理、分析得出结论等学习活动，都体现了以学生为中心的探究性学习方式。

[**例5–11**]《三角形内角和》中“三角形内角和是180度”探究性学习方式设计片段

■ 呈现问题

【教师提问，学生回答】(问答法)

师：我们学习了正方形，同学们知道正方形有几个内角？每个内角的度数是多少？内角和是多少？

生：四个内角，每个内角都是90度，内角和是360度。

师：现在，老师任意画一个三角形，每个内角的度数能确定吗？

生：不能。

师：虽然我们任意画一个三角形不能确定每个内角的度数是多少，但像正方形一样，三角形内角和确是一个固定的数，那么这个固定的数是多少呢？今天，我们就来研究这个问题。

■ 组织探究活动

【教师引导，学生探究】(探究法)

师：我们先来做三个试验。(幻灯片呈现)

第一，拿出你使用的两种类型的三角板，观察一下，三个内角各是多少度？和是多少度？

通过观察，你会发现什么结论？写在这里________________

第二，在你的练习本上画一个三角形，量出各个内角的度数，填写在表5–6中。

表5–6

内角1的度数	内角2的度数	内角3的度数	内角的和

再画一个三角形，重复上面的做法。

观察“内角的和”一列的数据，你得到的结论是________________。

第三，把你刚画的三角形用剪刀剪下来，把三个角移到一个顶上点，观察一下你又得到的结论是________________。

第四，通过上面三个操作，你得出的结论是________________。

■ 推出结论

【教师引导，学生展示】(问答法)

师：请同学们汇报一下你得出的结论是什么，解释一下你是怎么得来的。

生：我的结论是：三角形内角和是180°。通过量内角、算内角和把三个角拼到一个顶点上，得出的结果都是180°。所以，我们说三角形内角和是180°。

……

师：同学们说得非常棒！我们通过刚才的实验，证明了“三角形的内角和是180°”这个结论是正确的。在以后的学习中，我们会证明它。现在，只需记住这个结论并会用它解决问题就可以了。你能举出生活中三角形的例子吗？能说出它们的内角和是多少吗？

生：红领巾是三角形，它的三个内角的和是180°。

……

评述：这里的【教师引导，学生探究】和【教师引导，学生展示】等方法都体现了以学生为中心的探究性学习方式

[**例5–12**]人教版初中《物理》“密度”概念探究性学习设计片段

(一)学习体积相同的不同物质的质量的关系

学生实验：调节好天平，用天平称量体积相同的木块、铝块和铁块，看看它们的质量是否相同。

得出结论：体积相同的不同物质，它们的质量不同。

(二)学习体积相同的同种物质的质量的关系

提出问题：同一种物质，如果体积相同，那么它们的质量会相同吗？

教师演示：调节好天平，用天平称量体积相同的两个木块。

得出结论：同一种物质，如果体积相同，那么它们的质量也相同。

■ 问题

(三)同种物质体积不同，质量与体积的关系

提出问题：如果同种物质体积不相等，那它们质量还相等吗？

学生观察：教师将两个体积不同的木块分别放在天平两侧的托盘中，会发现同一种物质，体积大的质量大，体积小的质量小。

提出探究问题：同一种物质，体积大的质量大，体积小的质量小，这仅仅是质量跟体积的粗略的、直观观察到的关系，它们之间到底有没有准确的数量关系呢？我们通过实验进行研究。

■ 过程

设计实验：现在有三种不同的物质石蜡块、干松木块、铁块各四块及相应的实验仪器设备，由学生分组进行实验。首先由各小组设计实验步骤。参考步骤如下：

(1)用天平分别测出三个铝块的质量m_1、m_2和m_3。

(2)用刻度尺测出三个铝块的长、宽、高，计算出体积 V_1、V_2和 V_3。

(3)把测得和量得的结果填入表格。

(4)在方格纸上作出 m–V 图像。

(5)分析图象推出结论。

进行实验：各实验小以用质量不同、形状规则的长方体石蜡块、干松木块和铁块为研究对象，把它们的质量和对应的体积填入下表(表5–7)。

表5–7

实验次数	石蜡块			干松木块			铁块		
	质量m/g	体积 V/cm^3	质量/体积/(g·cm^{-3})	质量m/g	体积 V/cm^3	质量/体积/(g·cm^{-3})	质量m/g	体积 V/cm^3	质量/体积/(g·cm^{-3})
1	9	10		5	10		7.9	2	
2	18	20		10	20		31.6	4	
3	27	30		15	30		47.4	6	
4	36	40		20	40		63.2	8	

数据处理：引导学生以体积 V 为横坐标，以质量 m 为纵坐标，在方格纸上描点，再把这些点连起来，会得到如图5–5所示的图象。

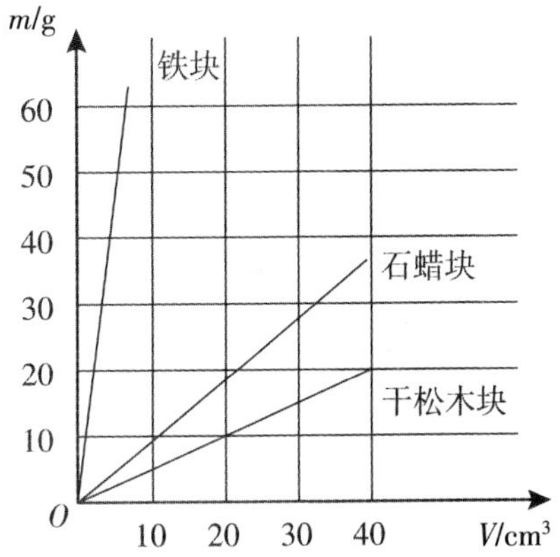

图5–5　不同物质质量与体积关系

■ 结论

分析图象得到同一种物质的质量跟体积成正比，即质量跟体积的比值是一定的。

填写上表中“质量 / 体积 / (g · cm^{-3})”一栏，通过表中的数据进行验证。

通过表5–1和图5–5可知：物质相同，质量跟体积的比值相同；物质不同，其质量跟体积的比值一般不同。也就是说，质量跟体积的比值与物质的种类有关，质量跟体积的比值反映了不同物质的不同性质，在物理学里用密度来表示物质的这种性质。

定义：某种物质组成的物体的质量与它的体积之比叫做这种物质的密度。用公式表示为 $\rho = m/V$。

其中：ρ 表示物质的密度，单位是千克每立方米(kg/m^3)；m 表示质量，单位是千克(kg)；V 表示体积，单位是立方米(m^3)。

通过上述三例探究型教学设计，可以看出有明显的教师引导过程，属引导型探究。在教学实践中，还有另一类独立型探究，它以学生独立探究为主。下面是两例独立型探究性学习设计片段：

［**例5–13**］“地震研究”（适用于科学或地理学科）

■ 问题

1556年，陕西关中地区发生8级大地震，伤亡八十余万人；1976年，唐山发生7.8级地震，死亡24万人，整个城市变为废墟；1999年，台湾南投县发生7.6级地震，死伤一万多人；2008年，汶川大地震，共造成69227人死亡，374643人受伤，17923人失踪，是中华人民共和国成立以来破坏力最大的地震，也是唐山大地震后伤亡最惨重的一次。地震的破坏力如此之大，使各国都非常重视对它的研究。由于地震给人类造成的损失是巨大的，现在假如你被学校确定为地震研究小组成员（角色），请撰写一篇小论文（任务），说明地震产生的原因和如何防震（问题）。

■ 过程

1. 由各小组组长负责进行任务分配，明确小组成员各自的任务，制定完成任务时间表，并约定联系方式，便于随时交流。

2. 说服父母，取得他们的支持和帮助，别忘了感谢他们为你所做的一切。

3. 上网收集资料前，先在计算机里新建一个文件夹，把你即将搜集到的有用资料都放入这个文件夹中。再打开一个你熟悉的图文处理软件（如Word等），把它作为一个记录本。当在网上找到对你的研究有价值的文字和图片时，把它们复制、粘贴到这个图文处理软件中，以便写论文时加以引用。

4. 时常核对一下你的研究任务所需的资料是否齐备、证据是否正确和充分。收集资料的工作做好了，撰写论文时就会更顺利。

5. 时常对照完成任务时间表来检查任务完成情况。

■ 结论

由组长组织小组成员讨论交流，形成统一的论文在班上交流。应特别注意的是，要能提出你自己的见解和意见。

［**例5–14**］初中《地理》“地球公转的形态及相对关系”

■ 问题

我们每天都生活在地球上，太阳总是早晨升起、晚上落下，这是因为地球绕着太阳公转的结果。假如你是学校科技小组成员，请你查阅有关资料，对“地球公转的形态及相对关系是什么”进行研究，并把研究结果和全班同学交流。

■ 过程

1. 探究准备

全班每五人一组，各组选出组长1人；由组长进行人员分工，带领组员分析研究方向并制定学习研究时间表。

2. 收集资料

由组员到阅览室、书店或在互联网上查阅相关资料。

3. 整理资料

每小组由组长带领组员对收集到的资料进行统一整理。

■ 结论

以小组为单位制作一个PPT，把小组研究过程和研究成果（结论）呈现出来与同学交流。

三、学教并重的教学方式

学教并重的教学方式又称为教师主导型教学方式，它吸取以教为主和以学为主两者的优点，构建了师生之间的双向活动，其特点是教师主导、学生主体，既注重教师主导作用的发挥，又注重体现学生的主体地位，把教师的教和学生的学放到同等的位置，体现了教为学服务的理念。

［**例5–15**］“三角形内角和”中“三角形内角和是180°”学教并重的教学设计片段

■ 三角板内角和

【教师演示提问，学生观察回答】（讲解与演示结合）

师：现在，老师手中有两个三角板，你知道三个内角的度数吗？内角度数的和是多少？

生1：观察三角板，得到60° +30° +90° =180°

生2：观察三角板，得到45° +45° +90° =180°

师：你是怎么得出的？

生：知各角度数，然后相加。

【教师提问，学生回答】（问答法）

师：老师手中的三角板的形状是特殊的三角形，它的内角和是180°。那么，一般的三角形的内角和是不是也是180°呢？

学生回答是或不是。

■ 量内角，算内角和

【教师引导，学生操作】（操作法）

师：刚才，同学们通过计算的方法得到了三角板的内角和。现在，同学们在自己的练习本上任意画一个三角形，算一下内角和是多少。

生、画三角形，算内角和。

师：巡回指导。

【教师提问，学生展示】（问答法）

师：请×××同学说一下，你画的是一个什么样的三角形，它三个内角的度数及度数和是多少？

学生回答。

（重复，直到直角三角形、锐角三角形和钝角三角形三种类型的三角形全部出现）

【教师设疑，学生回答】(问答法)

师：观察我们算的内角和，有什么规律?

学生回答。

师：到底是180° 还是接近180° ？我们有没有其他的方法进行验证呢?

生：接近180° 、是180° ……

■ 移内角、拼平角

【教师引导，学生操作】(操作法)

师：请同学们再任意画一个较大的三角形，先把三个角分别做上记号，然后把三个角裁剪下来拼在一个顶点上，可以得到一个什么图形?

学生标、裁、拼，得平角。

师：我们这个实验说明了什么?

生：拼成的三角形的内角和是180° 。

■ 概括结论

【教师引导，学生总结】(讲授法)

师：通过计算三角板的内角和，量、拼任意一个三角形可以得出什么样的结论?

生：三角形的内角和都是180° 。

师：这个发现是正确的。在以后的学习中，我们会用严格的方法去证明它。现在，我们只需记住这个结论，并在学习和生活中运用它。

评述：这里的【教师提问】、【学生回答】、【教师引导，学生操作】和【教师引导，学生演示】等方法都体现了学教并重的教学方式。

在设计教学方式时，应注意：第一，教学方式影响着教学方法的选择。《基础教育课程改革纲要(试行)》提出："改变课程实施过于强调接受学习、死记硬背、机械训练的现状，倡导学生主动参与、乐于探究、勤于动手，培养学生搜集和处理信息的能力、获取新知识的能力、分析和解决问题的能力及交流与合作的能力。"这里提示要重视选择以学为主的教学方式，但不否定传统的接受式教学方式，需要教学设计者综合各种教学因素进行优化选择。第二，教学方式是传递教学内容的方式，它的策略步骤与第三章研究的内容策略步骤相同。

第三节　选择教学方式和方法

为教学内容选择教学方式就是为落实教学目标选择方法类教学策略，为教学内容选择教学方法就是在教学过程的每个教学点选择教学方法。

选择教学方式就是选择以教为主、以学为主或学教并重的教学方式。传统教学多是以教为主的教学方式，现代教育理论提倡学教并重和以学为主的教学方式。一般来说，低年级学生多适用于学教并重的主导型教学；而中学阶段的学生，由于其具备了一定的学习能力，更适用于以学为主的探究型教学。在一节课上，由于教学目标的不同，所选择的教学方式可以是不同教学方式的有机结合。

选择教学方法就是选择什么样的方法把每个教学点上的内容呈现给学生，也就是在各个教学点上教师“怎么做”和学生“怎么做”。在确定“怎么做”时，通常需要考虑的因素主要包括：

一、教学目标的类型

在教学中，每节课的具体教学目标不同，所选择的教学方法也应有所不同。一般来说，讲授法、演示法、谈话法、实验法、示范教学法、读书指导法和练习法等适合知识与技能型学习目标；讨论法适合于过程与方法类型的教学目标；体验教学法适合情感、态度与价值观类型的教学目标。

二、学科特点

每门学科都有其自身独特的性质与特点，所用的教学方法也有不同的要求；不同的教学内容也需要相应的方式、方法才能有好的教学效果。如语言类的语文、英语等学科，着重于培养学生的口语交际能力，主要适宜采用讲解法、谈话法和练习法；物理、化学涉及实验较多，适合采用比较直观的演示法和实验法；数学侧重于严密的逻辑推理，使用练习法、谈话法和讨论法可帮助学生更有效地达到教学目标。政治、历史和地理学科知识性较强，更适用讲授法、谈话法和讨论法；音乐、体育和美术学科由于操作性比较强，更适用示范教学法；而对于各学科形成情感、态度与价值观的目标来说，更适合体验法。

三、学生年龄特征和个别差异

不同年龄段的学生的认知特点和知识水平存在较大的差异，在中小学不同阶段教学方法应有所不同。即使在小学，高、中、低年级所用方法也不尽相同。一般来说，年级越低，适用的教学方法应越直观、形象、新颖和多样化，高年级则可多采用谈话法、讨论法(探究法)和自学指导法等。

四、学校的环境、设备条件和教师自身的教学素养

一些教学方法需要一些必要的物质条件做支撑，如演示法需要直观教具或信息化媒体，实验法、操作法需要实验设备等。学校如果不具备这些条件，就不能选用这些方法。对于教师本身的教学素养来说，虽然有些方法很好，但本身如果不具备使用能力，不能驾驭课堂，就达不到预期效果。因此，选择教学方法时，要根据自身特点扬长避短。

根据上述要求，本书使用的四个案例的教学方式和教学方法选择如下：

[**例5-16**]“三角形内角和”——学教并重教学方式

表5-8

阶段	目标简述	策略步骤	教学内容	教学方法	方法描述
导入			正方形及内角和、三角形及内角	教师提问 学生回答	通过对正方形及内角和的回忆，引出“三角形三个内角和是不是也是一个固定的数”，引入新课，呈现目标
新课	知道三角形内角和的度数	回忆旧知识	角的度量、计算内角度数的和、平角的度数	教师提问 学生回答	通过提问的方法回忆角度数的度量方法、计算角度数的和、平角的度数，为得出结论做准备
		实例研究	三角板内角和	教师演示提问 学生回答	教师通过演示手中教学用两种类型三角板，计算出三角板内角和
				教师设疑 学生回答	教师通过利用三角板内角和是180° 设疑，引导学生猜想答案，为学习提供导向
			量、算任意三角形内角和	教师引导 学生操作	教师通过语言引导学生画三角形，量各角度数并记录，算三个角的度数之和
				教师提问 学生回答	教师通过问答，得出不论是直角、锐角还是钝角三角形，其内角和均约是180°
			拼、验证三角形内角和	教师引导 学生操作	教师通过语言引导学生裁三个角拼平角
				教师引导 学生总结	引导学生通过对拼成的平角的分析，得出三角形内角和是180°
		得出结论	结论	教师提问 学生回答	教师通过对上述三个过程的分析问答，归纳出结论
		举例说明原理	生活中三角形内角和实例	教师提问 学生回答	教师通过提问学生生活中的三角形实例说出内角和是180°
	能用三角形内角和解决实际问题	变式练习	1.课本:做一做 2.教材第88页第9题、第10题 3.补充判断题 4.习题16	教师引导 学生解答	教师通过教材中例题、习题和补充练习，巩固理解新知识并总结出解决步骤，形成技能
评价			测试题	教师引导 学生答题	

[例5-17]《桂林山水》——以学教并重教学方式为主

表5-9

	目标简述	策略步骤	内容	方法	方法描述
导入			家乡山水的特点	教师提问 学生回答	教师通过学生描述家乡山水引入桂林山水，呈现课题与目标
新课	认识8个生字，会写11个生字，能正确读写8个词语	整体感知	视频资料	教师演示 学生观察讲述	教师通过让学生观看桂林山水的视频资料，引导学生谈感受
		讲述字词	全篇课文	教师提问 学生回答	通过提问检查学生在课前预习中字词的学习情况，查漏补缺
	能正确、流利、有感情地朗读和背诵课文	听读与朗读	全篇课文	教师示范 学生朗读	教师范读课文第一二自然段，学生朗读第三四自然段
		背诵	全篇课文	教师提问 学生背诵	教师指名让学生背诵课文
	能知道各自然段的含义	逐段分析	全篇课文	教师引导 学生分析	教师引导学生逐段分析课文，获得各段含义
	初步学会用排比句式描写景物的方法和分号的用法	实例研究	课文二三自然段； 补充实例3个	教师提问 学生回答	教师通过课文第二三自然段和补充的实例分析，让学生习得排比句的特点和分号的用法
		得出结论		教师提问 学生回答	引导学生通过对三个实例的分析抽出共同属性
		巩固结论		教师举例 学生分析	教师提供案例，学生判断是否为排比句式
		应用结论		教师引导 学生写作	教师引导学生学写一段排比句式的文字
	初步认识“总写—分写—总写”的文章写作构思方式	实例分析 得出结论	全篇课文	教师引导 学生分析	教师引导学生通过分析第二三四自然段与开头“桂林山水甲天下”一句的关系，认识“总—分—总”的构思方式
		结论应用		教师引导 学生叙述	教师引导学生说一说如何构思一篇“总—分—总”方式的文章
	感受山水之美，增强对祖国河山的热爱。	分析课文 强化感受	第四自然段及有关拓展文段	教师引导 学生分析回答	说这一段文字哪儿写得好，增强对祖国山河的热爱
		语言训练 表达感受	以“山水”为题创作	教师提问 学生讨论	创设情境进行语言训练，体验用语言描述祖国山水
		拓展阅读 体验感受	补充材料	学生自读	学生通过自读补充材料感受祖国山河之美

[**例5-18**]"倾听声音"——以学为主的教学方式

表5-10

过程	目标简述	策略步骤	教学内容	方法	方法描述
导入			鼓掌游戏	教师引导 学生操作	教师引导学生做单手鼓掌游戏，由不能发声产生疑问导入主题
学习新知	能寻找生活中的声音并会模仿表述	实例研究	补充音频	教师演示 提问学生 倾听回答	通过播放搜集到的声音集锦，让学生倾听并回答所听到的声音
		归纳	课本1：寻找声音	教师引导 学生回答	教师引导学生用"我在……听到了……发出……的声音"来描述寻找到的声音
		举例	补充练习	教师提问 学生回答	教师通过引导学生表述生活中听到的声音，理解巩固知识
	知道声音是怎么产生的	问题	课本2：观察物体发声时的现象	教师提问 学生回答	教师通过提问引导学生明确探究方向
		猜想		教师提问 学生猜想	教师通过提问引导学生猜想结论，激发学生学习兴趣
		实验		教师引导 学生实验	教师引导学生设计实验验证猜想
		结论		教师引导 学生总结	学生通过总结实验现象得出结论
		理解巩固	课本2：观察物体发声时的现象	教师引导 学生实验	教师通过引导学生进行实验，得出物体停止振动声音就会消失的结论，进一步理解振动是怎么产生的
			补充练习	教师引导 学生操作	教师通过引导学生解释课前悬念、玩"摸喉咙说话"游戏和找出生活中的声音等进行巩固
	提高好声音意识	例规法	拓展材料	教师播放各类声音并提问学生感受回答	教师通过播放各类声音，使学生感受到声音"是个好东西，可又是个坏东西"，在生活中要多发出"好的声音，避免噪音"

［**例5-19**］《我和动物交朋友》——以学教并重教学方式为主

表5-11

	目标简述	策略步骤	教学内容	教学方法	方法细节
导入			简笔画小练笔竞赛	学生绘画 教师查看	由学生进行简笔画小练笔，教师巡回查看绘画情况
				学生展示 教师评价	学生展示简笔画作品，教师进行点评
				导入新课 认定目标	教师通过对带有动物图案作品的分析导入新课，呈现目标
学习新知	知道动物是人类的朋友	实例研究	我与动物相处	教师提问 学生讲述	教师引导学生交流所学过的动物知识，讲述与动物之间的乐事以及对动物知识的了解。
			动物与动物相处的视频	教师演示提问 学生观察回答	教师通过播放视频资料“动物世界”和与学生交流，使学生感受到人和动物共处一个地球，动物是人类的朋友
			人类和动物和谐相处的图片	教师演示讲解 学生观察倾听	教师通过演示人和动物和谐相处的图片及人类正在为保护动物做的不懈努力，使学生感受到那份特殊的快乐
		得出结论		教师讲解 学生接受	教师总结得出人和动物是朋友的结论，产生创造作品表达这方面感情的欲望，导入下一目标
	发挥自己的想象力，选择自己所喜欢的绘画形式创作一幅人与动物和谐相处的作品	观察	欣赏教材中七幅人与动物相处的作品	教师演示分析提问学生观察倾听回答	教师引导学生通过对教材中的作品及教师搜集的有代表性的作品进行欣赏与评述，体会作品反映的人与动物和谐相处的场景，共同分析创作方法，教师对学生欣赏中出现的问题进行指导并示范画法
		构思	构思本人绘画作品	教师引导 学生构思	教师通过启发提问，引导学生构思自己的作品
		创作	创作主题作品	教师引导 学生绘画	学生选择自己所喜欢的方式（水粉画、水彩画、国画等）进行创作
评价	通过欣赏、创作等学习活动，树立爱护动物、保护动物的意识	作业分析 教师总结	学生作品 视频资料	学生介绍 教师评价	通过师生评价自己的作品和播放视频广告及课堂小结，落实教学目标

第六章 选择支持教学方法的教学媒体

教学媒体设计不但可以使教学效果提升到一个新的高度，还可以使师生在教学活动中学得轻松、学得愉快。教学方法是教学信息传递或交互的方法，而信息传递或交互必须借助于媒体来完成，教学方法包含使用媒体的方法。在进行教学设计时，要设计支持教学方法的教学媒体。

第一节　教学媒体

一、教学媒体

媒体是指承载、加工和传递信息的介质或工具。当某一媒体被用于教学目的时，则被称为教学媒体(Instructional Media)(《中小学教师教育技术能力标准(试行)》)。可见教学媒体承载和传递的是教学信息，这些信息不仅指想要让学生学习的内容，也包括教师为促进学生的学习而向学生发出的指导、提示和提问等信息，还包括学生发出的信息。这样看来，不仅教科书、黑板、粉笔、实物、投影、录音录像、计算机及软件等属于教学媒体，而且教师和学生的言语、表情和身体姿势等也因传递了教学信息而被归为教学媒体之列。这是最广义上讲的教学媒体。本章所研究的媒体为狭义的媒体，即介质或工具，但不包括黑板、课本和作业本等传统基本介质或工具。

二、教学媒体的特性

1.表现性

表现性也称为表现力，指教学媒体表现事物的空间、时间和运动特征的能力。空间特征是指事物的形状、大小、距离和方位等，时间特征，指事物出现的先后顺序、持续时间、出现频率和节奏快慢等，运动特征是指事物的运动形式、空间位移和形状变换等。

2. 重现性

重现性也称为重现力，是指教学媒体不受时间和空间限制，把存储的信息内容重新再现的能力。

3. 接触性

接触性又称接触面，是指教学媒体把信息同时传递到学生的范围的大小。

4. 参与性

参与性是指教学媒体在发挥作用时学生参与活动的机会。模型、录音、录像和计算机等媒体给学生提供了自己动手操作的可能，使学生能随时中断使用而进行提问、思考和讨论等其他学习活动，行为参与的机会较多。电影、电视、无线电广播和多媒体计算机等媒体有较强的感染力，由其刺激导致的学生的情绪反应较为强烈，容易诱发学生在感情上的参与。

5. 受控性

受控性是指教学媒体接受使用者操纵的难易程度。

三、教学媒体的分类

教学媒体的分类方法很多，这里介绍两种常见的分类。

(一)传统媒体与现代媒体

传统媒体与现代媒体的分类是按媒体发展的先后分类的，分类的标准为是否使用了电子理论的技术。

传统教学媒体是指教科书、黑板、粉笔、挂图、标本、模型和实验演示装置等。从广义上讲，传统教学媒体还包括参与教学活动的人——教师和学生。尤其是现代教学中，学生的媒体作用表现得越来越突出，每一名学习者都通过积极的交流活动向其他学习者传递着教学信息。

现代教学媒体有幻灯、投影、广播、录音、录像、电视、计算机及多媒体组合等。现代媒体使用了电子理论和技术，现代媒体的主要特点是它们都由硬件和软件两部分构成。

(二)按作用于人的感官的不同分类

视觉媒体：印刷材料、黑板、粉笔、实物、幻灯机、投影仪等及相应的教学材料。

听觉媒体：录音机、收音机、CD 机和相应的教学材料。

视听觉媒体：电视机、录像机、影碟机和相应的教学材料。

综合媒体：多媒体计算机、计算机网络的相应的教学软件和资源。

四、媒体的教学功能

现代教育技术专家何克抗教授把媒体的教学功能分为十个方面：提供事实，建立经验；创设情境，引发动机；举例验证，建立概念；提供示范，正确操作；呈现过程，形成表象；演绎原理，启发思维；设难置疑，引起思辨；展示事例，开阔视野；欣赏审美，陶冶情操；归纳总结，复习巩固。

在上述每个功能的表述中，前半句表示媒体的使用目标，后半句表示媒体在教学中能够实现的功能。

五、教学媒体的主要运用方式

教学媒体既可以由教师单独使用，也可以由学生单独使用，还可以师生同时使用。教师单独使用的基本方式如下：

(一)先设疑

先设疑流程有“设疑——演示——讲解”、“设疑——演示——讨论”等，主要用于发现、验证结论。

(二)先讲解

先讲解流程有“讲解——演示——概括”、“讲解——演示——举例”等，主要用于验证、说明结论。

(三)先演示

先演示流程有“演示——提问——讲解”、“演示——讨论——总结”等，主要用于发现结论。

第二节　为教学方法选择教学媒体

一、建立起教学方法与教学媒体间的关系

只有了解各种教学方法的特点、媒体的功能与特点，建立起二者之间的关系，找到二者之间的结合点，切实发挥媒体的支持作用，才能选择好适用的媒体。

下表(表6-1)列出了一些教学方法和信息化媒体的关系，供参考。

表6-1

教学方法		适宜使用的信息化媒体
讲授法	教师讲解，学生接受	利用多媒体演示文稿展示讲课的提纲；利用图片、播放DVD机、录像机、播放网络视频等提供事实或范例；利用图形进行原理、规律、过程等的简化概括等
演示法	教师演示，学生观察	可以利用视频展示台展示真实事物的形态；可以利用图片、DVD播放机、录像机、播放网络视频等演示事物的运动过程等
问答法或谈话法	教师提问，学生作答	可以利用多媒体演示文稿或视频展示台展示问题与答案
讨论法	教师引导，学生探究	可以利用图片、DVD播放机、录像机、播放网络视频和音频等创设真实的问题情境
实验法	教师操作，学生观察	教师可以通过实验装置的实验让学生发现问题或验证结论
示范教学法	教师示范，学生模仿	可以利用DVD播放机、录像机、播放网络视频和音频等提供示范
读书指导法	教师指导，学生自学	教师可以利用多媒体演示文稿呈现自学要求
练习法	教师引导，学生练习	教师可以利用多媒体演示文稿呈现练习题及答案等
体验法	教师置境，学生体验	教师可以利用视频展示台、DVD播放机、录像机、播放网络视频和音频等呈现真实的事物与问题，作为学生探究的对象

二、建立媒体与教学内容的关系

教学媒体是教学内容的载体，不同的教学内容对教学媒体的使用也会有不同的要求。

三、为你的教学方法选择教学媒体

下面两个表是“三角形内角和”与“我和动物交朋友”教学媒体选择表，其他两个例子的媒体选择表略。

［**例6-1**］“三角形内角和”教学媒体选择如下表：

表6-2

策略步骤	教学内容	教学方法		使用媒体
	正方形及内角和、三角形及内角	教师提问 学生回答	通过对正方形及内角和的回忆，引出三角形三个内角和是不是也是一个固定的数这一问题导入新课	正方形等
回忆旧知识	角的度量、计算角度数的和、平角的度数	教师提问学生回答	通过提问的方法回忆角的度量方法、计算角度数的和、平角的度数，为得出结论做准备	
实例研究	三角板内角和	教师演示提问学生回答	教师通过演示手中教学用的两种类型的三角板，计算出内角和	教学用三角板实物或图片
		教师设疑 学生回答	教师通过利用三角板内角和是180° 设疑，引导学生猜想答案，为学习提供导向	
	量、算任意三角形内角和	教师引导 学生操作	教师通过语言引导学生画三角形、量各角度数并记录、算三个角的度数之和	图形、半圆仪、图表等
		教师提问 学生回答	教师通过问答，得出不论是直角、锐角还是钝角三角形其内角和均约是180°	
实例研究	拼、验证三角形角和	教师引导 学生操作	教师通过语言引导学生裁三个角拼平角	三角形纸张、剪刀等
		教师引导 学生总结	引导学生对拼成平角的分析，得出三角形内角和是180度的结论	
得出结论	结论	教师提问 学生回答	教师通过对上述三个过程的分析问答，归纳出结论	
举例说明原理	生活中三角形内角和实例	教师提问学生回答	教师通过提问学生生活中的三角形实例，让他们说出内角和是180°	
变式练习形成技能	1.课本：做一做； 2.教材第88页9题、10题 3.补充一组判断题 4.习题16	教师引导 学生解答	教师通过教材中的例题、习题和补充练习，让学生巩固新知识并总结出解决问题的步骤，形成技能	
	测试题	教师引导 学生答题	略	检测纸

[例6-2] “我和动物交朋友”教学媒体选择如下表：

表6-3

策略步骤	教学内容	教学方法		使用媒体
	简笔画小练笔竞赛	学生绘画 教师查看	学生进行简笔画小练笔，教师巡回查看学生绘画情况	绘图工具
		学生展示 教师评价	学生展示简笔画作品，教师进行点评	生成作品
		导入新课 认定目标	教师通过对带有动物图案作品的分析导入新课，呈现目标	演示文稿
实例研究	我与动物	教师提问 学生讲述	教师引导学生交流所学过的动物知识，讲述与动物的乐事以及对动物知识的了解	
	动物与动物	教师演示提问 学生观察回答	教师通过播放视频资料“动物世界”和与学生交流，使学生明白人和动物共处一个地球，动物是人类的朋友	视频
	人类和动物和谐相处	教师演示讲解 学生观察倾听	教师通过演示人与动物和谐相处的图片及人类正在为保护动物做的不懈努力，使学生感受到那份特殊的快乐	图片
得出结论		教师讲解 学生接受	教师总结得出人和动物是朋友，使学生产生创作作品表达感情的欲望，导入下一目标	
观察	欣赏人与动物和谐相处的作品	教师演示分析提问 学生观察倾听回答	教师引导学生通过对教材中作品及教师搜集的有代表性的作品进行欣赏与评述，体会作品反映的人与动物和谐相处的场景；共同分析创作方法；教师对学生欣赏中出现的问题予以讲解并示范画法	教材图片
构思	构思本人绘画作品	教师引导 学生构思	教师通过启发提问，引导学生构思自己的作品	
创作	创作主题作品	教师引导 学生绘画	教师指出创作要求，学生选择自己喜欢的方式（水粉画、水彩画、国画、粘贴和刮画等）进行创作，大胆想象，发扬个性	绘画工具
作业分析 教师总结	学生作品 视频资料	学生介绍 教师评价	通过师生评价自己的作品和播放视频广告及课堂小结实施目标	学生作品、视频

第三节　简易PPT课件制作

为了使教学效果达到最好的状态，在使用教学方法时，往往需要媒体进行支持。在传统以教师讲授为主的教学设计中，除了语言以外，主要运用直观教具如模型、挂图等来传递教学信息。随着现代教育技术的普及与应用，使用计算机教学课件辅助教学已成为常态。在各类计算机教学课件中，以简易的PPT课件最为常用。这是因为，它具有较强的集成性、制作与修改的简易性和使用操作的方便性。下面，介绍简易PPT课件的制作方法。

一、课件的设计

对于制作简易课件来说，一般把教学设计和系统设计结合在一起进行。重点考虑设计幻灯片要集成哪些媒体，这些媒体需要放在哪张幻灯片上。如果在教学设计中设计了如前所述的媒体选择表，就在表中查一下每个教学点需要使用的媒体，这样既能知道需要哪些媒体，又能知道需要多少张幻灯片及每张幻灯片的媒体信息都是什么。这是因为，我们可以把每一教学点上的媒体信息制作在一张幻灯片上(有时也可以几张合并在一起)。如果没有制作媒体选择表，就要对教学过程进行分析，根据使用的教学方法把教学过程分成若干个教学点，然后设计每个教学点使用的媒体。

设计时，可以把设计的结果制作成一个简易脚本，为下一步制作提供依据。

［**例6–3**］“我和动物交朋友”的制作脚本如下表(表6–4)，其他三个例子的制作脚本略。

表6–4

标题	封面
内容	课题、教者、时间导航按钮
备注	第一张

标题	动物与动物
内容	动物世界视频
备注	第二张

标题	人和动物和谐相处
内容	以人和动物和谐相处为主题的图片多张
备注	第三张

标题	欣赏作品
内容	教材中七幅人和动物相处的主题图片
备注	第四张

标题	创作
内容	学生创作主题作品的要求或提示
备注	第五张

标题	爱护、保护动物
内容	人类伤害动物、保护动物的主题视频
备注	第六张

二、课件素材的准备

制作课件时放到幻灯片上的媒体信息就是课件的素材。一般来说，课件素材分为以下几类：

1. 文本

文本是以文字和各种专用符号表达的信息形式，它是现实生活中使用最多的一种信息存储和传递方式。用文本表达信息给人以充分的想象空间，它主要用于对知识的描述性表示，如阐述概念、定义、原理和问题以及显示标题、菜单等内容。

2. 图像

图像是多媒体软件中最重要的信息表现形式之一，具有较强的直观性与感染性，它是决定一个多媒体软件视觉效果的关键因素。

3. 动画

动画是利用人的视觉暂留特性，快速播放一系列连续运动变化的图形图像，也包括画面的缩放、旋转、变换和淡入淡出等特殊效果。通过动画，可以把抽象的内容形象化，使许多难以理解的教学内容变得生动有趣。合理使用动画，可以达到事半功倍的效果。

4. 声音

声音是人们用来传递信息、交流感情最方便、最熟悉的方式之一。在多媒体课件中，按其表达形式，可将声音分为讲解、音乐和效果三类。

5. 视频

视频具有时序性与丰富的信息内涵，常用于交代事物的发展过程。视频非常类似于我们熟知的电影和电视，有声有色，在多媒体中充当着重要的角色。尤其是对情感、态度与价值观的教学目标来说，使用视频进行渲染是必不可少的。

以上这些素材的制作都需要专用的软件来完成。最常用的软件包括文字处理软件 Word、图片处理软件 Photoshop、声音处理软件 Cool edit Pro、二维动画处理软件 flash、视频处理软件 Corel VideoStudio（会声会影）等。这些软件虽然有一定的专业性，但相对来说更容易学一些。

三、制作

简易制作一个 PPT 课件一般经过下面三个环节：

（一）外观设置

外观设置是制作幻灯片十分重要的环节，其设置方法是利用幻灯片母版来进行。在使用幻灯片时，通常需要每张幻灯片都有一个整体的外观效果，即每张幻灯片的公共要素（如背景、颜色、字体和动画等）。这些公共要素如果在每张幻灯片上分别设置，会产生大量的重复工作。使用幻灯片的母版功能就可以解决这个问题。母版的功能是：一旦母版做了改变，基于这个母版的所有幻灯片都会改变，这就给设置幻灯片外观带来极大方便。设置时，只需打开母版，对背景颜色、字体（字型、字号和颜色）、文本的动画及其他需要每张幻灯片都显示的内容进行设置，然后关闭母版。经过对母版进行设置后，插入的每张幻灯片都有了与母版相同的效果。设计时，要注意整个版面的背景与字体颜色等的协调性，做到美观大方、颜色和谐，给观看者以美好的视觉享受。

（二）制作各张幻灯片

制作各张幻灯片即插入幻灯片，把相应的媒体素材放到各张幻灯片上。注意版面上媒体信息的协调性，包括媒体信息的位置和大小等。

（三）进行调试

调试的主要工作如下：

1. 增补动画效果

虽然我们在母板上设置了文字的动画效果，但这些效果只对各张幻灯片中文本占位符内的文字有效，而对于使用文本框插入的文字及插入的图片、声音、视频等没有作用。调试时，要对每张幻灯片上使用文本框插入的文字及图片、声音和视频等媒体素材设置相应的动画效果。

2. 调整动画顺序

调整各张幻灯片上媒体素材出现的顺序，使之符合要求。

3. 设置幻灯片切换效果

根据需要对幻灯片之间的切换效果进行设置。

对于顺序结构的演示文稿来说，上述过程基本能达到制作要求。但对于交互结构的演示文稿来说，还需要做第四项工作——交互设置。这一步需要在前面增加一张幻灯片，作为整个课件内容的目录，这张幻灯片称为目录幻灯片。接下来，使用动作按钮进行目录幻灯片与其余各张幻灯片的交互设置。

第七章　撰写教学过程结构方案

完成第二章至第六章五个过程的设计，教学设计工作已基本完成，最后就是把设计的结果写出来，即撰写教学设计方案。教学设计方案是教师对课堂教学实施过程中师生双边活动的“期望”，是把“期望”转化为现实的行动指南，也是教学设计或备课的主要结晶，在教学中属于“纸上谈兵”阶段。在教学设计方案中，教学过程的设计是主要或核心部分。在教学过程设计中，传统教学更多的是关注写出教师的活动，而现代教学则更多的是关注教师和学生的双边活动，特别是新课程改革更提倡关注学生的活动。有经验的教师可以写得简略些，年轻教师要写得较为详细。撰写时，要避免凭借教学经验从头写到尾，造成教学过程不清晰、教学思路混乱的现象，而要体现“以目标为核心，目标、策略、内容、方法、媒体、评价等一体化”的结构理念。本章首先介绍优秀教学设计方案的标准，其次重点介绍表述教学过程结构的三类方案——结构方案、明细方案和导学方案，同时也对设计说课方案进行探讨。

第一节　优秀教学设计方案的标准

一、教学过程

教学过程以目标为核心引领，做到目标、策略、内容、方法、媒体和评价等要素的一体化，体现为不同的学习结果设计不同的教学的思想，体现教为学服务的理念，突出重点、难点和关键，过程结构清晰，符合高效教学的理念。

二、教学目标

教学目标符合课程标准、学科特点和学生学习水平，体现教材全部知识，明确清晰，可实施、可测量。

三、教学策略

教学策略应依据教学目标的特点来制定，符合学科特点和学生认知水平，注重知识的形成过程，注重思维能力和创新能力的培养。

四、教学内容

教学策略支持教学的各个环节，突出以旧引新，注重知识的发生发展过程。

五、教学方式方法

教学方式方法支持教学内容和学生学习水平，体现知识的形成过程和教为学服务的理念，注重学生学习主动性的发挥与培养，语言规范，富有启发性和逻辑性。

六、媒体选择

教学媒体能应有效支持教学方法的实施，有助于学生理解知识，开发智力，形成能力。

七、教学评价

过程性评价适时有效，总结性评价符合目标要求。

八、板书设计

板书设计应体现教学策略的过程，体现教学内容及其结构，突出重点、言简意赅，主次分明、文图并茂，富于启发性、艺术性。

九、导入新课

新课导入应自然、生动、有趣，能激起学生的求知欲、引发其学习动机。

第二节 设计教学过程结构方案

课堂教学需要一个过程，即课堂教学过程。教学设计优与劣的指标之一就是课堂教学过程的框架结构是否清晰合理。能否采用一定形式把教学过程的结构表述出来，也是现代教学设计和传统备课的区别之一。以目标为导向的课堂教学过程，通常表现为师生以教学目标为引领，利用一定的教学策略，围绕教学内容开展多个单边或多边的教学活动。这些活动从纵向上看，分为三个部分——导入、新课和评价。新课一般又分为一个或几个目标。从横向看，每个目标可细分为几个步骤，每个步骤需要几个内容，每个内容又由教学方法、使用媒体和过程性评价等要素构成，由此构成了图7–1的课堂教学框架结构。

像这样，以教学目标为核心，构建课堂教学过程框架结构的教学设计方法，我们称之为框架设计法。这里使用框架结构的概念，主要目的在于体现教学过程中师生双边活动的时空性、结构性和复杂性。框架结构设计法可以做到以现代教育理论为指导，利用系统科学的方法，挖掘课堂教学过程中诸要素的内在结构，对课堂教学进行系统安排。框架设计法符合现代教学设计的定义，是操作性很强的课堂教学设计方法。

通过一定的手段把课堂教学过程结构表现出来是现代教学设计的一项核心工作，完成这项工作实际上就已完成了教学设计的大部分工作。在一般教师的备课中，设计教学框架结构这一环节往往被认为可以“记在心里”而被忽视掉，这是非常不好的做法。本节主要介绍利用表格式、导图式、流程图和板书式来表现课堂教学过程框

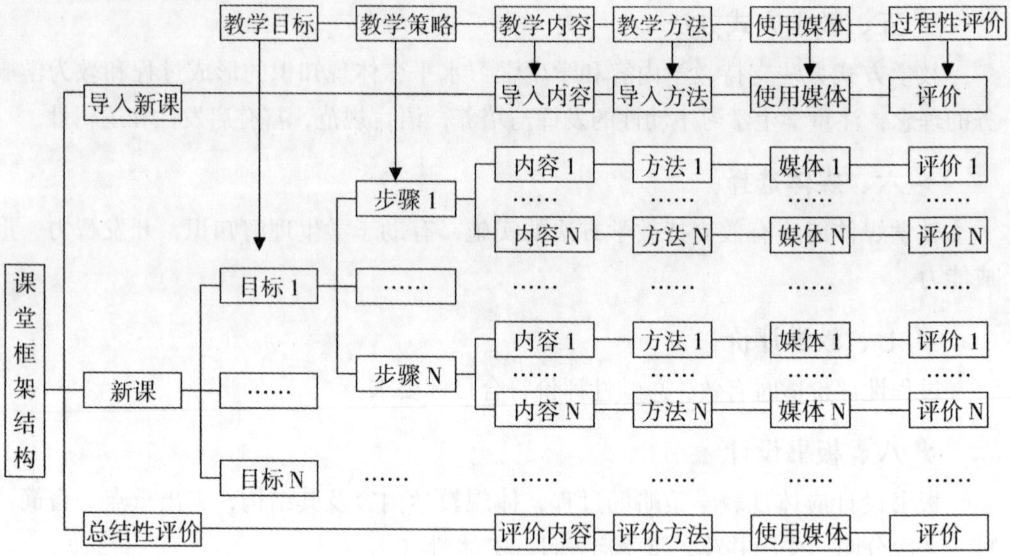

图7–1　课堂教学结构图

架结构的方法。

一、表格式

表格式是指把课堂教学过程的结构置于二维表格中，纵向反映教学进程的各个阶段，横向反映每个阶段的目标、策略、方法、媒体和评价等要素。表7–1~ 表7–4是本书使用的四个案例的课堂教学框架结构方案，清晰地表述了课堂教学过程的结构，是教学设计的结果。更多例子请看本书第八章。

［**例7–1**］“三角形内角和” 教学过程框架结构方案

表7–1

阶段	目标简述	策略步骤	教学内容	教学方法		媒体	评价
导入			正方形及内角和、三角形及内角	教师提问学生回答	通过对正方形及内角和的回忆，引出三角形三个内角和是不是也是一个固定的数引入新课，呈现目标		问答
新课	知道三角形内角和的度数	回忆旧知识	角的度量、计算角度数的和、平角的度数	教师提问学生回答	通过提问的方法回忆角的度量方法、计算角度数的和、平角的度数，为得出结论做准备		问答
		实例研究	三角板内角和	教师演示提问学生回答	教师通过演示手中教学用的两种类型三角板，计算出内角和	教学用三角板	问答

续表

阶段	目标简述	策略步骤	教学内容	教学方法		媒体	评价
新课	知道三角形内角和的度数	实例研究	三角板内角和	教师设疑学生回答	教师通过利用三角板内角和是180° 设疑，引导学生猜想答案，为学习提供导向		问答
			量、算任意三角形内角和	教师引导学生操作	教师通过语言引导学生画三角形、量各角度数并记录、算三个内角的度数之和	半圆仪、图表等	巡回
				教师提问学生回答	教师通过问答，得出不论是直角、锐角还是钝角三角形其内角和均约是180°		问答
			拼、验三角形内角和	教师引导学生操作	教师通过语言引导学生裁三个角拼平角	三角形纸张、剪刀等	巡回指导
				教师引导学生总结	引导学生对拼成的平角进行分析，得出三角形内角和是180° 的结论		
		得出结论	结论	教师提问学生回答	教师通过对上述三个过程的分析问答，归纳出结论		问答
		举例说明原理	生活中三角形内角和的实例	教师提问学生回答	教师通过提问学生生活中的三角形实例，让学生说出三角形内角和是180°		问答
	能用三角形内角和解决实际问题	变式练习形成技能	1.课本：做一做： 2.教材第88页第9题和第10题 3.补充一组判断题 4.习题16	教师引导学生解答	教师让学生通过教材中例题、习题和补充练习巩固知识并总结出解决问题的步骤，形成技能		板演师评生评
评价			测试题	教师引导学生答题		检测纸	

[**例7–2**]“桂林山水”教学过程框架结构方案

表7–2

阶段	目标简述	策略步骤	教学内容	教学方法		媒体	评价
导入			家乡山水特点	教师提问学生回答	教师通过学生描述家乡山水引入桂林山水，呈现课题与目标		问答
新课	认识8个生字，会写11个生字，能正确读写8个词语	整体感知	视频资料	教师演示学生观察讲述	教师让学生通过观察桂林山水视频资料，引导学生谈感受	视频图片	问答
		讲述字词	全篇课文	教师提问学生回答	通过提问检查课前预习中字词的学习情况，查漏补缺		问答
	正确、流利、有感情地朗读和背诵课文	听读与朗读	全篇课文	教师示范学生朗读	教师范读课文第一二自然段，学生朗读第三、四自然段		评语
		背诵	全篇课文	教师提问学生背诵	教师指名让学生背诵课文		评语
	能知道各自然段的含义	逐段分析	全篇课文	教师引导学生分析	教师引导学生逐段分析课文让其获得各段含义		问答
	初步学会用排比句式描写景物的方法和分号的用法	实例研究	课文第二三自然段；补充实例三个	教师提问学生回答	教师让学生通过教材第二三自然段和补充的实例分析获得排比句的特点和分号的用法		问答
		得出结论		教师提问学生回答	通过引导学生对三个实例的分析抽出共同属性		问答
		巩固结论		教师举例学生分析	教师提供案例，学生判断是否为排比句式		问答
		应用结论		教师引导学生写作	教师引导学生学写一段排比句式的文字		问答
	初步认识“总写—分写—总写”的文章写作构思方式	实例分析得出结论	全篇课文	教师引导学生分析	教师引导学生通过分析第二三四自然段与开头“桂林山水甲天下”一句的关系，认识“总—分—总”的文章写作构思方式		问答
		结论应用		教师引导学生叙述	教师引导学生说一说如何构思一篇“总—分—总”结构方式的文章		问答
	感受山水之美，增强对祖国河山的热爱	课文分析强化感受	第四自然段	教师引导学生分析回答	说这一段文字哪儿写得好，增强对祖国山河的热爱		问答
		语言训练表达感受	以“山水”为题	教师提问学生讨论	创设情境进行语言训练，体验用语言描述祖国的山水		问答
		拓展阅读体验感受	补充材料	学生自读	学生通过自读补充材料感受祖国山河之美	PPT	自评
评价				教师引导学生总结			评语

［例7–3］“倾听声音”教学过程框架结构方案

表7–3

过程	目标简述	策略步骤	教学内容	方法	方法描述	媒体	评价
导入			鼓掌游戏	教师引导学生操作	教师引导学生做单手鼓掌游戏，由不能发声产生疑问导入主题	手掌	
学习新知	能寻找生活中的声音并模仿表述	实例研究	补充音频	教师演示提问学生倾听回答	通过播放搜集的声音集锦，让学生倾听回答所听到的声音	音频	奖励
		归纳	课本1：寻找声音	教师引导学生回答	教师引导学生从刚才的回答中，用“我在……听到了……发出……的声音”的形式来描述所听到的声音		鼓励发奖
		举例	补充练习	教师提问学生回答	教师通过引导学生表述生活中听到的声音理解并巩固知识		
	知道声音是怎么产生的	问题	课本2：观察物体发声时的现象	教师提问学生回答	教师通过提问引导学生明确探究方向		
		猜想		教师提问学生猜想	教师通过提问引发学生猜想结论，激发学生学习兴趣		
		实验		教师引导学生实验	教师引导学生设计实验，验证猜想	实验材料	发表现奖
		结论		教师引导学生总结	通过总结实验现象得出结论		
		理解巩固	课本2：观察物体发声时的现象	教师引导学生实验	教师通过引导学生进行实验，得出停止振动声音就会消失的结论，让学生进一步理解振动是怎么产生的。	实验材料	
			补充练习	教师引导学生操作	教师通过引导学生利用所需知识解释课前悬念、玩“摸喉咙说话”游戏和找出生活中的声音并解释等进行强化巩固		
	提高好声音意识	例规法	拓展材料	教师播放提问学生感受回答	教师通过播放各类声音，使学生感受到声音“是个好东西，可又是个坏东西”，要在生活中多发出“好的声音，避免噪音”	音频	语言

[**例7–4**]“我和动物交朋友”教学过程框架结构方案

表7–4

环节	目标简述	策略步骤	教学内容	教学方法		媒体	评价
导入目标			简笔画小练笔竞赛	学生绘画 教师查看	由学生进行简笔画小练笔，教师巡回查看绘画情况	绘图工具	问答
				学生展示 教师评价	学生展示简笔画作品，教师进行点评	学生作品	问答
				导入新课 认定目标	教师通过对带有动物图案作品的分析导入新课，呈现目标	演示文稿	问答
学习新知	知道动物是人类的朋友	实例研究	我与动物	教师提问 学生讲述	教师引导学生交流所学过的动物知识，讲述与动物的乐事以及对动物知识的了解		问答
			动物与动物	教师演示 提问学生 观察回答	教师通过播放视频资料“动物世界”和与学生交流，使其明白人与动物共处一个地球，动物是人类的朋友	视频	问答
			人类与动物和谐相处	教师演示 讲解 学生观察 倾听	教师通过演示人和动物和谐相处的图片及人类正在为保护动物做不懈努力，使学生感受到那份特殊的快乐	图片	问答
		得出结论		教师讲解 学生接受	教师总结得出人和动物是朋友，使学生产生创作作品表达感情的欲望，导入下一目标		
	发挥自己的想象力，选择自己喜欢的绘画形式，创作一幅人与动物和谐相处的作品	观察	欣赏人与动物相处作品	教师演示 分析提问 学生观察 倾听回答	教师引导学生通过对教材中作品及教师搜集的有代表性的作品进行欣赏与评述，体会作品所反映的人与动物和谐相处的场景，共同分析创作方法；教师对学生欣赏中出现的问题进行讲解示范画法	教材图片	问答
		构思	构思本人的绘画作品	教师引导 学生构思	教师通过启发提问，引导学生构思自己的作品		问答
		创作	创作主题作品	教师引导 学生绘画	学生选择自己喜欢的方式（水粉画、水彩画、国画、粘贴和刮画等）进行创作，大胆想象，发挥个性。	绘画工具	巡回
评价	通过欣赏、创作等学习活动，树立爱护动物、保护动物的意识	作业评价 视频播放 教师总结	学生作品 视频广告 课堂小结	学生介绍 教师评价	通过师生评价自己的作品和播放视频广告及课堂小结，落实教学目标	学生作品 视频	问答

随着教学设计能力的提升，在实际工作中，上述表格可以使用它们的简捷形式，即在上述表格中，只列出目标、策略步骤、教学内容和教学方法四个部分，将媒体和评价两部分和教学方法一起叙述。

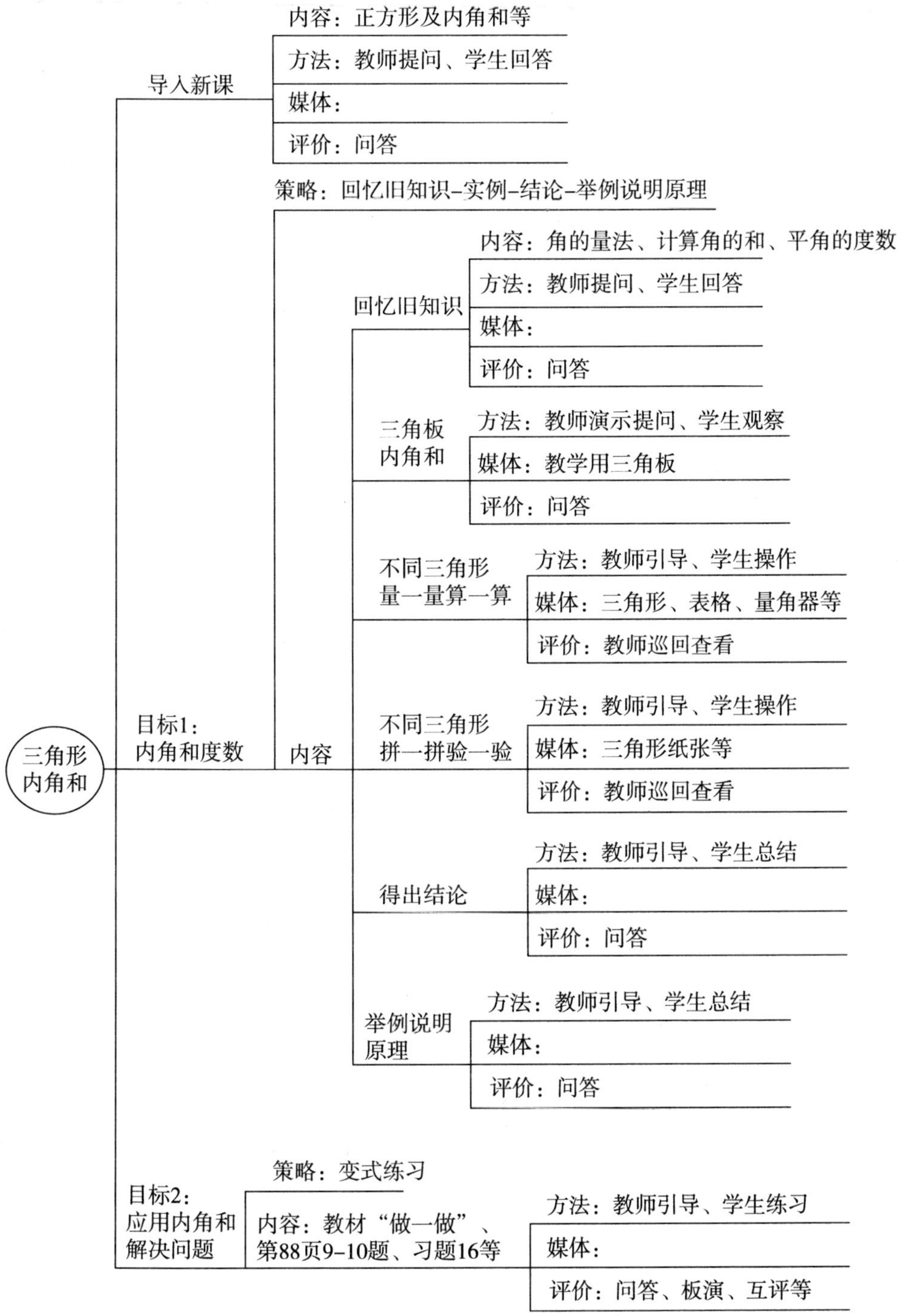

图7–2　“三角形内角和”教学过程思维导图

二、导图式

“思维导图”是一种应用于记忆、学习、思考等的有效思维模式，利于人脑扩散思维的展开。其特点是运用图文并重的技巧，把各级主题的关系用相互隶属与相关的层级图表现出来，把主题关键词与图像、颜色等建立起记忆链接。据权威统计，使用思维导图可以提高学习工作效率的20%，让学习者一周“多出”一天来。近两年，“思维导图”已成为学校师生经常挂在嘴边的“时尚词汇”。不清楚教案怎么写，题目不会做，怎么办？ “先画个思维导图。”

思维导图的创始人是东尼·博赞（Tony Buzan），以大脑先生闻名国际，成为英国头脑基金会的总裁，身兼体育教练与运动员的顾问；又被遴选为国际心理学家委员会的会员，是“心智文化概念”的创始人。

绘制思维导图需要借助计算机软件来完成。该类型软件可到网上搜索下载，正确安装后便可以使用。

[**例7-5**]“三角形内角和”教学过程框架结构的思维导图见上页图7-2所示，其他三个例子的思维导图略。

三、流程图式

(一)流程图的含义

流程图是用图式的形式把某个过程表示出来。在流程图中，各图形的含义如下：

名称	图形	含义
圆角长方形	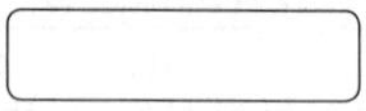	表示开始或结束
长方形	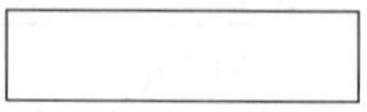	表示教师的活动，可在框内注明活动的内容
平行四边形		表示学生的活动，可在框内注明活动内容
半圆形		表示所使用的教学媒体，可在框内注明媒体名称或内容，若与教师活动框架组合在一起则表示是教师使用媒体，若与学生活动框组合在一起则说明是学生使用媒体
菱形框	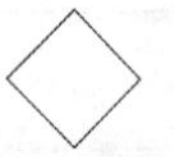	表示需要作出判断选择流程的走向，框内注明判断的依据
箭头		表示流程线，用于指明流程的走向

(二)编写教学过程流程图

教学过程流程图深刻地表明了教师、学生、教学内容和教学媒体之间的关系，由于其设计方便、简捷明了，深受教师的欢迎。

[**例7-6**]“三角形内角和”教学过程流程图如图7-3，其他三个例子的流程图略。

四、板书式

板书式是表述课堂教学过程框架结构的最简约的形式。板书是指随教学进程在

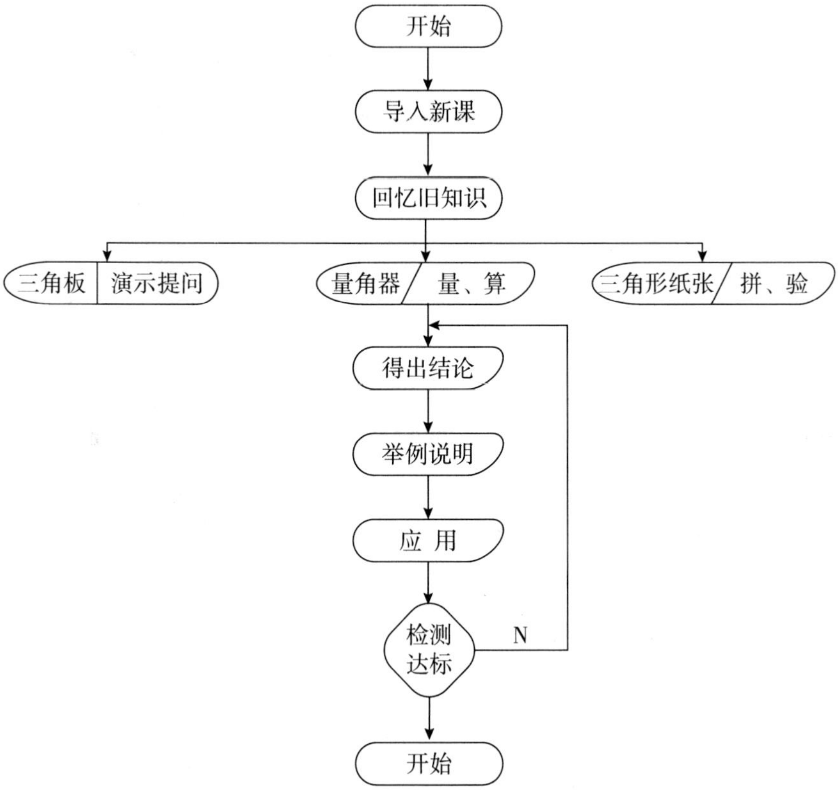

图7-3　“三角形内角和”教学流程图

媒体上用文字、图形、线条、符号等呈现和突出重要教学内容的活动，是对课堂教学过程和教学内容的精华表示，也是教师在教学过程中留下的教学痕迹。板书可以使学生通过视觉获得知识信息。板书一般在黑板上进行，但现代板书也可以利用实物投影等现代媒体来完成。

（一）板书的作用

1. 板书可以突出重点与难点，帮助学生理解教学内容

板书的基本任务就是围绕教学目标、遵循教学规律和学生学习规律，将教材的知识结构、学生的认知结构和教师的导学结构有机结合起来，将抽象的知识形象化、繁杂的知识条理化，对教学内容起到提纲挈领、突出重点和加深印象的作用，有效帮助学生理解教学内容。

2. 板书可以提高课堂教学质量

板书的过程是学生观察、思考、分析、理解和内化教学内容的过程，也是学生认知的发展过程。板书要根据教学要求，以尽可能简约精准的文字、符号、线条和图表，反映尽可能丰富的内容，在尽可能大的程度上增强课堂教学的吸引力、启发性和感染作用。通过板书，可以培养学生的分析能力、概括能力，帮助学生把握重点理清思路；通过板书，可以帮助学生更好地理解教学内容，掌握学习方法，帮助

学生形成知识体系；通过板书，可以提高学生的审美能力；通过板书，可以让学生记忆深刻，激发学生的学习兴趣。因此，板书在提高课堂教学质量方面具有其独特的作用。

3. 板书可以较长时间向学生传递信息

板书运用文字、符号、图形和表格等，将语言和知识呈现下来，展示在黑板上，可以进行长时间的传递。一堂课的板书是对教学内容的浓缩，内容完整系统，它可以较长时间地停留在黑板上，以方便学生利用板书进行归纳小结，收到加深理解、强化记忆的效果，能克服现代教学媒体呈现教学信息时间短的问题。

4. 板书对学生的学习具有引领作用

课堂教学的艺术对学生的影响是潜移默化的，它离不开直观、形象的优秀板书。教师的板书会直接影响到学生的书写能力，因为学生很善于模仿，精美的板书可以更好地吸引学生，对学生具有示范和引导作用，给学生以美的享受。精心设计的优美板书，能使学生赏心悦目、兴趣盎然，既可引领学生学习，又能达到“亲其师、信其道”的功效。

(二) 板书设计的要求

1. 板书设计要体现教学过程及教学策略的步骤，表述知识的发生、发展及形成的过程

板书的内容是随着教学进程逐步呈现和留给学生的重要的教学内容，虽然在教学过程中有写有擦、有增有减，但板书内容一定是随着教学进程出现的，而教学进程是由各教学目标的教学策略步骤决定的，教学策略又反映了知识的形成过程，因此，教师在教学过程中留下的教学痕迹应体现各教学目标的教学策略，使学生能从板书过程中体验学习知识的顺序、结构及思维过程等。

2. 板书整体设计要美观大方、布局合理

教师在设计板书的过程中，不但要考虑借助板书使学生理解、掌握教学内容，而且要考虑板书的美观和艺术性。板书不是文字、符号、图像、表格等的简单组合，而是教学内容通过教师有目的的创造，并按照一定的艺术构图规律勾画出的直观图形。一个科学而美观的板书，从视觉上要给学生以清晰、顺畅、整洁、明快的美感，让学生在欣赏、享受优美直观形象的同时，能保持清醒的头脑、饱满的情绪和浓厚的兴趣，进一步理解、掌握教学内容，从而促进记忆、发展思维。

布局是指各部分板书在黑板上的空间排列，以及与教学挂图、投影屏幕的合理安排。板书的结构布局要与讲授的内容大体一致，要做到主次分明、突出重点和关键，并有利于分散难点。只有这样，才能使板书真正起到利于学生理解教学内容，促进学生思维和记忆的作用。常见的板书布局有：①中心板，以黑板中心为主板，两侧留有少许板面，以供辅助板书用；②两分板，板面一分为二，左侧为主板，右侧供辅助板书用；③三分板，以黑板左侧为主体，中间部分为副板，右侧则为机动；

④四分或五分板等。

3. 板书内容要做到系统精炼，体现教学内容之间的联系

板书内容要力求提纲挈领，条理清楚，层次分明，系统性强，能使学生通过板书联想到整个教学内容，引发思考，产生求知欲、创造性、想象力。板书内容一般包括课题名称、教学内容的简要提纲、重要的结论以及讲述中出现的术语、名词概念等。板书不要求面面俱到，但要紧扣教学内容的中心，突出重点和关键，力求以简驭繁，以少胜多，力求精炼，切不可不分主次。同时，应避免“不板书”、“随意板书”或“满板书”等现象。

4. 板书书写要准确、字体字迹清晰适当

板书是把教学内容直观呈现给学生，因此，板书的文字、符号、公式、图像、表格等板书信息要书写准确。进行概念解释、公式应用、定律证明等要运用专业规范的语言，避免给学生形成错误概念；板书的字体、字迹要做到规范大方、大小颜色适宜。

5. 板书形式要多样化

板书的形式要根据相应内容做到灵活多样。①提纲式：简明扼要地概括出教学内容的重点，板书的字、词、句是章节、段落内容的概括，有代表性，起画龙点睛的作用，应按教学顺序依次书写。②表解式：把所授内容，按归属关系，用大、中、小括号相应囊括，使其层层展开。③图示式：采用边讲边书写的形式，内联外延，特别是自然科学课程，结合绘图讲解，形象直观，易于学生掌握。④表格式：把应比较的项目列于一侧，比较内容留白。

（三）板书设计实例

［**例7–7**］“三角形内角和”板书设计（图7–4）

三角形内角和

三角板内角和是180°
量和算不同三角形内角和是180°　或接近180°
拼成一个平角，平角是180°
} 三角形内角和是180°

做一做：在三角形中，∠1=140°，∠3=25°，求∠2的度数。

图7–4

［**例7–8**］“桂林山水”板书设计（图7–5）

桂林山水

桂林山水甲天下 { 水——静、清、绿 / 山——奇、秀、险 } 舟行碧波上，人在画中游

总写 ——→ 分写 ——→ 总写

图7–5

[**例7–9**]“倾听声音”板书设计(图7–6)

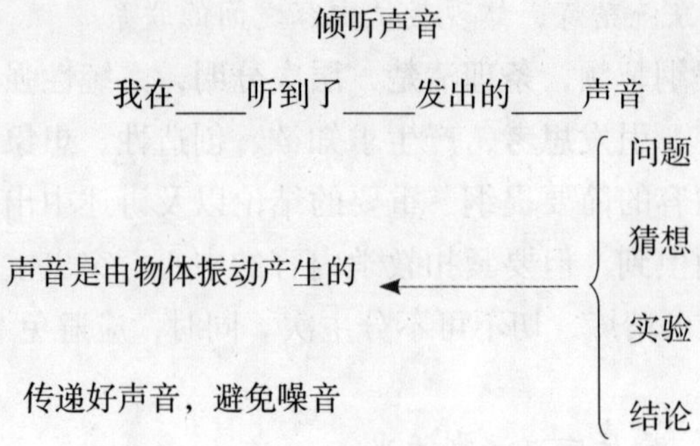

图7–6

[**例7–10**]“我和动物交朋友”板书设计(图7–7)

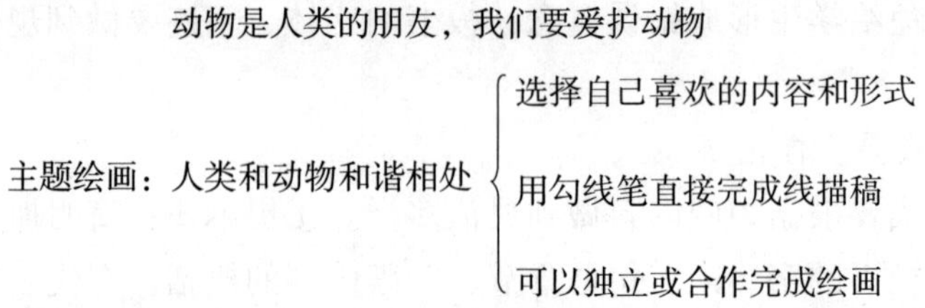

图7–7

[**例7–11**]人教版初中《思想品德》“可持续发展战略”板书设计(图7–8)(教学过程见第八章)

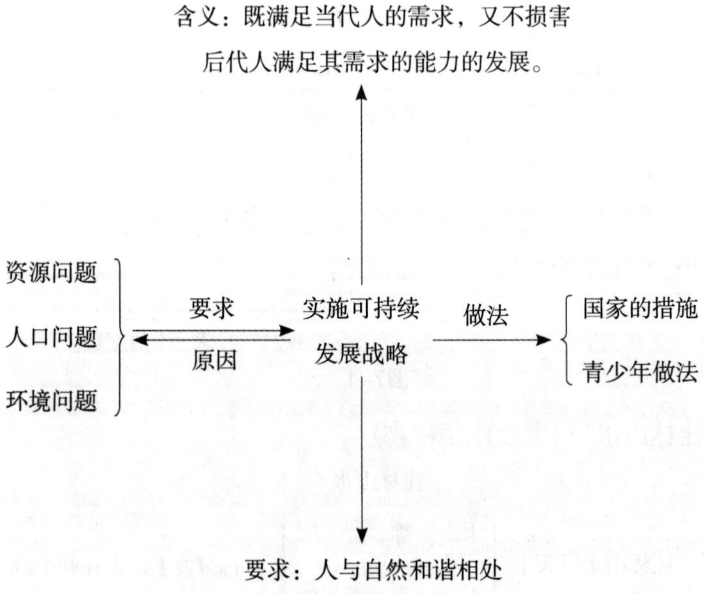

图7–8

[**例7–12**]人教版初中历史“贞观之治”板书设计(图7–9)(教学过程见第八章)

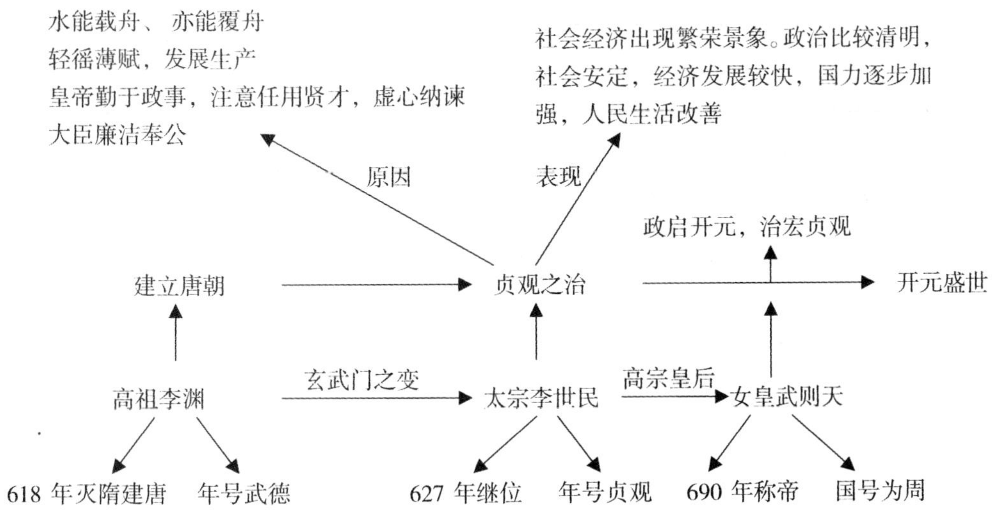

图7–9

第三节　设计教学过程明细方案

教学过程明细方案就是教学过程的详细步骤，也就是通常所说的以文字或表格的形式表示的教学过程详案。如果制定了教学过程框架分析表，那么，撰写教学过程详案的工作就是把表格中各个教学点的教学方法的详细过程写出来，即写出教师活动和学生活动。下面是本书所使用的四个案例完整的教学过程明细方案。

［**例7–13**］“三角形内角和”——学教并重方式

一、导入

【教师提问，学生回答】

师：我们学习了正方形，同学们知道正方形有几个内角？每个内角的度数是多少？内角和是多少？

生：四个内角，每个都是90°，内角和是360°。

师：现在，老师任意画一个三角形，每个内角的度数能确定吗？

生：不能。

师：虽然我们任意画一个三角形不能确定每个内角的度数是多少，但像正方形一样，三角形三个内角的和却是一个固定的数。那么，这个固定的数是多少呢？今天，我们就学习新课“三角形内角和”(板书)。今天，我们的学习目标是：知道三角形内角和的度数并能应用其解决实际问题。

二、学习新知

目标1：知道三角形内角和的度数

■ 回忆旧知识

【教师提问，学生回答】

师：请同学们回答老师提出的下列问题：(1)平角的度数是多少？(2)怎样量一个

角的度数？(3)怎么计算两个角度数的和，如35° +40° =？

生：平角是180°……

■ 实例研究

(一)三角板内角和

【教师演示提问，学生观察回答】

师：现在，老师手中有两个三角板，你知道三个内角的度数吗？内角度数的和是多少？

生1：观察三角板，得到60° +30° +90° =180°。

生2：观察三角板，得到45° +45° +90° =180°。

师：你是怎么得出的？

生：知各角度，然后相加求和。

【教师设疑，学生猜想】

师：老师手中的三角板的形状是特殊的三角形，它的内角和是180°。那么，一般的三角形的内角和是不是也是180°呢？

生：是或不是。

(二)量内角算内角和

【教师引导，学生操作】

师：刚才，同学们通过计算的方法得到了三角板的内角和。现在，同学们在自己的练习本上任意画一个三角形，算一下内角和是多少。

学生画三角形，算内角和。

教师巡回指导。

【教师提问，学生展示】

师：请×××同学说一下，你画的是一个什么样的三角形？它三个内角的度数及度数和是多少？

学生回答。教师重复指名提问，直到三种类型三角形全部出现；如缺少类型，可提示再重复上述画、量和计算。

【教师设疑，学生回答】

师：观察我们算的内角和，有什么规律？

学生回答。

师：到底是180°还是接近180°？有没有其他的方法进行验证呢？

生：……

(三)移内角、拼平角

【教师引导，学生操作】

师：请同学们再任画意一个较大的三角形，先把三个角分别做上记号，然后把三个角裁剪下来拼在一个顶点上，可以得到一个什么图形？

学生标、裁、拼，得平角。

师：我们这个实验说明了什么？

生：拼成的三角形的内角和是180°。

■ 概括结论

【教师引导，学生总结】

师：通过计算三角板的内角和，量、拼任意一个三角形得出什么样的结论？

生：三角形内角和都是180°。

师：这个发现是正确的。在以后的学习中，我们会用严格的方法去证明它。现在，我们只需记住这个结论，并在学习和生活中运用它。

■ 举例说明原理

【教师引导，学生举例】

师：请同学们举出你身边的三角形，并指出它们的内角及内角度数的和。

生：红领巾的三个角的和是180°。

……

目标2：能用三角形内角和结论解决问题

■ 基本练习

【教师引导，学生练习】

1. 教材上第85页“做一做”。

2. 教材上第88页第9题和第10题。

3. 判断每组中的三个角是不是同一个三角形中的三个内角：

80°　95°　5°　（　）

60°　70°　90°　（　）

30°　40°　50°　（　）

4. 如图7-10，找出图中的三角形并说明四边形内角和的度数。

【教师引导，学生总结】

师：请同学们回想一下每道题的做法，再遇到这样的问题时，我们应该怎么去思考？

生：先找出这个三角形，然后再利用内角和进行有关的计算。

【教师引导，学生练习】

5. 你会求图7-11~图7-13中的三角形的内角和吗？你发现了什么规律？

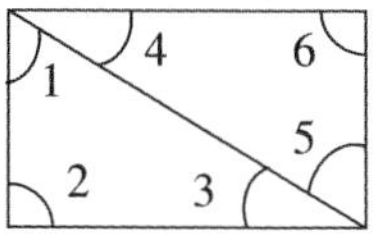

图7-10

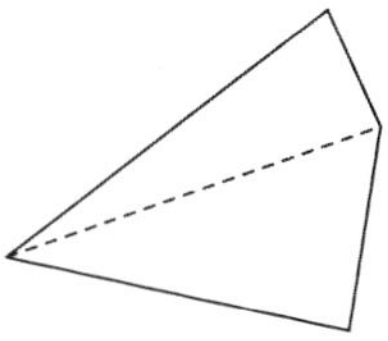

图7-11

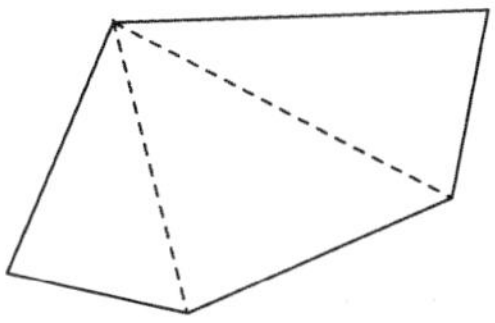

图7-12

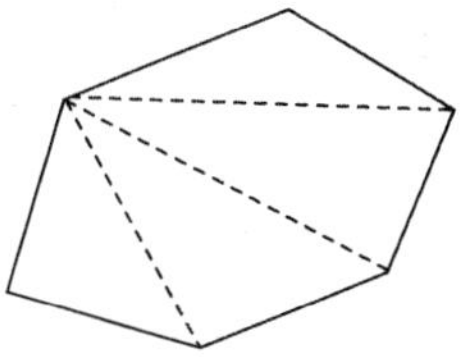

图7-13

三、教学评价

(评价题见第四章第四节)

[例7-14]《桂林山水》——学教并重方式

第一课时

一、课前预习

上课的前一天，布置预习课文，开展以下阅读实践：

(1)认真读课文，在不会读的生字、新词下面画横线，通过查字典了解生字新词的读音和字(词)的意思。

(2)多读几遍课文，将课文读正确、读通顺。

(3)读了这篇课文，你知道桂林山水有哪些主要特点吗？你有哪些感受？

二、导入新课

【教师提问，学生回答】

师：同学们，你了解你的家乡吗？你知道你的家乡都有哪些风景优美的地方吗？

学生回答(指名三到四名学生回答)。

师：我们的美丽家乡仅是我们祖国秀丽河山的一角，在祖国的大地上有许多名山大川。今天，我就和同学们一起去欣赏祖国的秀丽山水——桂林山水。(板书：桂林山水)

本课的学习目标以演示文稿呈现。

三、学习新知

目标1：认识8个生字，会写11个生字，能正确读写“玩赏、无瑕、骆驼、攀登、屏障、波澜壮阔、危峰兀立、连绵不断”)

■ 整体感知

【教师演示，学生观察】

师：你知道桂林在哪里吗？你知道桂林山水的景色是什么样子的吗？请看老师的视频资料(播放介绍桂林山水的视频或图片)，看后谈一下你的感受。

学生观察、思考。

【教师提问，学生回答】

师：刚才，我们看了桂林山水的视频，请同学们谈一下你的感受。

学生谈感受……

师：同学们用自己的语言描述了对桂林山水的感受，说得非常棒。在描写桂林山水时，作者用了许多优美的词语和句子，也用到了我们以前没有学习过的汉字。现在，老师和同学们一起学习一下课文中的生字和生词。

■ 学习字词

【教师提问，学生回答】

师：同学们通过课前预习，已找出了本课的生字和生词。请同学们说一下，都有哪些？

学生说，老师板书或用演示文稿整体呈现生字和生词。

师：哪位同学解释一下这些字词的意思？

学生回答（略）。

师：同学们还有没有其他不理解的生字词吗？请提出来。

学生回答（略）。

目标2：正确、流利、有感情地朗读和背诵课文

■ 听读与朗读

【教师示范，学生朗读】

师：下面，由老师读课文第一二自然段，同学们在心里随老师听读。

学生听读。

师：下面，由同学读第三四自然段。

学生读（3~4人读，重复读两遍）。

■ 背诵

【教师提问，学生背诵】

师：预习中，老师要求同学们能背诵课文。下面，请几位同学背诵一下课文。×××同学请背诵第二自然段，×××同学请背诵第三自然段，×××同学请背诵第四自然段。

【教师小结，学生倾听】

师：同学们通过预习，对字词和朗读（背诵）课文都做得非常好。个别同学虽然有一定差距，但通过课下努力，一定会做得很好。下面，我们一起来学习一下课文都是怎样描述桂林山水的。

目标3：能知道各自然段的含义

■ 分析第一自然段

【教师提问，学生回答】

师：课文的第一自然段，作者都写了什么？

生：对桂林山水的总体感受或评价——桂林山水甲天下。

师："甲天下"的"甲"字是什么意思？

生：第一的意思。

■ 分析第二自然段

师：课文第二自然段都写了什么？作者是怎么写的？

生：静、清、绿。

师：课文是怎么写漓江的水"静"的？

生：静得让你感觉不到它在流动。

师：我们学过表述水流动的词，同学们能说出几个吗？

生：潺潺、淙淙、哗哗、叮咚叮咚等。

师：在漓江划船能听到漓江水流动的哗哗的声音吗？能听到“叮咚叮咚”的流水声吗？潺潺的呢？淙淙的呢？

生：听不到，看不到，好静啊！给人一种宁静的感觉。你只觉得船在向前移。

师：课文是怎么写漓江的水“清”和“绿”的？

生：清得可以看到江底的沙石，绿得像一块翡翠。

师：课文把水比喻为像一块翡翠，同学们见过翡翠吗？老师给你出示一组关于翡翠的图片。(演示)这就是翡翠的绿，我们看它和漓江的水比较有多像呀！在这里，我们看到作者丰富的经验。

师：作者写漓江的水，除了写“静”、“清”、“绿”外，还写了什么？

生：我看见过波澜壮阔的大海，欣赏过水平如镜的西湖，却从没看见过漓江这样的水。

师：文中用了“波澜壮阔”和“水平如镜”，表现了什么？

生：“波澜壮阔”是雄伟壮丽的美，“水平如镜”是宁静柔和的美，更能体现漓江水的美，突出了桂林的水甲天下。

师：第二自然段写了桂林的水的特点，可以用三个字概括，就是静、清、绿。下面，我们一起再读一遍第二自然段，感受一下桂林水的特点。

老师与学生轮读这三句话，老师读每一分句的前半句，学生读后半句。

■ 分析第三自然段

师：读了以后，更觉漓江之美，文章也写得美，所以我们爱读。下面，我们来看第三自然段，结合书中的图画，体会一下作者都写了什么，抓住了什么特点，怎么写的？

生：写了漓江的山，用了三个字——奇、秀、险。

师：“奇”体现在哪句上？

生：奇峰罗列，形态万千。

师：“奇峰罗列”和“形态万千”是什么意思？

生：多、各式各样。

师：文中都写了什么形态？

生：像老人……

师：我们还可以用什么语言来描写？

生：……

师：书上说“危峰兀立”，这个“危”字是什么意思？是“危险”的“危”吗？字典上有三种解释，采取哪一种确切？（出示小黑板，引导学生根据整个词语的意思，选择确切的词义：危：①不安全；②损害；③高的、陡的。）

生：……

师：这些形态万千的奇峰中，有许多怪石叠在一起，这就叫——“怪石嶙峋”。如果是一块两块怪石，能叫“嶙峋”吗？一定要怪石重叠，才叫“怪石嶙峋”。

■ 分析第四自然段

师：第四自然段写了什么？怎么写的？

(1)朗读课文第四自然段，想象“这样的山围绕着这样的水，这样的水倒映着这样的山”是怎样一种景象，体会“舟行碧波上，人在画中游”的感觉。

(2)用自己的话说一说。

四、本课小结

用自己喜欢的方式再读课文，感受桂林山水的美。

第二课时

一、导入与目标

【教师提问，学生回答】

师：上节课，我们初步学习了《桂林山水》这篇课文。请回忆一下课文是怎么描写桂林山水的？你能说出其中好听的句子吗？

学生回答。

师：今天，我们继续学习这篇课文，详细研究一下课文的写作方式。今天的学习目标是：

(1)初步学会用排比句式描写景物的方法和分号的用法。

(2)初步认识“总写—分写—总写”的文章写作构思方式。

(3)能够说出桂林山水的特点和对桂林山水的感受，增强对祖国河山的热爱之情。

二、学习新课

目标4：初步学会用排比句式描写景物的方法和分号的用法

■ 实例研究

【教师引导，学生分析】

师：同学们看课文的第二自然段，主要写的是桂林水的特点。课文是这样写的：

(1)漓江的水真静啊，静得让你感觉不到它在流动；漓江的水真清啊，清得可以看见江底的沙石；漓江的水真绿啊，绿得仿佛那是一块无瑕的翡翠。

请同学们思考：这三句都写了什么？这三句之间是什么关系？

生：写了漓江的水静、清、绿三层意思，句与句之间是并列关系。

师：看课文第三自然段。

(2)桂林的山真奇啊，一座座拔地而起，各不相连，像老人，像巨象，像骆驼，奇峰罗列，形态万千；桂林的山真秀啊，像翠绿的屏障，像新生的竹笋，色彩明丽，倒映水中；桂林的山真险啊，危峰兀立，怪石嶙峋，好像一不小心就会栽倒下来。

请同学们思考：这三句都写了什么？三句之间是什么关系？

生：写了桂林的山奇、秀、险三个特点，句与句之间是并列关系。

师：请同学们再看老师写的一段话，分析一下都写了什么，句与句之间是什么关系。

(3)心灵是一方广阔的天空，它包容着世间的一切；心灵是一片宁静的湖水，偶尔也会泛起阵阵涟漪；心灵是一块皑皑的雪原，它辉映出一个缤纷的世界。

生：写了心灵。三句之间也是并列关系。

■ 得出结论

师：上面三个例子，共同的特点是什么？

生：都是三个句子，句子的意思相关……

师：像这样把三个或三个以上意义相关或相近、结构相同或相似、语气相同的词组或句子并排在一起组成的句子叫排比句，句子之间用分号分开。

■ 举例说明

下面的两个例子也是排比句：

(4)痛苦是黑暗中的摸索，前进的路途中满是坎坷；痛苦是无人理解的悲哀，无助地面对一切挫折；痛苦是心灵最深的折磨，无泪且无法直言；痛苦是天生没有的表情，是烦恼中的恶魔。

(5)愚蠢是一种天生的无奈，是一种后天的懒惰，是一种自己种下的恶果，是一种好果实中的蛀虫。

■ 应用结论

【教师引导，学生练习】

师：现在，老师说一句话——“我爱长江、西湖和家乡的小河”，请同学们把它改写成排比句。

生：我爱长江，我爱西湖，我更爱家乡的小河。或：我爱浩荡的长江，我爱明镜般的西湖，我更爱家乡弯弯曲曲的小河。

师：同学们能不能自己写一些这样的句子呢？试着写一句。

学生学写句子。

师：请同学们把自己写的念给同学们听。

学生读。

目标5：初步认识“总写—分写—总写”的文章写作构思方式

■ 分析课文得出结论

自读课文，思考以下问题，然后讨论：课文第二、三、四自然段的内容和开头的“桂林山水甲天下”有什么关系？

生：第一段总的说人们赞美“桂林山水甲天下”，引起我们对桂林山水的向往，急于阅读下文。后三段讲作者荡舟漓江看到的景色。第二三两段分别描述漓江的水和桂林的山，使读者对那里的山和水有深切的感受。第四段则将桂林的山和水联系起来，使我们读后在头脑中形成连绵不断的活动画面，深深感到桂林山水的确是天下第一。

师：这种结构方式就是“总—分—总”，让读者对桂林山水的美有了深切的感受，使文章浑然一体。

■ 应用结论

师：如果让你用“总—分—总”的方式写一段话，你能行吗？把你的思路说给同学们听。

生：……

目标6：能够说出桂林山水的特点和对桂林山水的感受，增强对祖国河山的热爱

■ 分析最后一个自然段，得出桂林山水之美

师：我们游了漓江的水，又观赏了桂林的山，课文最后一个自然段写出了我们游览的感受，写得很美。让我们来欣赏阅读，说说这一小节文字哪儿写得好。

学生读、说。

师：本段用字很少，但从不同角度写出了桂林山水之美：

(1) 从山到水，从水到山，相互映衬。

(2) 从空中到山间再到江上，写得很有层次。

(3) 从云雾迷蒙到绿树红花再到竹筏小船，由静到动，而且写了色彩，更觉桂林山水的美。

(4) 把桂林山水比成“连绵不断的画卷”，更觉桂林山水美不胜收。

(5) 最后引用“舟行碧波上，人在画中游”结束全文，增添了文章的诗情画意，并给读者留下了许多回味。

■ 语言训练，表达对祖国河山的赞美

师：结合本课的学习，请思考并回答以下问题：

(1) 当我们游览结束的时候，如果我们登上桂林市郊的叠彩山，那么桂林的山山水水就在我们的脚下，这时你想说什么？

(2) 桂林的山水，就是祖国山河的一部分，你由此又想到什么？

(3)“山水”的同义词有哪些？（河山、山河、山川、江山）可以加上哪些词组成短语？你能从这些短语选出一组，用来赞美祖国的锦绣河山吗？为了强调，也可用反问句。

例句：

我爱祖国的大好河山。

祖国的锦绣山河美如画。

江山如此多娇，叫我怎能不爱！

■ 强化阅读，感受祖国山水之美

拓展阅读《青海湖，梦幻般的湖》。

三、教学评价

师：通过本课的学习，你有哪些收获？

生1：我们祖国山河秀丽，我为我是中国人而骄傲。

生2：我知道了什么是排比句式，还会写排比句。

生3：我知道了段落可以用总—分—总的方式，一篇文章也可以用总—分—总的方式构思。

……

师：都是爱学习的孩子，请同学们课下继续阅读并积累描写祖国山河的文章或古诗。

[例7–15]“倾听声音”——学教并重与以学为主相结合的方式

一、导入

【教师描述，学生倾听】

师：同学们，请举起你的左手，让我们为自己能在今天的课堂上有个出色的表现鼓鼓掌吧!

生：……(教师观察学生表情)

师：怎么了，不想吗?

生：没办法鼓掌，没有成功。

师：为什么没有掌声呢？你能说说原因吗？解释一下。

生：一只手是不能鼓掌的，因而是没有声音的。

师：是啊，为什么用一只手就听不到掌声呢？今天，我们将走进“声音”单元，去揭开“声音”这层神秘的面纱。(板书：声音)在这堂课中，老师希望同学们认真倾听，用心感受，你一定会有收获的。

二、学习新知

目标1：能寻找出生活中的声音并会模仿表述

■ 实例研究

【教师播放音频资料并提问，学生倾听回答】

师：今天，老师给同学们带来一组音频，想听吗?

生：想。

师：好，请仔细听，一会儿可要考考你。(播放)

学生听。

师：你听到了什么？在哪儿听到的？比比谁听到得多?

学生抢答。

师：你们听得都很认真，但××组抢答得最多，赢得一面小红旗。

■ 归纳结论

【教师引导，学生回答】

师：同学们不仅注意了倾听，而且做到了踊跃回答问题。请同学们思考一下，刚才回答所听到的声音时用了怎样的句子?

生：我听到了……声音

师：我们在生活中也会听到各种各样的声音，经常用（让学生看大屏幕出示句子）"我在＿＿＿＿＿听到了＿＿＿＿＿发出的＿＿＿＿＿声音"来表述所听到的声音。你能用这样的句式来表述生活中所听到的声音吗？

■ 举例理解结论

生1：我在河边听到了流水发出的声音。

生2：我刚在教室听到了电脑发出的声音。

……

师：××，你的语言规范，声音又宏亮，为你们组赢得一面小红旗。

目标2：知道声音是怎么产生的

■ 提出问题

【教师提问，学生回答】

师：我们刚才知道了怎么表达日常生活中听到的声音。事实上，从呱呱坠地起，我们就置身于声音的海洋中。风声、雨声、歌声、读书声，处处充满着各种各样的声音。关于声音，你想知道些什么？

生1：声音为什么有的大有的小？

生2：声音是怎样发出来的？

……

师：看来声音的确很神秘。现在，咱们一起来整理这些问题……首先，我们来研究最基础的问题声音是怎样产生的。

■ 猜想与假设

【教师引导，学生猜想】

师：你能根据自己的生活经验，猜一猜声音是怎样产生的吗？把你的猜想在组内说一说。

学生独立思考、猜想，之后组内交流、全班交流。

师：关于声音是怎么形成的，同学们刚才猜想了很多。要想知道你们的猜想是否正确，怎么办？

生：做实验来验证。

■ 实验验证

【教师引导，学生实验】

师：是的，从事科学工作光靠猜想是不够的，还需要通过实验收集证据来验证自己的猜想。请按照老师的提示，组内先来制定实验方案吧。（大屏幕显示：制定方案小提示）

学生于组内制定实验方案。

师：哪个组愿意和我们一起分享你们组的方案？

学生汇报、补充。

师：通过补充，各组的方案都已经很完善。如果需要，可以边实验边改进，也可以按照老师的提示来完成实验。(大屏幕显示：实验提示)

学生开始实验并记录。(教师参与指导)

师：愿意与大家一起分享你们组的实验结果吗？注意汇报时其他同学要保持好姿势，注意倾听，相互补充，及时评价。(颁发实验习惯奖)

学生汇报交流(板书：弹动、抖动、跳动、摆动……)

■ 得出结论

师：通过实验，我们发现，只要物体发声，它们都会“动”起来。怎样动？你能用一个比较科学的词来概括吗？

生：振动……

师：物体发声时都在来回运动，这种来回往复的运动在科学上用“振动”来表示。(板书：振动)现在，你能说说声音是怎样产生的吗？

学生试着陈述。

师：刚才，同学们的实验说明，声音是由物体振动产生的。这是我们今天学习的重点。在刚才各小组实验中，同学们充分发挥小组的力量，认真探索和分析，总结出了“声音是由物体振动产生的”这个结论，很了不起。现在，给表述优秀的小组发一面红旗。(给小组发旗)

■ 理解巩固结论

【教师提问，学生实验】

师：老师也有个疑问，不知道你们能否解决。既然声音是由物体振动产生的，那么，如果物体停止振动还会有声音吗？猜猜看。让我们在组内用实验来验证吧。请看老师的提示(大屏幕显示提示)：

学生组内进行实验并记录。

师：你们是怎样做的？结果怎样？

学生汇报并补充。

师：物体停止振动，声音同时停止。这说明了什么？讨论一下。

生：说明声音是由物体振动产生的。

师：你能用自己的话说说，物体振动和声音的关系吗？

生：物体振动就会发出声音，没有声音说明物体停止了振动。

【教师引导，学生操作】

师：同学们学得非常好，知道了物体振动和声音的关系，就是“声音是由物体振动产生的”。现在，哪位“小诸葛”能解释一下我们课前只用一只手鼓掌没有成功的原因？

生：没有另一只手帮助产生振动。这是因为，声音是由物体振动产生的。

师：你们太棒了。鉴于你们的表现，我们来玩个更好玩的游戏：伸出你的左手放在你的喉咙部位，右手竖起大姆指向你的同桌大声说一句："你今天的表现真棒!"

学生玩游戏。

师：发现了什么?

生：手被振动了

师：人和动物都是因为声带在振动，所以产生了声音。你能举出生活中听到的声音并解释一下产生的原因吗?

生：钢琴发出的声音、用嘴吹小瓶子发出的声音……

目标3：提高好声音意识

■ 实例研究

【教师演示提问，学生倾听回答】

师：现在我们轻松一下，再来听一段音频。仔细倾听哦，一会儿可别被考住。(播放音频)你听到了什么声音，有什么感受?

生：有的很美，听起来很舒服；有的听起来很刺耳，不好。

■ 得出结论

师：是啊，有的声音给我们带来享受，有的声音听起来很不舒服，后者是噪音。所以，生活中我们要从自身做起，减少噪音的产生。

三、评价

师：愉快的一节课下来，你有什么收获?

生：我收获了……

师：现在，我们来查小红旗，看哪个组会获得冠军。(颁奖)

师：同学们，这节科学探究课好玩吧?这就是科学，只要大胆地去发现、去探索，每个人都会成功。下课后，请带着你们的热情继续寻找声音并解释它产生的原因，我们下节课继续交流。

[**例7–16**]"我和动物交朋友"——学教并重教学方式

一、导入

【学生绘画，教师查看】

师：课堂小练笔——"3分钟简笔画"。

两位学生在黑板上绘画，其他学生纸上创作。

教师巡回查看指导。

【学生展示，教师评价】

师：请同学们把自己所画的作品展示给同学们好吗? ××× 同学，请你说一下你画的是什么。

生1：我画了几只蜜蜂，飞来飞去很热闹。

生2：我画的是一只螳螂在一朵花上捉害虫。

……

师：××的蜜蜂有大有小，而且花朵有多有少，画面有变化，有情趣，有对比，使画面很丰富。但老师有个小建议，画面中所有的形象都偏下，要注意画面布局均衡。

师：同学们刚才画了好多作品，其中不少画的是可爱的动物。今天，老师就和同学们一起和动物交朋友(板书课题)。

二、学习新知

目标1：知道动物和人类是朋友

■ 实例研究

[我与动物]

【教师提问，学生讲述】

师：同学们思考一下，你都认识什么动物？你知道关于该种动物的哪些知识？每个同学只说你最喜爱的一种动物，也可以学学动物的叫声和动态。

生：我家的两只狗狗很聪明，一只名叫欢欢，是妈妈，另一只名叫乐乐，是儿子。有一次，欢欢不小心缠在河边，乐乐就跑回家冲我汪汪地叫，一边叫一边转身往河边跑，因此把欢欢救了。

生：我会学狼叫，“嗷……”

师：同学们每个人都有自己喜爱的小动物，大家想不想了解更多的动物呢？

生：想。

[动物与动物]

【教师演示提问，学生观察回答】

师：今天，老师给你们播放一段“动物世界”，请同学们注意影片中都有哪些动物。看完后，老师要考考你的观察力。(播放视频)

学生观看。

师：同学之间交流，你都看到了哪些动物？有什么感受？

生：狮子、小鹿……

生：我还从这段视频中发现世界上已经发现的动物大约有150万种，他们和人类一样快乐地生活在地球上，濒危动物大约占全部动物的百分之十。

师：地球是动物和人类共同的家园，动物和人类快乐地生活在同一片蓝天下；人与动物和谐相处，构成了一道道亮丽的风景线，让我们来共同分享这份温馨与快乐吧！

[人类与动物和谐相处]

【教师演示讲解，学生观察倾听】

教师出示图片，边演示边讲解(演示文稿)。

学生：观察并用一句话表述画面内容和情境。

教师特别强调下面两幅作品。

第一幅图：“游客喂养金鱼”。引导学生要做文明游客，在景区喂养动物是不合理的，会影响动物的正常生活习性。

第六幅图："饲养员喂养老虎"。让学生明白有些动物很凶猛，我们应该爱护，但要注意安全。

■ 得出结论

师：上面几个例子可以说明动物和人类是朋友。

目标2：发挥自己的想象力，选择自己喜欢的绘画形式创作一幅作品，表达人与动物和谐相处的情景

【教师演示分析提问，学生观察倾听回答】

师：动物是这么可爱，人与动物和谐相处这么亲切、感人。古今中外，有许多的艺术家用自己手中的画笔把这一温馨的瞬间变成了永恒。孩子们，想不想看看他们的作品呢?

生：想。

■ 欣赏

师：(出示作品)同学们请看图片，选择你喜欢的一幅图画，观察一下都画了什么，表现了怎样的情境。

学生边观察边交流作品的创作形式与内容，小组内交流感受，然后选择自己喜欢的作品来评述。

师：课件中第一幅作品中的牛和羊特点不清晰，请同学们看老师如何用简笔画表现的，两种动物的特点有什么不同?

学生观看教师示范。

师：我们欣赏了这么多的作品，请思考：这些作品的形式、所运用的材料和表现方法是怎样的?

生1：作品的形式很多，有国画、有水粉画，还有粘贴和水彩画。

生2：还有农民画和版画。

生3：我知道国画用的工具和材料是毛笔、水、墨、颜料和宣纸等。

生4：水粉画用的是水粉颜料、水粉笔和水粉纸；粘贴用的是废旧材料、卡纸和剪刀等。

……

师：孩子们，你们总结得非常全面，对每一种作品的创作形式、方法都有自己独特的认识与见解，真是很了不起呀!

■ 构思

【教师引导，学生构思】

师：孩子们，欣赏了这么多作品。此时此刻，你的小手是否也想创作了呢?

生：想。

师：在创作前，老师有几点提示请你们要注意哟!播放幻灯片出示要求。

师：下面由同学们先构思自己的作品，把构思的结果和同桌进行交流。

学生构思并与同桌交流。

■ 创作主题作品

【教师引导，学生绘画】

师：同学们，完成你的构思以后，请用自己喜欢的方式(水粉、水彩画、国画、粘贴，刮画等)进行创作，大胆想象，发扬个性。

学生创作。

教师巡回指导。

目标3：通过欣赏、创作作品等学习活动，增强学生爱护动物、保护动物的意识

三、评价作品、课堂小结

【学生展示，教师评价】

师：请同学们把完成的作品在展区进行展示，先对自己的作品进行自评，然后互评。

生1：我画的是两只小白鸽和主人一起快乐地生活。有一天，小白鸽叼着主人的肩膀飞到太空中旅游去了。

生：我觉得他的画很有创意，而且它画的小主人很形象，小白鸽展翅飞翔时翅膀特别美丽。

师：× × 同学的想法很独特。老师还有个小建议，主体都在空中偏上方，画面下方就比较空了，所以我觉得你可以添加一些背景，就像飞机航拍一样的美丽景色。

……

教师点评学生作品，给予肯定及建议。

【教师讲述，学生接受】

师：(播放一段公益广告)“没有买卖就没有杀害”，动物是人类的朋友。我们要从自身做起，从小做起，保护环境，热爱动物。让我们行动起来，共同建设美好家园。

在撰写教学过程明细时，也可以用表格的形式写出来。

［**例7-17**］人教版高一《化学》“氯”的表格式教学过程明细方案(学教并重与以学为主相结合)。

表7-5

目标简述	策略步骤	教师活动	学生活动
导入新课	讲述	【讲述】(展示氯气泄漏事件图片)这是一幅2004年4月15日重庆天原化工总厂发生氯气泄漏的图片。事故中15万名群众被疏散，一度举国震惊，谈“氯”色变。那么，通过整个事件的发生和处理过程可以得到哪些信息？今天，我们就通过学习“氯气”的有关知识来解开这个谜。(呈现目标)	【观看倾听】阅读氯气的发现史。
氯气发现史	自学	【讲述】请同学们自学课本第70页的“科学史话”。	【自学】

目标简述	策略步骤	教师活动	学生活动
氯气的物理性质	实例研究	【演示讲解】发生氯气泄漏后，旁边的工人首先看到一股浓浓的黄绿色气体逸出，接着闻到一股刺激性气味，然后晕倒。 消防官兵得到信息后，迅速将中毒人员转移至地势较高处等待救护车，同时将周围的群众往高处疏散。 然后，在周围50米处筑起了“水墙”并将液氯钢瓶扔进投放了大量烧碱的水坑内。	【观看归纳】 氯气是一种黄绿色气体，有刺激性气味、有毒。 氯气密度比空气大。 氯气易溶于水和碱性溶液。
	得出结论	【提问】通过上述过程，我们可以得到氯气的物理性质都是什么？（学生总结后以幻灯片出示）	【回答】黄绿色、刺激性有毒气体，密度比空气大，易溶于水和碱性溶液。
	理解巩固	【提问】如何闻氯气？为什么？	【操作闻氯气】氯气有毒
与钠、铁、铜等金属的反应	讲述	【讲述】根据氯原子的结构示意图，最外层有7个电子，易得到一个电子，具有强氧化性，所以能与大多数金属发生单质反应，生成氯化物（盐）。	【接受】写方程式
	实验	【实验】铁在氯气中燃烧	【观察倾听】
	巩固提高	【提问】铁与氯气反应的产物是什么？为什么不是正二价铁？	【回答】FeCl3；因为氯气的氧化性强。
与氢气的反应	讲述	【提问】氯气能否与氢气反应？为什么？	【回答】能；因为氯气有强氧化性，氢气具有强还原性。
与氢气的反应	观看实验视频	【演示】教师展示氢气在氯气中燃烧的实验视频。	【观看】学生观看后叙述出实验现象。
与水的反应	问题	【演示提问】 1.老师课前用氯气和水按1 ∶ 2的比例混合制备了一瓶氯水，请同学们观察猜想一下：瓶中可能会有哪些成分？ 2.除了可能含有氯分子（物理性质中的绿色），Cl_2和H_2O有可能发生反应吗？如果反应，产物可能是什么？请画出反应物的原子结构示意图加以分析。 3.怎样通过实验验证你的推测呢？	【回答】氯水呈现浅黄绿色，说明氯水中可能存在氯分子、水分子。 【操作】画出氯、氢、氧元素的原子结构示意图，可知氯、氢、氧元素常见的稳定化合价分别为−1、+1、−2。如果氯气和水有反应，氯元素的常见化合价为−1价，可能有HCl生成。 【讨论】氯化氢在水溶液里电离为H^+、Cl^-，检验H^+、Cl^-是否存在，即可验证推论。向氯水中滴加石蕊试液等可以验证H^+的存在；滴加硝酸银溶液，可验证Cl^-的存在。
	实验	【演示实验】首先老师向新制的氯水中滴加石蕊试液，我们观察有什么变化，说明什么？ 【演示实验】老师又向新制的氯水中滴加硝酸银溶液，同学们观察一下有什么变化，说明什么？	【观察回答】石蕊试液呈现红色，说明溶液呈现酸性，即氯水溶液中有大量的氢离子。 【观察回答】有白色沉淀生成，说明溶液中有大量的氯离子。

目标简述	策略步骤	教师活动	学生活动
与水的反应	结论	【提问】1.从上述两个探究实验中，你可以得到什么结论？ 2.由Cl_2和H_2O反应生成HCl外，还有另外的产物吗？你如何判断？把你的想法与大家交流。 【讲述】同学们分析得很好。这种含有氧元素、含有化合价升高的元素的产物对我们来说是个新朋友，名称为次氯酸，化学式为：HClO。结合上述生成的HCL，其化学方程式为： $Cl_2 + H_2O = HCl + HClO$ 【提问】通过上面的分析和实验，我们总结一下，氯水的成分都是什么？	【讨论回答】氯气与水反应的产物可能有氯化氢存在。 【讨论】氯元素化合价降低的产物为HCl，由反应物的组成元素和氧化还原反应中得失电子总数相等的规则，可知还会有另外的产物，这个产物符合“含有氧元素、含有化合价升高的元素”的推论 【回答】氯水中含有Cl_2、H^+、Cl^-、ClO^-、HClO、H_2O等。
与碱的反应	讲述	【讲述】同学们根据氯气与水反应的产物，推导其与氢氧化钠或氢氧化钙反应的产物，应该是什么？	【回答】氯气与碱反应也就是氯气与水反应后的两种酸再与碱中和，所以产物应该是对应的两种盐和水。
HClO的主要性质	实验	【讲述】1.刚才我们说到氯水有漂白作用，氯气有没有此作用呢？这些我们将通过实验来验证： 现在，老师将干燥的氯气依次通过干燥的有色布条和湿润的有色布条，同学观察有什么现象发生，为什么有这样的情况发生？ 2.老师向石蕊试液中滴加不同量的氯水，请同学们分析一下会产生什么现象，为什么？ 3.现在，老师做这个实验，我们观察一下会有什么现象发生？为什么？	【观察回答】干燥的有色布条没有褪色，而湿润的有色布条褪色了，说明氯气没有漂白性，具有漂白性的是氯气与水反应的生成物。 【回答】加入量越大溶液的酸性越强，石蕊试液的颜色越红。 【观察回答】实验结果与预期结果不同，越滴加氯水，颜色越浅。说明氯水中存在具有漂白性的物质
	结论	【提问】通过刚才的实验你可以得到什么结论？	【讨论】氯气没有漂白作用；氯水中的Cl_2、H_2O、HCl、HClO四种物质中H_2O、HCl、Cl_2没有漂白性，只有HClO具有漂白作用
	应用	【讲述】次氯酸不仅有漂白性，还可以杀菌、消毒，自来水普遍使用的消毒剂就是氯气，所以我们要直接饮用、养鱼都不合适，可是在阳光下晒一段时间的自来水就可以用来养鱼了，请推测原因可能是什么？如何验证你的推论？	【讨论】可能的原因：日晒的过程中氯气挥发，浓度降低，毒性降低；日晒过程中发生了一定的化学反应，导致次氯酸浓度降低 【观察】在光照的条件下，氯水中产生不溶于水的无色气体，依据所存在的元素和实验现象进行推测，该气体为氧气。依据元素守恒和氧化还原理论归纳出： $2HCl \xlongequal{光照} 2HCl + O_2\uparrow$
氯气的主要用途	展示图片	【讲述】氯气是一种重要的化工原料，如合成塑料、橡胶等。	【自学】阅读课本内容
小结评价		检测题略	

第四节 设计导学方案

教学过程实施方案的另一种形式就是导学案。导学案是一种教师和学生共同使用的指导学生自主学习、合作学习为主的学习方案，也是呈现教学设计结果的一种形式，其设计质量决定了学生的学习质量。在导学案设计过程中，教学目标、教学策略和教学内容的设计与前述第二章至第四章相同，而教学方法设计、教学媒体选择及方案撰写等又有自己的特点和要求。总体上说，仍要体现以目标为导向的基本原则，体现教学目标、教学策略、教学方法和教学评价一体化的思想。

一、导学案与教学设计的区别

适用对象不同：教学设计适用于教师；学案则是教师和学生共用，但以学生为主。

撰写目的不同：教学设计体现的是教师如何教，目的在于辅助教师的教；导学案体现的是学生怎样学，目的是辅助学生的学。

因此，导学案应是教师提供给学生并依托教材可以轻松做到自主学习的具体方案，是教师给学生搭建的自主学习的平台，重点在于写出学习活动。

一份好的导学案能体现如下四个特点：

(一)问题探究是导学案的关键，能起到“以问拓思，因问造势”的功效，并能帮助学生学会如何从理论阐述中掌握问题的关键。

(二)知识整理是导学案的重点，初步目标就是让学生学会独立地将课本知识进行分析综合、整理归纳，形成一个完整的科学体系。

(三)阅读思考是导学案的特色。

(四)巩固练习是导学案的着力点，应在探索整理的基础上，让学生独立进行一些针对性强的巩固练习。

二、导学案的作用

教师由学生学习的指导者变为学生学习的策划者、组织者、促进者、引导者，从而在根本上改变了学生的学习方式。所以，导学案为学生的自主学习提供了以下六个方面作用：

(一)学生自主学习的路线图，为学生高效地自主学习提供了有效途径。

(二)课堂知识结构体系的呈现表。

(三)学生课堂展示的备份材料。

(四)学生课堂学习的随堂记录本。

(五)学生自我反思小结的文本材料。

(六)学生以后复习巩固使用的学习材料。

三、导学案的内容

导学案的组成内容有学习目标、重点难点、知识链接、学法指导、学习内容、学习小结、达标检测和学习反思等。

(一)学习目标

学习目标内容应明确具体，而且可操作、能达成。根据自学环节的安排，教学目标可以具有一定的综合性，以便于学生自主学习。制定学习目标时，教师需面对所教学生的实际水平，按照预设的教学目标，准确地为学生进行学习目标定位。学习目标既不能过低，使学生达不到基本的学习要求；又不能过高，造成大多数学生经过努力也很难达到。如果目标确定得不适度，学生很难实现高效学习。目标表述时，不要用"了解"、"理解"或"掌握"等模糊语言，而要用"能记住"、"能说出"、"会运用"以及"解决"等可检测的明确用语。

(二)知识链接

知识链接即课前小测验，有的老师称其为前置测评或诊断检测等。其作用是扫清学习新知识的障碍和为新知学习做好铺垫，一般要针对目标进行检测。

(三)学习内容

学习内容是导学案的核心，无论是目标的达成、重点难点的突破，还是学习方法的应用，都是通过学习内容来实现的。学习内容的组织要根据教学目标类型，按照学习策略的过程和步骤进行选择，并安排学习内容的呈现顺序。

(四)达标检测

达标检测题的编写及使用的具体要求如下：

1. 题型要多样，题量要适中，不能太多，以5分钟左右的题量为宜。

2. 紧扣教学目标，具有针对性和典型性。

3. 难度适中，既面向全体，又关注差异。建议可设置选做题部分，以促进优生成长。

4. 规定完成的时间，要求学生独立完成，培养其独立思考的能力。

5. 注重及时反馈矫正。

(五)教学反思

经过导学后，教师要对教学情况进行反思。反思可以从以下几个方面入手：

1. 解决问题的能力情况，个别学生的个别问题应采取个别辅导的方法单独解决，如果是大面上的问题，则下一阶段要强化训练。

2. 反思教学方法是否能引起学生强烈的学习兴趣，能否激发学生强烈的学习动机。

3. 反思知识点的训练程度与知识点的难易程度是否匹配。

4. 反思某个教学环节失误的原因是重难点把握力度不当，还是对学生的指导、点拨不到位。

5. 某个教学环节的成功是偶然的还是必然的等。

四、编写导学案的基本原则

（一）问题化原则

将知识点转变为探索性的问题点、能力点，通过对知识点的设疑、质疑和解释，从而激发学生主动思考，逐步培养学生的探究精神以及对教材的分析、归纳和演绎的能力。

（二）层次化原则

导学案要有层次梯度，能引导学生由浅入深、层层深入地认识教材、理解教材，引领并促进学生的思维活动不断深入。要满足不同层次学生的需求，让每个学生都学有所得，最大限度地调动学生的学习积极性，提高学生学习的自信心，既使学生从导学案的设计中感到挑战，又使学生感受到激励和尝到成功的喜悦。

（三）参与化原则

通过对导学案的使用，创造人人参与的机会，激励人人参与的热情，提高人人参与的能力，增强人人参与的意识，让学生在参与中学习。

（四）课时化原则

在每个学科新教材中，一些章节的内容仅用一课时是不能完成教学的。因此，需要教师根据实际的上课安排，分课时编写导学案，使学生的每一节课都有明确的学习目标，从而能有计划地完成学习任务，最大限度地提高课堂教学效益。

（五）方法化原则

导学案应体现教师必要的指导和要求。教师指导既有学习内容的指导与要求，又有学习方法的指导。如在学生自主学习时，教师要明确、具体地告诉学生看教材哪一页的哪一部分，用多长时间，达到什么要求，以及自学完成后教师将采取什么形式进行检查等。

五、编制导学案的难点

编制导学案的难点也是学生自主学习的难点，更是导学案的精彩点和亮点。导学案编制的难点主要是概念设计、原理的理解过程、问题解决的思路分析、知识的系统化以及方法的形成与积累等方面。突破难点的措施，广义上说就是提供有效支持，即在关键之处进行必要的提示，把教学中的师生面对面的直接指导变成导学案中文字、图式和示例等提示性、选择性引导。例如，使用问题系列提供理解问题的引导，使用图表、填空、示例等进行问题解决、知识及方法的形成与积累的引导等。

六、导学案的实例

［**例7–18**］初中《数学》相交线导学过程设计

（目标1：会在具体情境中找邻补角、对顶角；探索发现邻补角，对顶角的性质）

■ 自主学习，习得结论

【邻补角和对顶角的概念】

1. 画直线 AB、CD 相交于点 O，并说出图中4个角两两相配共能组成几对角？根据不同的位置，怎么将它们分类？完成后，和组内其他成员交流。

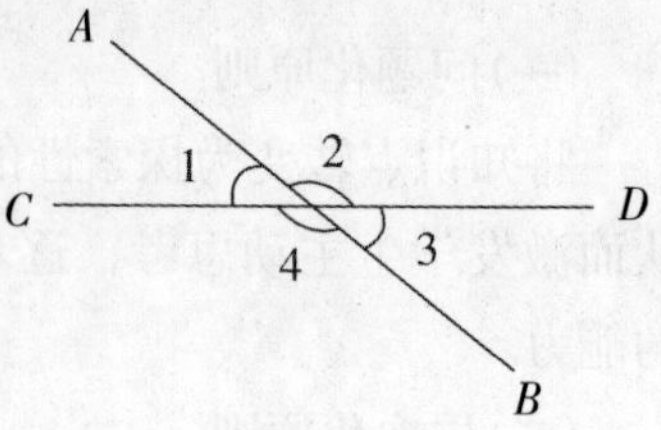

图7–14

2. 观察图7–14中的∠1和∠2有一条公共边____________，∠1的另一边 OC 是∠2的另一边 OD 的_______。具有这种关系的两个角，互为邻补角。

∠1和∠3有一个公共的顶点_______，∠1的两边 OA 和 OC 分别是∠3的两边 OB 和 OD 的_______，具有这种关系的两个角，互为对顶角。

[邻补角和对顶角性质]

3. 用量角器分别量一量各角的度数，发现各类角的度数有什么关系，为什么？

4. 请你根据观察和度量完成下表(表7–6)：

表7–6

两条直线相交	所形成的角	分类	位置关系	数量关系
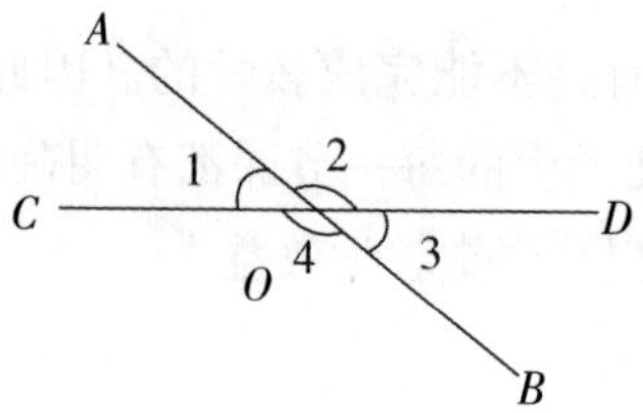				

你得出的结论是：________________________

■ 自主练习，理解结论

1. 选择：如图7–15所示的∠1、∠2是对顶角的图形有(　　)

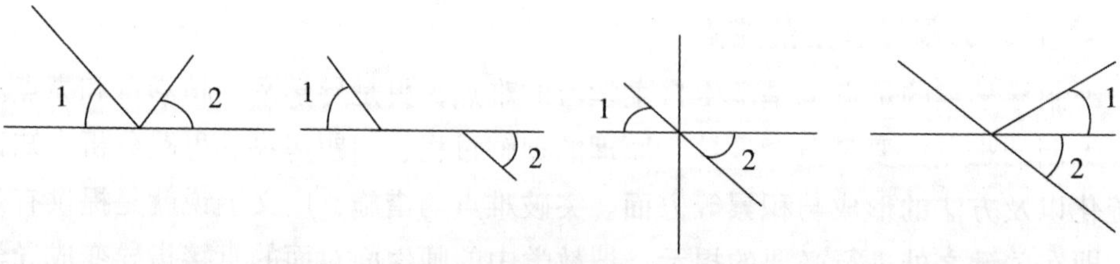

图7–15

2. 如图7–16所示，AB 与 CD 相交所成的四个角中，∠1的邻补角是_____，∠1的对顶角是_____。

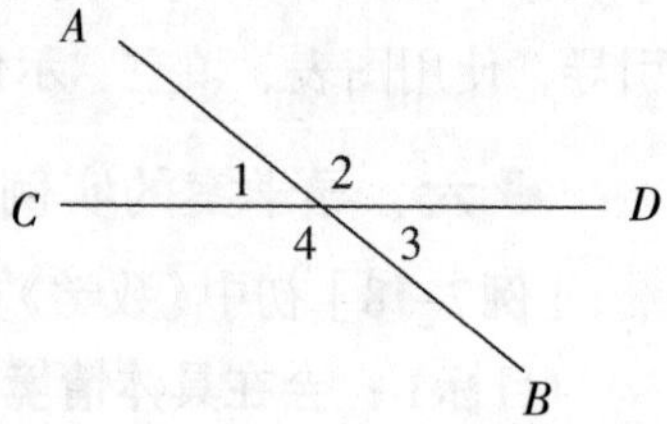

图7–16

3. 判断下列说法的对错(对的画√，错的画 ×)：

(1) 邻补角可以看成是平角被过它顶点的一条射线分成的两个角。(　)

(2) 邻补角是互补的两个角，互补的两个角是邻补角。( )

(3) 对顶角相等，相等的两个角是对顶角。( )

目标2：运用邻补角和对顶角的性质解决一些简单问题

■ 自主练习，形成技能

1. 如图7–17，直线 a 和 b 相交，$\angle 1=40°$，求$\angle 2$，$\angle 3$，$\angle 4$的度数。

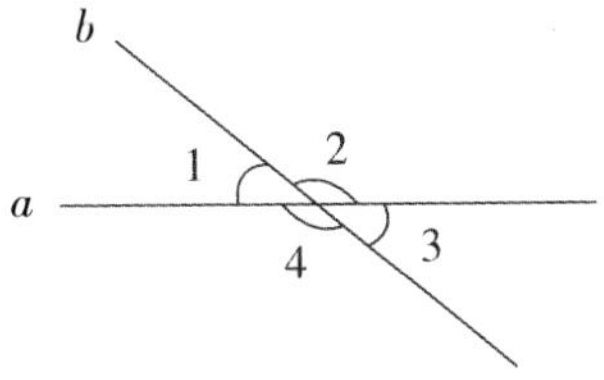

图7–17

2. 观察图形7–18，分析并填表。

3. 研究表7–7中的数据，探究有何规律并回答下面的问题：

(1) 若有100条直线交于一点，则可以形成多少对对顶角？ n 条呢？ 2006条呢？

(2) 若有100条直线交于一点，则可以形成多少对邻补角？ n 条呢？ 2006条呢？

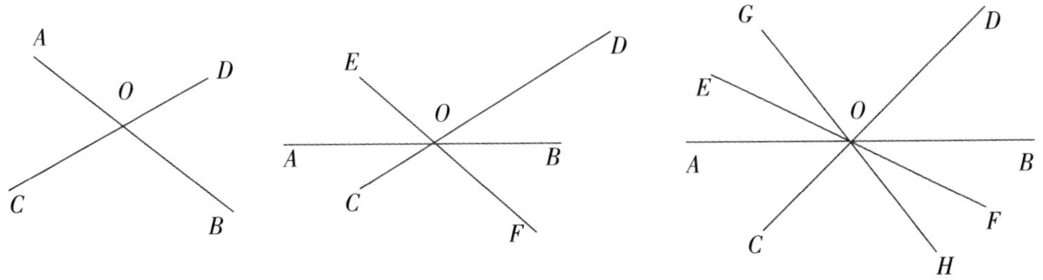

图7–18

表7–7

交于一点的直线条数	2条	3条	4条
对顶角的对数			
邻补角的对数			

■ 达标检测

判断题(正确的画√，错误的画 ×)

1. 如果两个角有公共顶点和一条公共边，而且这两个角互为补角，那么它们互为邻补角。( )

2. 两条直线相交，如果它们所成的邻补角相等，那么一对对顶角就互补。( )

解答题：

1. 如图7–19，直线 AB、CD、EF 相交于点 O，$\angle AOE$ 的对顶角是__________，$\angle COF$ 的邻补角是__________

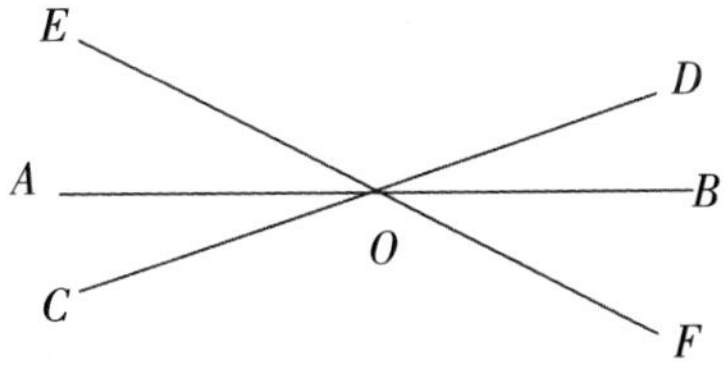

图7–19

2. 如图7–20，直线 AB、CD 相交于点 O，$\angle COE=\angle FOB=90°$，$\angle AOC=30°$，求$\angle EOF$

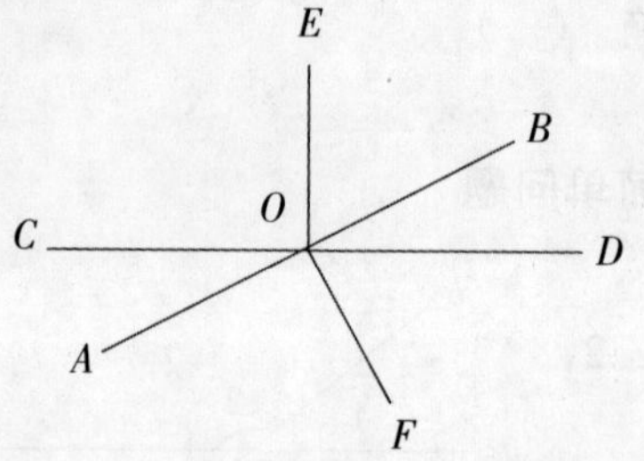
图7-20

的度数。

[例7-19] 人教版初中《语文》木兰诗导学方案

■ 预习自学，学习字词

1. 给画线的字注音并把字形抄写两遍。

可汗 鞍鞯 燕山 鬐头 戎机 胡骑 金柝 红妆 唧 机杼 溅 啾 姊 朔气

2. 解释通假字并记住。

对镜帖花黄________________

3. 把下面古今异义词的古义和今义分别写在下面的横线上并记下来。

	古义	今义
但闻黄河流水鸣溅溅	________	________
出郭相扶将	________	________
双兔傍地走	________	________
阿爷无大儿	________	________
雄兔眼迷离	________	________

4. 词类活用(解释画线的字并牢记)

愿为市鞍马________策勋十二转________当窗理云鬓________

5. 一词多义(解释画线的字并牢记)

市	帖
东市买骏马________	昨夜见军帖________
愿为市鞍马________	对镜帖花黄________

6. 请在下面的横线上列举出常见的修辞手法(列出6种以上)：

____

目标1：熟练地背诵课文，并能用箭头的形式理出文章的内容情节，体会详略得当的特点

■ 正确、流利、有感情地背诵课文

请按要求熟练背诵课文

■ 整体感知，理清情节

(1) 用一句话回答：课文叙述了一件什么事？

(2) 请用四字短语概括全文主要情节。

________→________→木兰征战→________→________(最后一节是一段附文，是歌者对木兰的赞辞)。

目标2：能结合具体的句子准确地分析出木兰的性格特点，了解木兰这一巾帼英雄形象

■ 研读课文，赏析人物

1. 请同学们结合课文内容概括出木兰的性格特点。用“我从__________这句诗中，看出木兰是一个______________的人”这样的句式来回答。

2. 木兰既是一位传奇英雄，又是一个普通的女性。你认为诗中刻画她英雄形象的笔墨多一些还是作为一个普通女性的形象写得多一些？文章为什么要这样安排详略呢？

目标3：能准确地判断本文中运用的排比、夸张和对偶等修辞手法并体会其作用

■ 找出修辞，品读语言

本文运用了许多修辞手法，请找一找，并简要地分析一下其作用。

例如：东市买骏马，西市买鞍鞯，南市买辔头，北市买长鞭。

分析：这四句用排比和互文的修辞手法，写木兰出征前的准备工作，突出了战事紧急、时间紧迫，渲染了木兰紧张而又周密地准备戎装时的气氛。

目标4：体会古代劳动人民的爱国精神和对和平生活的向往，培养学生爱国爱家的责任感

■ 放眼生活，寻找“木兰”

木兰代父从军是千古传颂的英雄故事，其实自古以来，像这样的事例还有很多，比如爱国女侠秋瑾、东北抗联女英雄赵一曼等。你还能说出一两个并简单介绍一下这样的巾帼英雄的故事吗？

■ 总结拓展，赞颂木兰

花木兰的故事是一首英雄的歌、壮丽的诗。《木兰诗》被列入中小学课本，被千千万万的青年学生所传颂。多年来，木兰的事迹和形象被搬上舞台和银幕，木兰从军的故事长演不衰。她的精神激励着成千上万中华儿女在保卫国家的战斗中做出了惊天动地的壮举。人们为了纪念她，在虞城县内还建有木兰中学、木兰火车站、木兰宾馆、花木兰度假村、花木兰产业集团、花木兰民兵连。商丘市还组建有花木兰武术协会、花木兰盘鼓队、花木兰舞龙队。每年的四月初八，木兰的生日，人们前来祭祀，人山人海，庙会盛大。现在，巾帼英雄花木兰的名字不但在我国家喻户晓，而且由于美国迪斯尼公司耗巨资制作的卡通片《花木兰》的巨大影响，她的美名已传遍了全球。美国新闻媒体赋诗称赞：“古有神州花木兰，替父从军英名响；今有卡通‘洋木兰’，融中贯西四海扬。”

请你为这位巾帼英雄写一段颁奖辞，要求至少运用两种修辞。

示例：巾帼不让须眉，千百年来，你的故事家喻户晓，妇孺皆知！替父从军，你用柔弱的肩膀担起了家国的重任；十年征战，你用满腔的热忱捍卫了祖国的尊严；辞官返乡，你用淡泊的情怀诀别了腐朽的官场。你勤劳善良、忠孝两全、深明大义、机智勇敢，你是当之无愧的巾帼英雄！

第五节　设计说课方案

说课，作为一种教学、教研改革的手段，最早是由河南省新乡市红旗区教研室1987年提出来的。实践证明，说课活动有效地调动了教师投身教学改革、学习教育理论、钻研课堂教学的积极性，是提高教师素质，培养造就研究型、学者型青年教师的最好途径之一。那么，什么叫说课呢？说课是指执教者在精心备课的基础上，面对同行或教研人员，以先进的教育理论为指导，将自己对课程标准与教材的理解和把握、课堂程序的设计和安排、学习方式的选择和实践等一系列教学元素的确立及其理论依据进行阐述，然后由听者评议、说者答辩，相互切磋，从而使教学设计趋于完善的一种教研活动。简言之，即说清做什么、怎样做和为什么这样做。说课也是一种集体备课的形式，是为了提高课堂教学效率，教师之间进行的思想的碰撞和智慧的交流。说课具有较强的参与性和合作性，能很好地解决教学与研究、实践与理论相脱节的矛盾。它要求教师必须运用教育学、心理学、现代教育思想理念等教育教学理论。这同备课、上课写教案相比，要求更高，难度更大，教研效果也更明显、更突出。

一、说课的内容

说课的内容实质上就是说出如何根据第二章至第六章所讲的设计方法进行课堂教学设计。这里把第二至第六章阐述的教学设计过程用下图(7–21)做一简要表示：

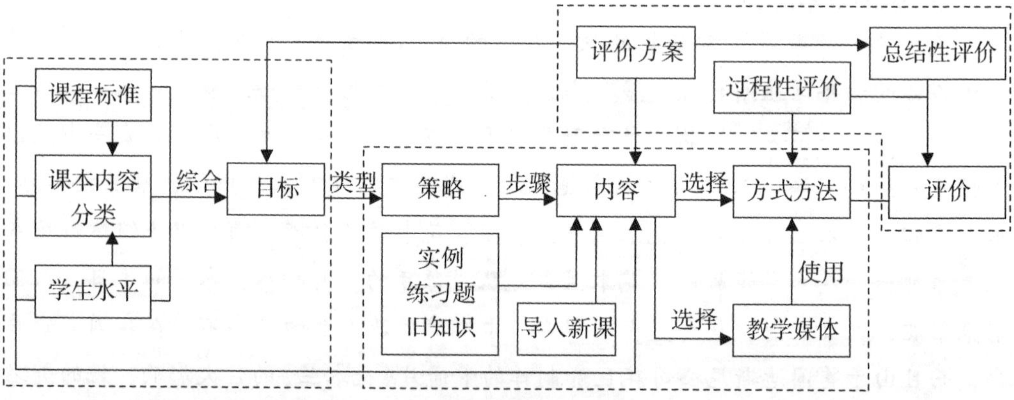

图7–21

从图上可以看出，课堂教学设计可以分为三部分：目标部分(左侧虚框)，主要涉及“教什么”；策略与方法部分(中间虚框)，主要涉及“怎么教”；评价部分(右侧虚框)，主要涉及“教得如何、学得如何”。设计说课内容时，可以从以下四个方面进行设计：

(一)教学目的

教学目的包括教材分析、课程标准、学情分析与教学目标四个部分。其核心是说明“教什么”和“为什么教这些”。重要的是说清本课教材内容、课程标准、学生学习水平和教学目标之间的关系，这个关系就是：教学目标是教材内容、课程标准和学生学习水平三者之间的联系，即教材内容、课程标准和学生学习水平综合的结果就是教学目标。教学目标反映了教材内容、课程标准和学生学习水平。理清三者的联系，就能确定教学目标及依据什么确定教学目标。说教学目标最终的落脚点是最终确定的教学目标是什么。

（二）教学过程

教学过程主要包括教学策略、教学内容、教学方式、教学方法与教学媒体五个部分。其核心是说明“怎样教”和“为什么这样教”。可以从如何依据教学目标的类型确定教学策略、如何根据教学策略组织教学内容以及采用什么样的方式方法与媒体来展示的角度进行阐述，重点要说出它们之间的联系和必然性。设计时，提倡说出同一个目标可以采用不同的策略和方式方法、媒体及可能产生的教学效果，并说出最终确定使用的教学策略与教学方式方法，彰显教学设计的艺术性。

（三）教学评价

教学评价主要包括过程性评价和终结性评价两部分。其核心是说明“怎样评价”和“为什么这样评价”。过程性评价要说清评价时间线的设计，终结性评价要说清如何针对教学目标的类型确定评价方法。

（四）教学过程结构

教学过程结构主要包括导入新课、教学新知和教学评价各环节的安排。

二、说课资料的准备

说课要想取得较好效果，还要准备相应的资料以辅助听课者深入理解说课内容。说课资料主要包括以下一些：

（一）说课稿。说课稿是为说课准备的文稿，它不同于教案：教案只说“怎样教”，说课稿则重点说清“为什么要这样教”。完整的说课稿要体现上述四个方面的说课内容。

（二）课程标准、教材内容。

（三）教学过程结构图。包括框架结构表、流程图或思维导图等，用于辅助听课者以简约的方式理解教学过程的结构。

（四）说课演示文稿。使用多媒体设备说课时，还要制作说课用的演示文稿。说课用的演示文稿不是说课内容的简单呈现，而是按说课顺序制作的说课内容的结构关系图。具体来说，就是制作好以下几类图：

1. 教材、教学目标分析图：主要表明教材内容、课程标准、教学目标及它们之间的关系，要与说课内容的“目标”部分相对应。制作时，可用教材图片做背景，画出教材内容、教学目标和课程标准之间联系的结构图，便于直观观察。

2. 教学策略、教学内容和教学方法分析图：主要表明教学目标、策略、内容和方法之间的关系，要与说课内容中的“策略与方法”相对应。根据情况，可每一个目标占用一张幻灯片，幻灯片背景仍可用相应的教材图片作背景。

3. 教学评价图：主要用于呈现评价的方法和理由。

4. 教学过程整体结构图：用于呈现教学过程主要环节的安排。

三、说课方案范例

[**例7-20**]《我和动物交朋友》(教材内容见图2-5)

■ 教学目标

"我和动物交朋友"选自冀教版《美术》教材第八册。教材中是通过几幅主题绘画，描述了在自然界中人和动物和谐相处的情境，体现了人和动物共同生活在同一个星球上、世界是为人与动物共同拥有及共生共存的意识。因此，本课的重点是主题创作绘画，绘画的主题是人与动物和谐相处的场景。围绕这个重点，可以设计一个重点教学目标。

四年级学生已具备一定的绘画及构思的能力，在绘画创作方面也有了一定的基础。但为了能使学生创作出主题鲜明的作品，就需要学生对动物有较多的了解和情感，作为主题创作的感情基础。为此，在进行主题绘画创作之前，需要强化学生对"人类和动物是朋友"的认识，以便强化学生的主题绘画意识，为完成主题绘画活动提供心理准备。因此，可以增加一个学习目标——知道人类和动物是朋友。

在现实生活中，受大自然与人类行为的影响，每一小时都有一种动物从地球上永远地消失，而学生是未来世界的主人，他们对动物的态度关系到未来人类的生存。因此，培养学生们爱护动物和与动物共生存的意识尤为重要。由此，在重点教学目标基础上，需要设计一个树立学生爱护动物、保护动物意识的情感目标升华美术教学，发挥美术教学育人的优势。

结合美术课程标准中"通过观察、绘画、制作等方法表现所见所闻、所感所想、激发丰富的想象，唤起创作的欲望"的要求，本课试图让学生通过从认识、了解和爱护动物，升华到渴望描绘动物形象，并使学生懂得欣赏动物的美，达到提升学生绘画素养，增强学生爱护动物、保护动物意识的目的。为此，设计了以下三个目标：

1. 知道动物是人类的朋友，我们要爱护动物。(知识)

2. 发挥自己的想象力，选择自己喜欢的绘画形式，创作一幅表达人与动物和谐相处的作品。(技能)

3. 通过欣赏、创作作品等学习活动，使学生树立爱护动物、保护动物的意识。(情感)

■ 教学策略、教学方式与教学方法

根据本课三个不同类型的教学目标，设计了不同的教学策略、教学内容和相应的教学方法。具体如下：

第一个目标"知道人和动物是朋友"是一个知识型目标。在设计中，我补充了"我与动物"、"动物与动物"和"人类与动物"三个案例作为教学内容。以学生自述"我与动物”接触的事例和教师播放体现“动物与动物”相处的动物世界视频以及显示体现“人与动物和谐相处”的图片，来引导学生懂得“人类和动物是朋友”这个道理，进而达到落实教学目标的目的。

第二个目标“发挥自己的想象力，选择自己喜欢的绘画形式，创作一幅表达人与动物和谐相处的作品”是一个技能类型的目标，也是本课的重点。设计中，采用“欣赏、构思、创作”的策略，以教材中的七幅图画和教师搜集的有代表性的作品为主要教学内容，通过对图片的欣赏和提炼主题，引领学生进行合作讨论，选择自己创作作品的主题，构思自己的作品，最后指导学生进行绘画创作，达到落实教学目标的目的。

第三个目标“通过学习活动，树立学生爱护动物、保护动物的意识”是一个情感类型的教学目标。设计中，采用“评价作品、欣赏视频”的策略，以学生自己创作的作品和教师补充的保护动物的广告视频资料“没有买卖就没有杀害”为主要教学内容，学生通过评价自己的作品和观看视频，树立保护动物、爱护动物的意识，从而达到落实教学目标的目的。

在策略与方法的选择中，应注重发挥学生学习的主观能动性，体现以学为主和学教并重的教学方式。

■ 教学评价

过程性评价主要通过师生问答、教师观察和巡回指导等形式，对学生在学习过程中的学习情况及时进行评价与指导，以保证教学过程中每一环节不是“夹生饭”；终结性评价则主要通过师生共同总结的形式进行。

■ 主要教学过程

导入新课阶段可采用平时课堂小练笔的形式，如安排学生在三分钟内完成一幅简笔画作品，通过学生和教师共同评价来导入新课，并呈现本课的三个学习目标；教学新知识阶段以三个教学目标为顺序，按照事先设计的教学策略、教学内容和教学方法等有序进行；教学评价阶段主要以师生小结的形式进行。

整课教学的主要过程是：导入新课→目标1（学生讲述和动物交往的事例—教师播“放动物世界”视频→教师播放人与动物和谐相处的图片）→目标2（欣赏教材中的图片和教师搜集到的作品→构思作品→创作作品→作品评价）→目标3（播放视频）→教学评价。

本课板书见图7–6。

［**例7–21**］“倾听声音”（教材内容见图2–4）

■ 说教学目标

“倾听声音”是冀教版小学《科学》三年级下册“声”单元的第一课。本课教材设计了两个活动，第一部分是“寻找声音”，第二部分是“观察物体发声时的现象”。“活动1”，是通过倾听声音和模仿声音，激发学生探究声音的兴趣，从而促使学生提出一系列的探究问题，并从中选择出具有探究价值的问题。“活动2”，通过探究活动帮助学生发现声音是怎样产生的。学生通过实验，观察物体发声时的现象，对实验现象进行分析思考，找出物体发声时的共同特征，进而抽象得出“声音是由物体振动产生的”的结论，从而培养学生归纳推理的能力。

《课标》中关于内容标准的第四部分“物质世界”中“能量的表现形式”方面，关于这一课的具体内容标准是：“知道声音是由物体振动产生的。”

声音是生活中司空见惯的现象，学生非常熟悉。正是因为太熟悉了，所以，学生很容易忽略一些有关声音的问题。比如：声音是什么？怎么就产生声音了？人是怎么听到声音的？这些问题很少有学生去发问、去思考。处于三年级这个阶段的学生，受年龄特点的限制，他们对那些动手操作的实验非常感兴趣。课堂上，又专门对似是而非的“声音”进行研究，通过自己的努力发现物体发声的规律，学生会更感兴趣。

通过学习《课标》和阅读分析教材，结合学生的实际情况，设计本课的教学目标如下：

1. 能寻找出生活中的声音并能加以模仿。(技能)

2. 知道声音是怎么产生的以及怎么能消失。(知识)

3. 提高好声音意识。(态度)

■ **说教学策略与方法**

整节课以教学目标为核心，体现了“策略、内容、方法”一体化的理念。注重学生的学习过程，积极倡导让学生亲身经历以探究为主的学习活动。在自主探索、合作交流的学习中，很好地达成了事先所设计的三个教学目标。

与“目标1：能寻找出生活中的声音并能模仿声音”相对应的教学内容是来自教材的“活动1：寻找声音”这一板块。这是一个技能目标。既然是“技能”，就是通过学习能够做到利用什么能做哪些事的问题。可采取“接受式和变式练习”的教学策略。教师首先利用多媒体播放的形式补充一段搜集到的“生活中的音频”，为这一板块的教学做导入。鼓励学生倾听并比赛回答，而后引导学生进入规范的变式练习——按照大屏幕中的提示说一说自己找到的声音。最后，鼓励学生提出关于声音的自己感兴趣的问题。

与“目标2：知道声音是怎么产生的，怎么能消失”相对应的教学内容是“观察物体发声时的现象”。这是一个知识目标，是本课的重点和难点。可采用“提出问题——产生猜想——设计实验方案——组内实验——得出结论”的教学策略，主要采取“教师激发指导，学生组内探究实验”的教学方法，借助课前师生共同准备的实验材料，以多媒体的使用，可以收到很好的效果。课上，提出问题后，教师激励学生对问题进行猜想，进而调动起学生进一步探究实验的欲望。通过教师的启发引导，学生组内合作探究，进而发现现象、得出结论，最终达成教学目标。

“目标3：提高好声音意识”属于情感目标，可以补充的音频为主要内容进行情感教育。可采取“教师播放并提问，学生感受并回答”的教学策略。首先，教师播放搜集到的有关乐音和噪音的音频，学生倾听，最后谈自己的感受并发起倡议，可较好地完成本节课的第三个教学内容(补充内容)。由此，引导学生感受到“声音是个‘好东西’，可又是个‘坏东西’”，要在生活中多发出好声音，避免噪音。

在目标实施过程中，教师应注重引导通过实验探究发现结论，贯彻以学为主的教学方式。

■ 说评价

本节课以“小红旗”和鼓励性语言等为载体的多元评价贯穿整个课堂，让评价充分发挥其独特的魅力与作用。

在第一个板块——“寻找声音”的教学中，教师关注学生的学习过程。随时都在用赏识的眼光和心态去寻找学生身上点滴的进步和闪光点，随时都在用赏识的语言进行激励，使他们的心灵在教师的赏识中得以舒展，让他们变得越来越优秀，越来越自信。比如：针对学生回答问题的语言是否严密和通顺、参与的态度是否积极踊跃、倾听是否认真准确、提出的问题是否有研究价值等方面进行评价。要求用“我在……听到了……发出……的声音”时，这样评价：“××，你的语言规范，声音又宏亮，为你们组赢得一面小红旗。”比如，在比赛回答听到的声音时，这样评价：“你们听得都很认真，但是××组抢答的次数最多，赢得一面小红旗。”又如，在小结中，针对学生对这一板块的学习态度和效果进行评价：“真棒，你们不光找到了很多有趣的声音，还能用规范的语言来描述，老师恭喜你们！”

在第二个板块——“观察物体发声时的现象”教学中，除了使用语言以外继续使用“小红旗”作为奖励进行多元性评价。在这一段教学中，重点采取小组合作学习的方法，让学生动起来、课堂活起来。这时候，不管是他们的思维、想法、表达、交流还是习惯都是真实的自然流露，这是全面反映学生情况的最好机会。应随时抓住一个突出的点来评价，这时的评价才真正有效。比如，某一组学生做实验过程中，一边实验一边整理实验材料，教师及时进行语言评价：“××组的实验习惯特别好，实验后能及时地整理材料。”促使其他组向他们学习。又比如，在小组活动中，教师观察组内是不是按照分工做到了“人人有事做，事事有人做”，进行及时的评价：“看，××组分工明确，同学们都能够各司其职，真棒！给你们发一面小红旗。”在达成目标2后(也就是得出实验结论后)的教师总结中这样评价：“在刚才小组实验中，同学们充分发挥小组的力量，认真探索、分析，总结出了‘声音是由物体振动产生的’这个结论，很了不起。现在，给表现优秀的小组发一面小红旗。”

在第三个板块中，对学生倾听的态度和所感受的程度进行及时的评价：“是的，声音能使我们愉悦，也能令我们烦躁。你们的感受很正确，说得很棒。”

通过本课堂教学，看得出孩子们对鼓励与称赞非常需要，就如同种子需要水一样。他们在课堂中体验到了成功，拥有了一份自信。回顾课堂，发现本节课的目标达成度之所以如此之高，关键取决于贯穿于整个课堂的“评价”在其中发挥的重要作用。

■ 说教学过程

课程以“创设情境，导入主题”开始。课一开始，教师就让学生处于尴尬状态——“举起你的左手，鼓鼓掌”，学生的注意力一下子就被吸引住了。这个疑惑也为后面的利用知识解决问题作了很好的铺垫，更自然地引入了主题，整堂课的目标达成也就有了起码的兴趣基础。在这一板块中，我设计了“我在听到了__________发出的__________声”这样清晰明了的板书，指导学生的规范表达。

第二个环节“感知理解，探究新知”。为了更好地达成“目标1”，教师先播放搜集到的音频，学生倾听，用比赛的方法进行交流。鼓励学生用规范的语言描述自己找到的声音。接着，教师指导学生对声音提出自己感兴趣的问题并共同整合。教学中，教师注意观察、倾听学生，给予及时的多元评价。教学目标2时，教师引导学生按照“猜想与假设→设计实验方案→组内实验→表达与交流→得出结论→验证结论→应用结论”的方法和过程进行组内探究实验。在实验过程中，教师参与到学生的实验中，师生共同研究，教师对发现的问题进行有针对性的指导。在表达与交流过程中，教师认真倾听学生的想法并及时辅以简单明了的板书(如下图)，让学生更加清晰地了解科学探究的主要流程。加之评价所发挥的独特作用，于是达到了很好的教学效果。

声音是由物体振动产生的 ← { 问题 / 猜想 / 实验 / 结论 }

在第三个环节中，教师播放生活中的乐音和噪音，供学生倾听感受。师生交流中发现，他们感受到了声音“是个好东西，可又是个坏东西”，在生活中要多发出“好的声音，避免噪音”，教师及时书写板书：“传递好声音，避免噪音。”于是，顺利达成教学目标3。

在这节课的教学中，教师力求让学生体验完整的探究过程。在课堂实施中，本着“内容综合化、教学活动化、学习多样化、评价多元化”的教学理念，达到了预设的课堂教学目标。

板书设计见图7–5。

[**例7–22**]“三角形内角和”(教材内容见图2–2)

■ 教学目标

“三角形内角和”是人教版实验教材小学《数学》四年级下册的内容。“三角形的内角和是180°”是三角形的一个重要性质，也是“空间与图形”领域中的重要内容之一。学好它有助于学生理解三角形内角之间的关系，也是进一步学习几何知识的基础。三角形是常见的一种图形。在平面图形中，三角形是最简单的多边形，也是最基本的多边形。我们把握好“三角形的内角和是180°”这部分内容的教学不仅可以加深学生对三角形特征的理解，发展学生的空间观念，而且可以让学生通过动手操作，获取新知，发展学生的思维能力和解决实际问题的能力，同时也为以后学习更复杂的几何图形知识打下坚实的基础。

本节课的教学是在学生已经认识了三角形、平角，学会了测量角的度数及三角形的分类，还认识了三角形的特性，知道了三角形任意两边之和大于第三边等有关三角形的知识，已具备了一定的探究经验和技能的基础上探索和发现三角形内角和等于180°。

教材内容分为两个部分，第一部分是“三角形内角和等于180°”的发现过程，第二部分是应用“三角形内角和等于180°”解题。

结合《数学课程标准》中的“教师应激发学生的学习积极性，向学生提供充分从事数学活动的机会，帮助他们在自主探索和合作交流的过程中真正理解和掌握基本的数学知识与技能、数学思想和方法，获得广泛的数学活动经验”和学段内容标准中的“认识三角形，通过观察、操作，了解三角形两边之和大于第三边、三角形内角和是180°”的要求，设计教学目标如下：

1. 能通过探索发现三角形内角和是180°。(知识)

2. 能运用三角形内角和的结论解决问题。(技能)

■ 策略与方法

本课的第一个目标是通过测量、拼图等方法，探索和发现三角形内角和是180°。《数学课程标准》指出，数学教学活动必须建立在学生的认知发展水平和已有的知识经验基础之上。为了达成此目标，采用回忆旧知识、实例研究、发现结论、举例说明结论的教学策略。首先回忆旧知识，为学习新知做准备。比如，你知道哪种图形的内角？三角形分为几类？量角的方法？其次是进行实例研究。在进行课本上“量一量”和“拼一拼”之前，从学生熟知的三角板入手，增加了一个计算两种类型三角板的内角和的问题，学生很容易得出是180度，目的是使学生初步感知三角形三个内角的和可能是180度，可以由此进行猜想，其他三角形内角和也可能是180度。在此基础上，进入“量一量”和“拼一拼”两个环节进行实例探究。探究完成后，通过对三角板内角和及“量一量”和“拼一拼”的结论进行分析，得出结论。最后，让学生举出生活中三角形内角的实例，既帮助学生记忆结论，又能让学生感受数学与生活的密切关系，培养学生学习数学的兴趣。

本课的第二个目标是运用三角形内角和的结论解决问题，是把知识转化为技能的关键过程。为此采用变式练习的形式，把结论应用到各种情境中，以解决问题形成技能。变式练习通过学生解决课本例题和有关习题及老师补充的练习题，进而总结出解决问题的步骤等来实施。

在目标实施过程中，积极引导学生动手操作发现结论，贯彻以教为主和学教并重相结合的教学方式。

■ 教学评价

过程性评价中主要采用师生问答、生生问答、教师巡视指导、板演和教师观察等形式，对学生学习过程中的情况进行评价指导，以保证教学实施过程中的每一个环节都落到实处，学生学得扎实，课堂效率高。在终结性评价中，主要在落实第二个目标总结解决步骤后，把总结解题步骤后的强化练习与当堂检测结合在一起进行。

■ 主要教学过程

导入新课阶段从学生熟知的正方形引入，通过对正方形四个内角和的口算，使学生明确内角、内角和的概念，从而引出三角形内角和的概念及三角形内角和是多少的问题，揭示本课的学习目标；教学新知阶段根据事先设计的教学目标，按照设计好的教学策略、教学内容和教学方法进行；教学评价主要以师生问答、生生质疑、生生评价、教师巡视指导和当堂检测等形式进行。

主要教学过程是：导入新课→揭示目标(知道三角形内角和的度数是多少并能应用其解决问题)→学习新知(回忆旧知识→三角板内角和→“量一量”→“拼一拼”→得出结论→举例说明结论→变式练习)→教学评价。

板书设计见图7–3。

[**例7–23**]《桂林山水》(教材内容见图2–3)

■ 教学目标

《桂林山水》是人教版小学“语文”四年级下册的一篇课文。课文描绘了桂林山水的秀丽风光，赞美了祖国的锦绣河山。课文用四个自然段构成一篇写景佳作，第一自然段引用“桂林山水甲天下”这句话，总领出对桂林山水的观赏的起因；第二三自然段分别写了桂林的山和水的特点；第四自然段写了作者把山水联系起来观赏所获得的总的印象：“舟行碧波上，人在画中游。”这是典型的按照“总—分—总”的思路写就的写景美文。在第二三自然段写桂林的山和水的特点时，作者先拿自己以前观赏过的相应的景观的感觉与眼前的景物作对比，再运用排比和比喻的修辞手法表现自己所观察到的美景，独具特色，是四年级学生学习表达的典范例文。

四年级学生已经具有独立识字的能力，有了一定的学习习惯和自己的学习方法，已经具有较好的表达能力，并初步具备了分析问题与解决问题的能力。结合单元教学要求和本课特点，依据新课标中“注重知识与能力，过程与方法，情感、态度与价值观”三个维度共同发展的要求，本课的教学目标确定如下：

(1)认识8个生字，会写11个生字，能正确读写“玩赏、无瑕、骆驼、攀登、屏障、波澜壮阔、危峰兀立、连绵不断”。(识字与写字)

(2)能正确、流利、有感情地朗读和背诵课文。(阅读、口语)

(3)能知道各自然段的含义。(阅读)

(4)初步学会用排比句式描写景物的方法和分号的用法。(写作方法)

(5)初步认识“总写—分写—总写”的文章写作构思方式。(策略)

(6)能够说出桂林山水的特点和对桂林山水的感受，增强对祖国河山的热爱。(情感、态度与价值观)

■ 策略与方法

以上教学目标分两课时完成。第一课时：初读课文，整体感知，学会生字，正确、流利、有感情地朗读和背诵课文，能说出各自然段的含义。第二课时：理解课文内容，能够说出桂林山水的特点，感受桂林山水之美和作者表达语言之美，增强对祖国河山的热爱；了解用排比句式描写景物的方法；了解分号的用法；初步认识“总写—分写—总写”的写作结构方式，会用此方式写一段话。

目标1和目标3属于知识型目标，而且四年级学生已经具有独立识字的能力，有了一定的学习习惯和自己的学习方法，所以设计中教师在上课的前一天布置学生预习课文，开展以下阅读实践：(1)认真读课文，在不会读的生字、新词下面画横线，通过查字典了解生字新词的读音和字(词)的意思。(2)多读几遍课文，将课文读通顺、读正确。(3)读了这篇课文，你知道桂林山水有哪些主要特点？你有哪些感受？在课上以提问检查、示范引导的形式达到落实教学目标的目的。

目标2、目标4和目标5属于技能类型目标，也是本课的重点。设计中，教师采用“读、找、品、诵”的策略，鼓励学生多读，读中促悟，增加积累，发展语感，加深体验与领悟。通过课文第二三自然段和补充的实例分析排比句式的写法和分号的用法，然后教师提供案例，学生判断是否为排比句式及分号的用法，最后教师引导学生运用排比句式学写一段文字；引导学生通过分析第二三四自然段与开头“桂林山水甲天下”一句的关系，认识“总—分—总”的构思方式，然后引导学生说一说如何构思一篇“总—分—总”方式的文章，从而达到落实教学目标的目的。

目标6是一个情感类型的教学目标。设计中，教师采用“以读代讲”的策略，引导学生欣赏阅读最后一个自然段，体会这一小节文字哪儿写得好。然后，创设情境进行语言训练并进行拓展阅读，以增强学生对祖国山河的热爱，进而达到落实教学目标的目的。

此外，在教学中教师利用导语和多媒体课件创设情境，让学生用朗读感悟情境，用声音再现情境，用音乐渲染情境，让学生入境动情，以完成本课教学目标。

■ 教学评价

过程性评价主要通过师生问答、教师观察和引导发现等形式，对学生在学习过程中的学习情况及时进行评价与指导，以保证教学过程中每一环节都进行得实实在在；终结性评价则主要通过师生共同总结的形式进行。

■ 主要教学过程

导入新课阶段主要利用多媒体课件创设情境来导入新课，并逐步呈现本课的学习目标；教学新知识阶段以教学目标为顺序，按照事先设计的教学策略、教学内容和教学方法等有序进行；教学评价阶段主要以师生小结的形式进行。

整堂课教学的主要过程是：导入新课→目标1（通过提问检查课前预习中字词的学习情况，查漏补缺）→目标2（教师范读课文第一二自然段，学生朗读第三四自然段→教师引导背诵课文→总结评价朗读与背诵情况）→目标3（教师引导学生逐段分析课文获得各段含义）→目标4（通过课文第二三自然段和补充的实例分析排比句式的写法和分号的用法→提供案例，学生判断是否为排比句式及分号的用法→引导学生学写一段排比句式的文字）→目标5（引导学生通过分析第二三四自然段与开头“桂林山水甲天下”一句的关系，认识“总—分—总”的构思方式→引导学生说一说如何构思一篇“总—分—总”方式的文章）→目标6（欣赏阅读最后一个自然段，说一说这一小节文字哪儿写得好→创设情境进行语言训练→进行拓展阅读，增强对祖国山河的热爱）→教学评价。

板书设计见图7–4。

第八章　教学设计案例

本章依据第七章中“优秀教学设计方案的标准”，为研究者提供了中小学各学科的教学设计案例。为使读者便于观察分析教学过程中的教学目标、教学策略、教学内容和教学方法等，为您撰写了教学过程框架结构方案和教学过程明细方案。在教学明细方案中，凡是有符号“■”的，表示教学策略的步骤；凡使用符号“【 】”表示的，则是教学方法。

人教版初中《政治》第四课：实施可持续发展战略

教学过程框架结构方案：

过程	目标简述	策略步骤	教学内容	教学方法	
导入			视频“最后一滴水”	教师演示提问 学生观看回答	教师播放有关水资源的视频，学生观看并谈感受，导入新课
新课	我国资源形势	实例研究	1.补充三组数据 2.教材第54页相关链接	教师引导 学生讨论	教师提供三组数据，学生分析讨论我国资源现状
		得出结论		教师提问 学生回答	通过师生问答使学生了解我国资源现状，教师对我国资源国情进行总结
	造成我国资源严峻形势的根源	实例研究	补充图片	教师演示 学生分析	教师通过演示四幅漫画，引导学生分析造成我国资源严峻形势的根源
	人与资源的关系	讲述式	教材第54、55页	教师讲解 学生接受	教师通过对教材第54、55页有关文字的讲解，阐述人类与资源的关系
	阐述保护资源的基本国策	实例研究	教材第55页观点一至观点三	教师提问 学生回答	教师引导学生对教材第56页的三个观点进行分析，通过问答使学生了解人口、资源、环境与社会发展的关系，理解必须走可持续发展道路及可持续发展的定义
		举例说明定义	教材第56页牧场实例	教师引导 学生讨论	教师引导学生分析教材第56页牧场发展的实例，理解可持续发展的含义
		讲述	教材第56页最后	教师讲解 学生接受	教师讲解使学生了解可持续发展国策的具体要求
		举例说明	教材第57页实例	教师提问 学生回答	教师通过对教材第57页观点1与观点2和第57页生态农业循环利用实例的分析，使学生了解如何落实可持续发展战略的基本要求
	形成保护资源的意识	学生讲述		教师提问 学生回答	通过提问使学生了解我们能为落实可持续发展战略做些什么，形成节约资源、保护资源的意识
评价					（1）我国资源国情是什么？（2）什么是可持续发展？（3）在实际生活中，青少年能为可持续发展做些什么？

教学过程明细方案：

一、导入与目标

【教师演示提问，学生观看回答】

师：现在，老师播放一段视频，题目是《最后一滴水》，请每个同学在观看中认真思考，看完后和其他同学一起交流你的感受。

学生观看、思考。

师：请谈一下，你看了这段视频有什么感受？

生1：通过看这段视频，我感觉到我们要珍惜水资源、节约水资源，别让我们的眼泪成为世界的最后一滴水。

生2：我们要节约资源，保护环境，与大自然和谐相处，这样人类才能不断延续。

师：同学们都谈了自己的感受，说出了自己的心声，很好。人类只有一个地球，地球是我们共同的家园，我们要与大自然和谐相处，使人口、资源、环境与经济的发展相适应。如何做到这一点，这就是今天我们要学习的“实施可持续发展战略”。

今天，我们学习“实施可持续发展战略”，本课的学习目标是……（多媒体呈现本课学习目标）

学生听，接受。

二、教学新知

目标1：正确认识我国的资源形势；能说明人与资源的关系

［我国资源形势］

实例研究

【教师引导，学生讨论】

师：请同学们以小组为单位，分析、讨论下列与我国资源有关的相关数据，5分钟后以小组为单位回答老师的问题。

资料一：我国主要资源占有量

资源名称	占世界总量排名	占世界人均占有量的比例
土地面积	第三	1/3
矿产资源	第三	3/5
耕地面积	第四	1/3
河流年径流量	第六	1/4
森林面积	第六	1/5

资料二：我国水、矿产、能源利用情况

资源	我国利用情况	发达国家利用情况
农业用水	有效利用30%~40%	70%~80%
工业用水	重复利用50%	80%
矿产	回采率30%~50%	40%~80%
能源	利用率30%	40%

资料三：我国水和耕地资源

资源	状况
水	1985年至1997年我国自然湖泊减少19%，总面积减少11%，地下水开采造成地面下沉，正危及华北和华东地区
耕地	1952年至2003年我国耕地面积由人均2.82亩减少至1.43亩，不到世界人均水平的40%

问题：

(1) 材料一说明了什么问题？

(2) 材料二说明了什么问题？

(3) 材料三说明了什么问题？

根据上述材料总结我国的资源国情。

学生以小组为单位进行分析、讨论。

■ 得出我国资源现状

【教师提问，学生回答】

师：请各组组长汇报一下本组对问题讨论的结果，其他同学补充。

组长1：材料一说明了我国资源总量排在世界前列，但人均占有量较低，约占世界人均总量的四分之一

材料二说明我国水、矿产和能源利用率与发达国家比较还很低。

材料三说明我国水和耕地资源消耗量较大。

三个材料说明我国资源占有量较少、利用率不高、消耗量大，这是我国资源的国情。

组长2：……

师：(演示文稿呈现) 我国资源国情是：总量多，人均少；利用率不高，消耗快。

[形成资源形势的根源]

■ 实例研究

【教师演示提问，学生分析回答】

师：造成这种形势的主要原因有哪些？请看下面几幅漫画(略)，你知道每幅漫画的意思吗？这些漫画说明了什么？

两名学生说。

■ 得出造成这种现状的原因

师：造成这种形势的主要原因是我国人口多、资源破坏严重、资源利用率不高。

[人类和资源的关系]

【教师讲解，学生接受】

师：资源是人类赖以生存的基础，我们时刻都在消耗着资源。我国主要资源总量虽居世界前列，但人均资源占有量远远低于世界平均水平，并且还存在资源利用率低、严重破坏资源的现象。大自然是人类赖以生存的基础，人们既不能做它的奴

隶，无所作为，也不能以主人自居，对大自然随心所欲地发号施令。如果我们对自然只是一味地索取，必然会受到它的惩罚。所以，我们必须保护资源、珍惜资源。那么，究竟我们应该如何保护资源呢？下面，我们分析以下几个观点：

目标2：能阐述保护资源的政策

■ 实例研究资源与发展的关系、必须走可持续发展道路和可持续发展的定义

【教师提问，学生回答】

师：请同学生们阅读课本第55页上的观点1、观点2和观点3，谈一下你是如何理解的？

生：人口、资源、环境与人类社会的发展紧密相连。

师：说到底，资源问题也是发展问题，它同人口问题、环境问题一样，与人类社会发展密切相关。人口的剧增、资源的短缺、环境的恶化和生态的危机等已成为世界性问题，已经直接威胁到我们和子孙后代的生存。那么，我国处理好资源与发展的政策是什么呢？那就是走可持续发展道路。

1983年联合国成立了环境与发展委员会，这个委员会于1987年发表了《我们共同的未来》，提出可持续发展的战略模式，可持续发展战略已成为人类解决人口、资源和环境问题的共识。我国和世界各国一样，把可持续发展作为国家战略来解决资源问题。可持续发展的含义就是既满足当代人的需求，又不损害后代人满足其需求的能力的发展。这个定义包括两层意思：一是满足当代人的需求；二是不损害后代人满足其需求能力的发展。它要求人与自然和谐相处，并意识到对后代人的责任。

■ 举例说明可持续发展的含义

【教师引导，学生讨论】

师：请同学们仔细阅读教材第56页"公共牧场"的例子，谈一下如果你是牧民，你会怎样选择？

学生阅读、分析、讨论。

师：请×××同学谈一下你的想法。

生：我会做出第一种选择，因为虽然这样做，牧民眼前得到的收益少，但从长远来看，牧场不会遭受一些灾难如超载、退化和疾病等，牧民的子孙后代能更好地生存和发展。

师：对，我们既要满足牧民的需求，又要考虑牧场的承载力，这样才可持续发展下去，否则留给后人的将是灾难。

■ 讲述可持续发展的具体要求

【教师讲解，学生接受】

师：谈到可持续发展，它的具体要求是什么呢？就是把我国建设成为资源节约型、环境友好型社会，促进人与自然的协调，推动整个社会走生产发展、生活富裕、

生态良好的文明发展道路，推动生态文明建设。

■ 举例说明保护资源，落实可待续发展战略的做法

【教师提问，学生回答】

师：据预测，到2020年我国保证消费需求的21种矿产资源会减少到只有9种。在资源与发展上，有以下两种观点：(1)缺乏资源支撑，我国经济很难持续增长；(2)我国经济增长了，有了钱可以到国外市场去购买资源。请同学们思考一下，你是如何看待这两种观点的？请说明你的理由。

生：观点1正确，观点2错误。发展经济与保护资源并不是分开的，二者紧密相连。发展经济需要资源的支撑，如果以过度开发资源和浪费资源为代价来发展经济，那是不科学的，因为世界的资源是有限的。

师：要正确处理好资源、环境与经济社会发展的关系，必须走可持续发展的道路，要做到“合理开发利用资源、节约资源与经济发展协调一致”。

【教师引导，学生分析】

师：请同学们阅读课本最后的生态农业循环图，思考：此图说明了什么？你还知道哪些循环利用的例子？

生：一水多用、垃圾分类处理等。

师：(总结)同学们说得都很好。希望我们在生活中自觉成为可持续发展的践行者，为我国的可持续发展作出应有的贡献。

目标3：形成勤俭节约、珍惜资源的意识

【教师提问，学生回答】

师：今天，我们学习了可持续发展战略的基本国策，请谈一下你能为实施这项战略做些什么？

生：勤俭节约，珍惜资源，循环利用资源，学习并掌握科学技术开发资源……

师：同学们说得都很好。我们了解了资源和人类的关系，掌握了可持续发展战略，希望我们共同努力，真正把可持续发展落实到实践中去，共同建设我们美好的家园。

三、总结评价

【教师引导，学生总结】

师：请同学们根据老师提出的问题归纳总结本课所学内容，记录到笔记本上。

(1)我国资源的国情是什么？

(2)什么是可持续发展？

(3)为实现可持续发展战略，我们应该做些什么？

人教版初中《历史》：贞观之治

教学过程框架结构方案：

<table>
<tr><th>阶段</th><th colspan="2">目标简述</th><th>策略步骤</th><th>教学内容</th><th colspan="2">教学方法</th></tr>
<tr><td>导入</td><td colspan="2"></td><td></td><td>隋灭唐建</td><td>教师讲述
学生接受</td><td>教师通过讲述隋朝灭亡后是唐朝引入新课</td></tr>
<tr><td rowspan="10">新课</td><td colspan="2" rowspan="2">能叙述唐朝建立的史实</td><td>呈现新知识</td><td rowspan="2">课本：唐朝的建立及补充“玄武门事变”的史实</td><td>教师引导
学生自学</td><td>教师把新知识直接呈现给学生，引导学生自学</td></tr>
<tr><td>理解新知识</td><td>教师引导
学生探究</td><td>教师通过问答，引导学生探究理解唐朝建立的有关知识</td></tr>
<tr><td rowspan="4">能讲述“贞观之治”及其形成的原因</td><td rowspan="2">原因</td><td>呈现新知识</td><td rowspan="2">课本：贞观之治</td><td>教师引导
学生自学</td><td>教师把新知识直接呈现给学生，引导学生自学</td></tr>
<tr><td>理解新知识</td><td>教师引导
学生探究</td><td>教师通过问答，引导学生探究理解“贞观之治”的原因和表现</td></tr>
<tr><td rowspan="2">表现</td><td>实例研究</td><td rowspan="2">补充史料</td><td>教师提问
学生回答</td><td>教师引导学生分析史料，进行对比，理解贞观之治的表现</td></tr>
<tr><td>得出结论</td><td>教师讲述
学生接受</td><td>教师讲述“贞观之治”时期的表现</td></tr>
<tr><td colspan="2" rowspan="2">知道武则天及她的统治功绩</td><td>呈现新知识</td><td rowspan="2">课本：女皇武则天</td><td>教师引导
学生自学</td><td>教师把新知识直接呈现给学生，引导学生自学</td></tr>
<tr><td>理解新知识</td><td>教师提问
学生回答</td><td>教师通过对自学问题的回答，引导学生理解武则天其人及治国功绩</td></tr>
<tr><td colspan="2" rowspan="2">能运用历史唯物主义的观点评价历史人物</td><td>实例研究</td><td>课文全文</td><td>教师提问
学生回答</td><td>教师通过提问本课两位历史人物的功过，引导学生正确地进行分析和评价</td></tr>
<tr><td>得出结论</td><td></td><td>教师讲述
学生接受</td><td>教师讲述对两位历史人物的评价</td></tr>
<tr><td>评价</td><td colspan="2">检测题测试</td><td></td><td>（略）</td><td></td><td></td></tr>
</table>

教学过程明细方案：

一、导入新课

【教师讲述，学生接受】

师：同学们，上节课，我们学习了“繁盛一时的隋朝”，对隋朝的政治经济有了一定的了解。隋朝灭亡之后的朝代是唐朝，唐朝最为繁荣的时期是“贞观之治”和“开元盛世”，本课我们学习第2课“贞观之治”（板书）。本课的目标是……（以演示文稿呈现）

二、学习新知

目标1：能叙述唐朝的建立史实

■ 呈现新知识

【教师引导，学生自学】

师：请同学们阅读课本第7页“唐朝的建立”这一子题目的内容，然后找出：

(1) 唐朝建立的背景、时间、开国皇帝、都城是什么？

(2)“贞观之治”是谁统治下形成的？他是如何登上皇位的？

学生自学。

■ 理解新知识

【教师引导，学生探究】

师：我们首先看第一个问题：唐朝建立的背景、时间、开国皇帝、都城是什么？

生：唐朝建立的背景是隋灭，在公元618年由李渊建立，定都长安……

师：同学们对课本知识归纳得很好。下面，老师补充一下有关唐朝建立的史实：隋炀帝统治后期，暴虐无道，导致隋末农民大起义。在起义军的打击下，隋王朝陷于瓦解。618年，隋炀帝在江都被部将杀死，隋朝灭亡。同年，李渊在太原起兵攻入长安(现在的西安市)，建立了唐朝，年号武德。

【教师提问，学生回答】

师：通过学习，我们知道了唐朝建立的过程。接下来，请同学们回答第二个问题："贞观之治"是谁统治下形成的？他是如何登上皇位的？

生："贞观之治"是唐朝第二位皇帝唐太宗李世民统治下形成的；李世民通过"玄武门之变"登上皇位，年号贞观……

师：回答得很棒。这里提到了"玄武门之变"，同学们能知道具体是怎么样的历史事件吗？

学生讲述略。

师：李世民是唐高祖李渊的次子，他智勇兼备、文武双全，在反隋和平定天下的过程中立下了汗马功劳，帮助父亲稳定了新王朝，被封为秦王。

李世民在平定天下的过程中，功名日盛，盖过了当时的太子李建成。李建成意识到李世民是自己皇储地位的重大威胁，所以，联合李元吉排挤李世民，双方展开了夺位之争。最终，在唐高祖武德九年六月初四(公元626年7月2日)引发了"玄武门之变"。当时的秦王李世民在唐帝国的首都长安城大内皇宫的北门——玄武门附近发动了流血政变，杀死了自己的长兄(太子李建成)和四弟(当时的齐王李元吉)，得立为新任皇太子，并继承皇帝位，是为唐太宗，年号贞观。历史上将这次流血政变称为"玄武门之变"。

目标2：能讲述"贞观之治"及其形成的原因

【教师引导，学生自学】

师：唐高祖李渊建立了唐朝，并完成了对中国的统一，但唐朝在他的继承者李世民统治时期却发扬光大。虽然李世民继位的过程有违常理，但他在继位后励精图治，带领唐朝走向繁荣与昌盛，成为历史上有名的、有作为的明君。他继位后，是如何治理国家的？唐朝在他的治理下又形成了一种怎样的局面？下面就让我们一起来学习本节课的重点——"贞观之治"。

［"贞观之治"形成的原因］

呈现新知识

师：下面，请同学阅读课本第8页"贞观之治"这一目。以小组为单位，围绕下面两个问题进行讨论：

(1)唐太宗的治国思想是什么？

(2)唐太宗治国的政策和措施是什么？提示：可以从经济、政治、用人等方面进行总结。

学生自学并讨论。

■ 理解新知识

【教师引导，学生探究】

师：请 ×× 组同学谈一下唐太宗治理国家的思想是什么。

生：舟所以比人君，水所以比黎庶，水能载舟，亦能覆舟。

师：这句话是什么意思？

生：这句话的意思就是，君主好比是船，百姓好比是水；水能够承载船行走，也能够把船掀翻。

师：同学们回答得很准确，唐太宗因为亲身经历了隋末的社会大动荡，亲眼目睹了隋朝的灭亡，认识到了人民力量的伟大，所以他能以史为鉴，居安思危，认识到君民关系如同舟水关系。贞观年间的治国政策和措施就是依据这一开明思想制定的。

师：那么，在这种开明思想的指导下，唐太宗制定了哪些具体政策和措施来治理国家呢？首先来说说唐太宗在经济方面采取了哪些措施？

生：唐太宗在经济上注意发展生产，减轻农民赋税劳役；注意“戒奢从简”，节制自己的享受欲望。

师：这位同学总结得非常好。我们通过课本第8页中间绿色小字故事，来看看唐太宗是如何从自身做起，落实“戒奢从简”的。这个故事讲了唐太宗为了不浪费民力，拒绝臣下在宫中建暖阁的奏请。从这个小故事中可以看出，唐太宗从自身做起，戒奢从简，节制自己的享受欲望。那么，他在政治上制定了哪些措施？再请一位同学回答一下。

生：唐太宗政治方面的措施有，下令合并州县，革除“民少吏多”的弊政，有利于减轻人民负担。

师：这位同学回答得很对，唐太宗下令合并州县，使得官吏减少；官吏减少之后，财政支出就会减少，农民所缴纳的税收地就相应减少，所以有利于减轻人民负担，有利于国家安定。

唐太宗一个人肯定无法治理这样一个庞大的国家，他需要有才能的人帮助他。那么，他是如何任用有才能的人来帮助他治理国家的呢？再请一位同学回答一下。

生：在用人上，唐太宗注意任用贤才并善于虚心纳谏。他任命富于谋略的房玄龄和善断大事的杜如晦做丞相，人称“房谋杜断”。此外，他还重用敢于直言的魏徵。

师：这位同学总结得很对。下面，我想请一位同学通过读课本中唐太宗与魏徵的小故事以及你自己平时的课外了解，来给大家讲讲他们之间动人的故事。

学生讲述魏徵直言不讳和唐太宗虚心纳谏的故事。

师：这位同学讲得非常好，可以说正是因为唐太宗虚心纳谏，最终以其气度赢得了贤才谏臣的支持，保证了唐朝政治稳定和各种政策的施行，对治世局面的形成起了重要作用。由于唐太宗具有前面所说的治国思想和政策措施，在他在位期间形成了唐朝时期最为繁荣的时期之一“贞观之治”。那么，“贞观之治”的局面是怎样的呢？

［“贞观之治”］

■ 实例研究

师：请同学们阅读以下两段史料：

资料一：（贞观）初期，茫茫千里，人烟断绝，鸡犬不闻，道路萧条。

资料二：（经过唐太宗统治后）天下大稔。东至于海，南极五岭，皆外户不闭，行旅不资粮，取给于道路。

师：请同学结合课本内容谈谈自己的理解。

学生谈对两段材料的理解。

■ 得出结论

师：同学们的理解是正确的，上述两段史料分别记载了唐太宗在位前后社会现状的不同。通过资料一可以看出，隋朝末年的残暴统治和多年的战争造成了茫茫千里，人烟断绝、鸡犬不闻，道路萧条的景象。资料二与资料一形成鲜明的对比，通过资料二可以看出唐朝在唐太宗治理下出现了庄稼大丰收、社会安定、人民安居乐业的局面。

师：通过资料二以及课本内容，我们知道了唐太宗贞观年间，农民占有一定土地，赋税负担减轻，有了安定的生产和生活环境，大量荒地被开垦出来，社会经济出现繁荣景象。因为那时候政治比较清明，经济发展较快，国力逐步增强。历史上称当时的统治为“贞观之治”。“贞观之治”不是贞观年间就已经存在的说法，而是后人对贞观年间社会政治、经济发展盛况的一种赞誉的称谓。

师：在唐太宗治理下，唐朝形成了一种繁荣昌盛的局面。太宗在位五十余年，他死后，唐朝又出现了另外一个盛世——“开元盛世”。而在“贞观之治”和“开元盛世”之间出现了唐朝另外一个皇帝——武则天。那么，在武则天在位期间，唐朝治理的情况又是什么样的呢？下面，学习本课第三目——女皇武则天。

目标3：知道武则天及她的统治功绩

■ 呈现新知识

【教师引导，学生自学】

师：武则天是我国历史上唯一一位女皇帝，可以说是“前无古人，后无来者”。那么，武则天其人及统治的功绩又是什么呢？请同学们阅读课本第9页相关内容，然后回答老师的问题。

学生自学。

■ 理解新知识

【教师提问，学生回答】

师：请同学们叙述一下武则天及其统治功绩。

生：武则天是我国历史上唯一的女皇帝。她本是唐高宗的皇后，逐渐掌权后，晚年称帝。她的功绩用一句话概括就是："政启开元，治宏贞观。"她弘扬了贞观之治，为后来的开元盛世开辟了道路。

师：这位同学回答得很好，老师补充一点——武则天登上皇位经历了一个漫长的过程。唐太宗去世后，皇位传给了儿子李治，就是唐高宗。但他体弱多病，很少理政，大部分政事都由皇后(也就是后来的武则天)来处理。武则天在理政的过程中逐渐掌握实权，最后在晚年的时候称帝，改年号为周。这就是武则天成为女皇帝的一个大致经过。

目标4：能运用历史唯物主义的观点对唐太宗和武则天进行简单的评价

■ 实例研究

师：刚才，我们讲述了唐朝初年的两个皇帝唐太宗李世民和女皇武则天，通过今天的学习和你以前对他们的了解，谈一谈你是如何评价他们的。

学生回答略。

■ 得出结论

师：唐太宗是中国封建社会伟大的军事家和卓越的政治家。他在位期间，政治清明，经济发展，社会安定，人民安居乐业，形成了历史上有名的"贞观之治"。他在位时居安思危，知人善任，虚心纳谏，以农为本，减轻徭役，是一位明君。

而武则天是中国历史上唯一的女皇帝，她死后立了一个无字碑(展示图片)，其用意是她的功过是非由后人评说。我们对武则天应该从政治以及她对历史发展的贡献来评价。文学家郭沫若对武则天予以高度评价，说她"政启开元，治宏贞观"。意思是她为后来的开元盛世开辟了道路，弘扬了贞观之治。我觉得说得非常有道理。从政治上来看，她的确不失为一位有作为的女皇帝、女政治家。

通过本节课对唐太宗和武则天的评价，同学们要学会从客观史实以及历史人物对历史发展的贡献的角度来评价历史人物。

三、学习评价

1. 下列唐太宗实施的措施中，有利于减轻人民负担的是(　)

①重视发展生产，减轻农民的赋税和劳役　②"戒奢从简"

③合并州县　④任用贤才，虚心纳谏

A. ①②③　B. ②③④　C. ①②④　D. ①③④

2. 下列有关"贞观之治"出现的原因的叙述中，不合适的是(　)

A. 合并州县　B. 唐太宗注意吸取隋亡教训，轻徭薄役，减轻人民负担

C. 唐太宗善于用人，重视纳谏　D. 开通大运河

3. 猜一个历史谜语：持久和平(打一古地名)。下列王朝中，定都此地的是(　)

①秦朝　②西汉　③西晋　④东汉　⑤隋朝　⑥唐朝

A. ①②③　B. ④⑤⑥　C. ①③⑤　D. ②⑤⑥

4. 以下关于唐太宗与隋文帝的共同之处的叙述，错误的是(　)

A. 开国皇帝　　B. 重视发展生产　　C. 提倡节俭　　D. 在位时社会经济繁荣

5. 唐太宗时期，下列人物得到重用的是(　)

①房玄龄　　②姚崇　　③魏徵　　④宋景

A. ①②　　B. ③④　　C. ①③　　D. ①④

6. 武则天的统治风范被称为“贞观遗风”，是因为(　)

A. 她的年号叫贞观　　B. 她继承了唐太宗的遗志

C. 她继承了唐太宗的皇位　　D. 她的统治使封建社会继续发展和繁荣

7. 阅读下列材料

她是我国历史上唯一的女皇帝，她确实是个治国之才，既有容人之量，又有识人之智，还有用人之术。

(1) 她是谁？

(2) 郭沫若说她的统治“政启开元，治宏贞观”，为什么？

(3) 你是如何评价的？

人教版小学《数学》五年级上册：平行四边形的面积

教学过程框架结构方案：

<table>
<tr><th>过程</th><th>目标</th><th colspan="2">策略步骤</th><th>教学内容</th><th colspan="2">教学方法</th></tr>
<tr><td>导入</td><td></td><td></td><td></td><td>教材第80页情境图</td><td>教师演示提问
学生观察回答</td><td>教师通过播放形状不同的两个长方形和平行四边形花坛，让学生观看并回答老师提出的问题，导入新课</td></tr>
<tr><td rowspan="10">新课</td><td rowspan="8">平行四边形面积计算公式</td><td rowspan="3">实例研究</td><td>以旧引新</td><td>上述两个花坛的数据</td><td>教师提问
学生回答</td><td>根据给出的数据，学生猜想平行四边形计算方法可能是：底乘高、邻边相乘……</td></tr>
<tr><td>数格法验证</td><td>教材第80页表格</td><td>教师引导
学生数格</td><td>在教师引导提示下，学生数两个图形的方格，并完成教材第80页下边的表格</td></tr>
<tr><td>得出结论</td><td>平行四边形的面积=底×高</td><td>教师引导
学生观察</td><td>根据观察所填表格数据，使学生知道平行四边形的底和长方形的长相等，高和宽相等，所以平行四边形的面积=底×高</td></tr>
<tr><td rowspan="3">实例研究</td><td>回忆旧知</td><td>教材第81页的内容</td><td>教师引导
学生操作</td><td>教师通过让学生通过剪—平移—拼，将平行四边形转化成长方形</td></tr>
<tr><td>裁拼转化</td><td></td><td>教师提问
学生回答</td><td>教师让学生通过观察拼成的长方形与原平行四边形的关系，进一步总结出平行四边形面积计算公式</td></tr>
<tr><td>得出结论</td><td></td><td>教师提问
学生回答</td><td>平行四边形面积计算公式</td></tr>
<tr><td colspan="2">得出结论</td><td>课本第81页</td><td>教师提问
学生回答</td><td>通过归纳得到平行四边形面积计算公式</td></tr>
<tr><td colspan="2">巩固公式</td><td>补充练习等</td><td>教师提问
学生回答</td><td>通过一组简单练习、讨论平行四边形面积为什么不会是邻边相乘，来理解和巩固公式</td></tr>
<tr><td>割补法转化</td><td colspan="2">总结公式得来的过程</td><td></td><td>教师提问
学生回答</td><td>教师通过提问面积公式得来的过程，总结割补法转化的思想</td></tr>
<tr><td>公式应用</td><td colspan="2">变式练习</td><td></td><td>教师提问
学生回答</td><td>通过教师的提问，使学生进一步巩固平行四边形面积的计算方法。</td></tr>
<tr><td>评价</td><td></td><td>检测</td><td>测试题</td><td></td><td>教师出题
学生答题</td><td>通过对学生的测试，了解学生对本节课所学知识掌握的情况</td></tr>
</table>

教学过程明细方案：

一、导入与目标

【教师提问，学生回答】

师：星期天，丽丽和爸爸到公园去玩(课件呈现实际场景)。丽丽看到了两个形状不一样的花坛，小脑筋就转了起来。你知道她在想什么吗？

生1：这两个花坛一个是长方形，一个是平行四边形。

生2：这两个花坛的面积哪一个大呢？

师：你们和丽丽一样，都是善于观察、善于思考的孩子，我们学习数学就需要观察和思考。我们学习了长方形的面积，谁知道长方形面积等于什么？

生：长 × 宽。

师：我们已经会计算长方形的面积了，那么平行四边形的面积怎么计算呢？今天，我们就共同探究平行四边形面积的计算方法。(板书课题)学完本节课，同学们要知道平行四边形面积公式是什么、怎么得来的，还要会用公式计算各样平行四边形的面积。(呈现目标)

二、学习新知

目标1：通过数格、裁拼等，发现平四边形面积公式

■ 实例研究

(一)数格法

【教师提问，学生回答】

师：回到刚才的问题，如果我们知道长方形草坪的长是8米、高是4米(以演示文稿给出数据)，那么这个草坪的面积是多少平方米？

生：32平方米。

师：假如我们也知道平行四边形草坪的底是8米、另一条邻边是5米、高是4米，那么根据计算长方形面积的经验，同学们猜想一下，这个平行四边形草坪的面积(大屏幕显示一个平行四边形底8米、邻边5米、高4米)可能会是多少平方米？

生1：邻边相乘。底边是8米，邻边是5米，面积是8乘5得40平方米。

生2：底边和高相乘。底边是8米，高是4米，面积是8乘4得32平方米。

生3：高和邻边相乘，面积可能是20平方米。

……

师：同学们做出了这么多种猜想，并算出了面积，到底哪种方法是对的？我们还需要验证。

师：我们在研究长方形面积的计算方法时用过数方格的方法来计算面积的大小。现在，请同学们也用这种方法算出这个平行四边形的面积。(投影出示画着长方形和平行四边形的方格纸)

说明：每一个方格表示1平方米，不满一格的都按半格计算。请同学们数出数据，并填在教材第80页的表中。

学生数方格的个数并填表。

师：观察表格中的数据，同桌互相讨论，你发现了什么？

生：平行四边形和长方形的底与长、高与宽及面积分别相等，长方形的面积等于它的长乘宽，这个平行四边形的面积等于它的底乘高。

师：同学们刚才得到了长方形的面积可能是底乘高。我们再看一个平形四边形，还用数格的方法，算一算它的面积是不是也是底乘高。(教师用演示文稿出示一个带格的平行四边形)

学生计算并回答。

■ 得出结论

师：从上面的研究我们知道，平行四边形的面积是底乘高，是用数方格的方法求出来的。但数起来比较麻烦，而且不能算得精确。特别是较大的平行四边形，像一块平行四边形草坪的面积，用数方格的方法就不好数了。因此，我们也要像求长方形面积那样，找出计算平行四边形的面积的计算公式。下面，我们不用数格的办法得到平形四边形的面积也是底乘高。

(二)割补法

■ 回忆旧知识

【教师引导，学生操作】

师：我们已经会计算长方形的面积了，能不能把平行四边形转化成一个长方形呢？想一想该怎么做？

■ 裁拼转化

【学生操作，教师指导】

学生小组合作，学生拿出准备好的平行四边形进行剪拼。

学生到实物投影仪前演示自己剪拼的过程。

教师用投影仪演示“剪—平移—拼”的过程。

【教师提问，学生讨论】

师：认真观察比较转化前和转化后的两个图形，发现了什么？同桌之间、小组之间先交流一下自己的发现，然后全班交流。

生1：形状变了，面积没变。

生2：平行四边形的底和长方形的长相等，平行四边形的高和长方形的宽相等。

生3：长方形面积 = 长 × 宽，平行四边形面积 = 底 × 高。

■ 得出结论

【教师引导，学生总结】

师：谁能整理一下我们发现的信息，用简练的语言把平行四边形面积推导的过程完整地叙述出来。

生：把任何一个平行四边形沿高剪开，向左或向右平移都能转化成一个和它面积相等的长方形，变成的长方形的长和宽就分别是原来的平行四边形的底和高。这是因为，长方形的面积等于长乘宽，所以平行四边形的面积就等于底乘高。

■ 归纳公式

【教师总结，学生接受】

师：我们刚才用数方格的方法和裁拼的方法都得到了平行四边形的面积等于底乘高(适时完成板书内容)。

长方形面积＝长 × 宽

平行四边形面积＝底 × 高

师：如果用 s 表示平行四边形的面积，a 表示底，h 表示高，那么平行四边形面积计算的字母公式就是 $s=ah$。(补充板书)

■ 巩固公式

【教师引导，学生记忆】

师：自己先默默地叙述一下。看谁能叙述得更有条理，更流畅一些。

学生有条理地叙述推导过程。

【教师引导，学生练习】

教师出示图形。(大屏幕显示)

(1) 如图8–1，平行四边形面积是多少？

(2) 如图8–2，一个平行四边形的停车位长5米、高2.5米，它的面积是多少？

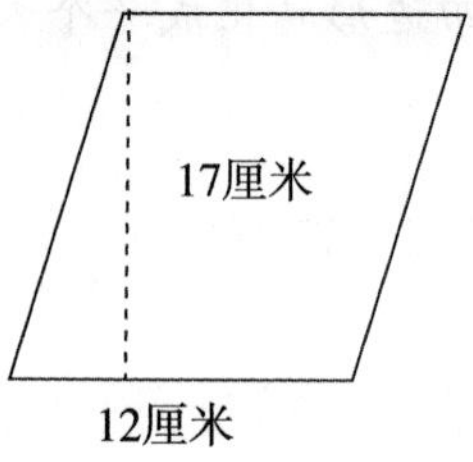

图8–1

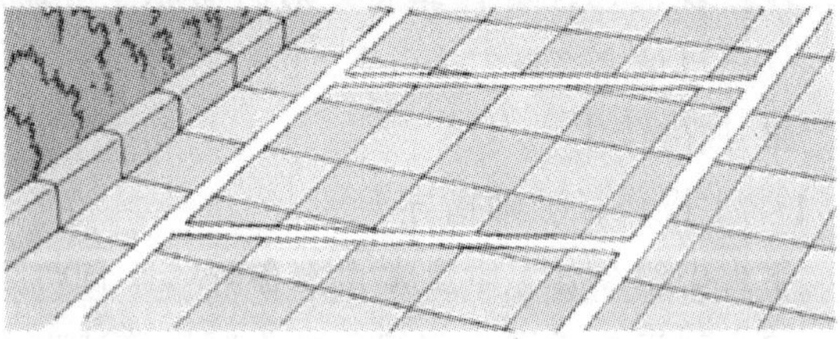

图8–2

【教师引导，学生讨论】

师：我们通过验证，证明了平行四边形面积＝底 × 高，那么“邻边相乘等于面积的猜测”肯定是不对的，错误的原因你能解释清楚吗？请拿出资料袋里的平行四边形框架，小组合作，拉一拉，画一画，比一比，想一想。每拉一次，看看面积、邻边和高会不会发生变化，什么变了，什么没变，这种变化是由什么的变化引起的……有了答案，我们再交流。

学生合作探究。

【教师提问，学生汇报】

组1：(边演示边解释)我们拉了几次，发现面积变小了，邻边的长短没变，高也变短了。这说明面积变小是和高变短有关系。

组2：(边演示边解释)我们往下拉，面积就变小了，高也变短了，邻边长短没变。往上拉，面积就变大了，高也长了，邻边还一样。这说明底边不变，高长面积就大，高短面积就小。

组3：(边演示边解释)不管怎样拉，虽然邻边的位置在变，但它的长短一直没变。这说明面积的大小和邻边相乘没有关系。

目标2：体会割补法转化处理问题的方法

■ 回顾反思、总结、练习

师：回顾我们推导平行四边形面积计算公式的探究过程，我们是怎样推导出面积计算公式的？从中可以获得哪些经验？

生：把平行四边形转化成长方形来计算它的面积。

师：怎么转化的？

生：沿着平行四边形上边或下边垂直的方向把平行四边形裁开，然后把基本的一部分移动补到另一部分上构成一个长方形。

师：(板书)(1)剪——补。(转化)

生：然后找到转化前、后图形之间的联系。

师：(板书)(2)寻找——联系。

生：根据长方形面积公式推导出平行四边形面积公式。

师：(板书)(3)推导——公式。

师：我们运用把图形的一部分裁割下来补到另一部分的办法把平行四边形问题转化为长方形的问题，这种方法叫割补转化法。这种方法在学习数学中经常使用它。你会用这样的办法计算图8-3的面积吗？

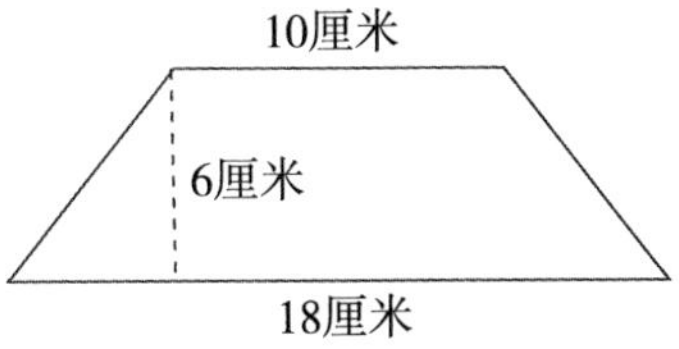

图8-3

学生计算。

目标3：运用公式进行计算

■ 变式练习

1.(解决课开始时丽丽提出的问题)长方形草坪的长是20米、宽是6米，平行四边形草坪的底是20米、高是6米，哪个草坪的面积大？

2. 教材第82页第3题和第4题(如图8-4)。

3. 你能想办法求出图8-5中平行四边形的面积吗？

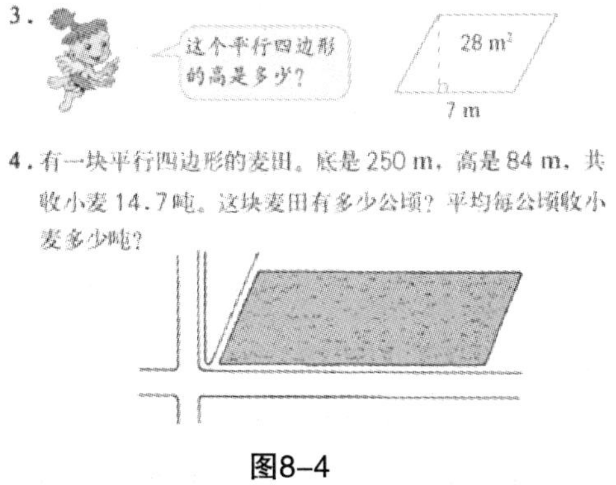
3.

这个平行四边形的高是多少？

28 m²

7 m

4. 有一块平行四边形的麦田。底是250 m，高是84 m，共收小麦14.7吨。这块麦田有多少公顷？平均每公顷收小麦多少吨？

图8-4

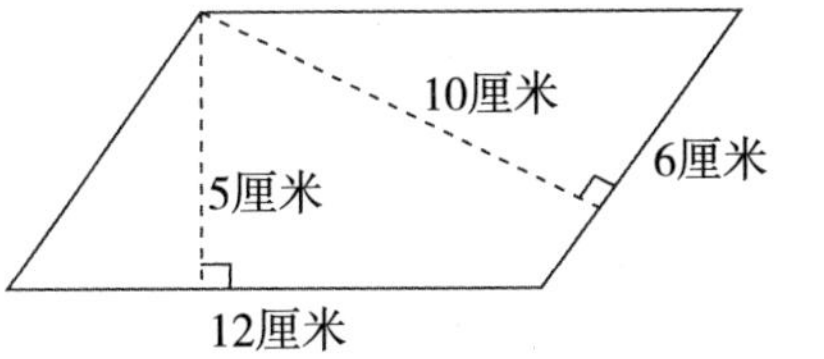

图8-5

三、教学评价

检测题略。

人教版小学《英语》六年级下：Unit 3 Last weekend Part A Let’s talk

教学过程框架结构方案：

过程	目标	策略步骤	教学方法	
导入			师生吟唱	教师通过与学生吟唱和与学生交流自己周末经常做的事情，导入新课。
新课	能够用What did you do last weekend？I played football进行听说读写，表述上周末所做的事情	回忆旧知识	教师提问学生回答	教师提问学生周末都做什么和介绍自己周末做什么
		呈现新知识	教师讲述学生接受	教师直接讲述What did you do last weekend？的句法含义
		理解练习	教师引导学生练习	教师引导学生练习What did you do last weekend？
	能够听懂并完成Let’s try部分的听力题	变式练习	教师引导学生练习	教师播放听力题内容，引导学生听后回答
新课	能够用Did you clean the room？Yes，I did. / No，I didn’t.进行简单的问答	呈现新知识	教师提问学生回答	教师通过提问引入Did you clean the room？句子并讲解其含义
		理解练习	教师引导学生练习	教师通过师生、生生、采访和音频跟读等形式进行Did you clean the room？句子的练习
	能够用上述两个句式进行简单的情境会话	示范	教师示范学生接受	教师通过播放视频，模仿会话
		练习	教师引导学生练习	教师给出几个场景，由学生自选进行会话练习
评价			教师提问学生总结	教师通过提问本课所学，引导学生总结并布置课后采访作业

教学过程明细方案：

一、导入新课

【教师播放视频，师生共同吟唱】

T：Boys and girls! Let’s listen to a chant together，OK？

Ss：OK!（教师播放歌曲）

Ss：(Listen to a chant.)

【Free talk】

T：Great！ Welcome to my English class. What day is it today？

S：It’s Friday.

T：The weekend is coming. Do you like the weekends？

S：Yes，I do.

T：(展示动词和词组的图片) What do you do on the weekend？

S：I watch TV/I read books/I do my homework/…

Today let’s learn something about what we did last weekend.

二、学习新知

目标1：能够用 What did you do last weekend？ I played football. 进行听说读写上，表述周末所做的事情

■ 回忆旧知识

【教师提问，学生回答】

T：What do you do on the weekend，××？

S1：I watch TV.

【教师演示提问，学生观看回答】

T：(播放一段自己做家务的视频) Me，too. But last weekend I was busy and tired. What did I do？ Listen，watch and try to answer.（图 8-6）

S1：Cleaned the room…

S2：Watched TV…

图8-6

■ 呈现新知识

【教师讲述，学生接受】

T：This is my last weekend. How about your weekend？ What did you do last weekend？

T：(领读并且板书)“What did you do last weekend？

S1：(试着回答) I played football.

S2：(试着回答) I washed my clothes and cleaned my room.

T：What did you do last weekend？ 是一个一般过去时的特殊问句，它的句子结构是 What did+ 某人 +do+ 过去的某个时间？即某人在过去的某个时间里做了什么事情？表示过去时间的词有 yesterday、last 以及和它们有关的一些时间短语，如 yesterday morning、last weekend，last Sunday 和 last year 等。

■ 理解练习

【教师引导，学生练习】

T：What did you do last weekend，××？

S：I did housework.

T：Let's ask and answer in pairs . Here are some pictures. You can use them or not.

S1：What did you do last weekend，××？

S2：I washed clothes. What did you do last weekend？/What about you？

S3：I cleaned my room and visited my friend.

…

目标2：能够听懂并完成 Let's try 部分的听力

■ 练习

T：Let's finish "Let's try".

T：Zhang Peng cleaned his room and visited his friend last weekend. He is a good boy. He did a good job. What about Chen Jie？ What did she do last weekend？ Let's listen and circle.

Ss：(Listen and choose the right picture)

听力内容 A：What did Chen Jie do last weekend？ B：She cleaned the room.

T：Which one is right？

A. cleaned the room B.watched TV C.drew pictures D.flew kites)

S1：A is right. She cleaned her room.

T：Yes，you are right. Chen Jie cleaned her room. She is helpful.

目标3：能够用 Did you clean the room？ Yes，I did. / No，I didn't. 进行简单的问答

■ 呈现新知识

【教师提问，学生回答】

T：Chen Jie cleaned the room last weekend. Did you clean the room？

S：Yes. /No.

T：一般过去时的一般疑问句结构是 Did+you+ 动词原形…？肯定回答是 Yes，I did. 否定回答是 No，I didn't.

■ 理解练习

【教师引导，学生练习】

[师生练习]

T：Hello! What did you do last weekend？

S1：I did my homework.

T：Did you watch TV last weekend？

S1：Yes，I did./ No，I didn't.

[生生练习]

T：Let's ask and answer in pairs，OK？

Ss：OK.

S1：What did you do last weekend？

S2：I…

S1：Did you…?

S2：Yes. / No.

[示范采访]

T：Hello，××. Nice to meet you. I am a TV reporter from CCTV. Can I ask you some questions？

S1/S2/S3：Sure.

T：What did you do last weekend？ Did you climb mountains/wash the clothes/…?

S1：.../ S2：…/ S3：…

[生生组内采访]

T：Do it in your groups like us.

Ss（Discuss in groups.）

T：Who wants to have a try？

Ss（Have a show in groups.）

[文本对话]

教师播放 Let's talk 视频并质疑，学生倾听并解疑。

T：You really did so much work last weekend. Great.

John and Wu Yifan are my friends. What did they do？

Please watch and answer.

Ss（Watch the video.）

T：Tell me，please. What did they do？

S1：Wu Yifan played football.

S2：John visited his grandparents and helped them clean the room.

T：Did John clean the room？（John 打扫房间了吗？）

S3：Yes，He helped his grandparents clean the room.

T：John is great and helpful.So when our parents or grandparents are busy or older and older，we should often help them do some housework. I am sure you can do it.

[教师播放音频，学生跟读表演]

T：Let’s listen to the dialogues again and follow them.

Ss（Follow the dialogues.）

T：Can you read or act out the dialogues？

Ss：Yes.

T：Have a try，please.

目标4：能够用上述两个句式进行简单的情境会话

■ 示范

【教师播放视频，学生观看模仿】

T：You did so much work. There are some students and they did some good things，too. Let’s watch.

Ss（Watch the video）

■ 练习

【教师引导，学生练习】

T：What did they do？

S1：They helped the old people.

S2：They cleaned the room. S3：…

T：Great! Can you act it like them？ You can choose any scene and act it out in your group.

Scene1：在上学的路上，你遇见了同学们，谈论起周末去敬老院看望老人以及帮助他们做的事情。

Tips 1. Hello. Nice to meet you. 2. What did you do last weekend？

3. Did you…？ 4. Let’s go to school.

Scene2：你和朋友们遇到了你最喜欢的歌手周杰伦。

Tips 1. Can I ask you some questions？ 2. What do you often do？

3. What did you do last weekend？ 4. Did you…？ 5. Thank you!

Scene3：你们去好朋友家里玩，谈论起自己和家庭成员上周末都做了什么。

Tips 1. Hello. Nice to meet you. 2. Welcome to my home.

3.Who’s this man/woman？ 4. What did you/he/she do？

5. Did you…？

【学生组内讨论，教师巡视指导】

T：Which group can have a try？ Come on，please.

Ss（Have a show）

三、评价与作业

【布置课后采访作业】

T：You did a good job. I know what you did last weekend. But do you know what your parents did last weekend ?

Please interview your parents and write down what they did last weekend and report to us.

人教版中学《英语》八年级上：Unit 9 Can you come to my party?

课堂教学过程框架方案：

过程	目标简述	策略		教学内容	教学方法	
					方法	方法描述
导入				复习学过的词组并用can造句	教师提问 学生回答	教师引导学生回忆与本课有关的词组、句子，展示一张邀请函，给出要求，导入新课
学习新知	学会用于邀请的can句式及两种回答方式	呈现新知识		1.Make accept and decline invitations 2.Talk about obligations	教师讲述 学生接受	教师直接呈现本课学习的用于邀请的can句式和两种回答方式
学习新知	学会用于邀请的can句式及两种回答方式	发出邀请、接受邀请	游戏练习	Can you come to my party ? Sure，I' d love to./ Great. I'd love to.	教师引导 学生游戏	教师利用快乐转盘的游戏，引导学生练习接受邀请的句式
学习新知	学会用于邀请的can句式及两种回答方式	发出邀请、接受邀请	听力练习	listen to the recording and write the names next to the correct students in the picture.	语句练习 知识巩固	教师播放听力材料，学生完成语句练习
学习新知	学会用于邀请的can句式及两种回答方式	发出邀请、拒绝接受	分组练习	Can you he/she go to the baseball game ? I' m sorry I can' t，I have to …/ Sorry，he can't，he has to…	组内合作 组间竞赛 实践应用	小组合作学习，发出邀请和拒绝邀请
学习新知	学会用于邀请的can句式及两种回答方式	发出邀请、拒绝接受	听力练习	Read the sentences in 2a. Tell Ss they will listen to some sentences. They should listen and circle the words "can" or "can' t" in the bracket.	文段练习 能力提升	教师播放听力材料，学生完成文段练习
学习新知	学会用于邀请的can句式及两种回答方式	结组自由练习		Can you come to my party ? Sure，I' d love to. / Great，I' d love to. I' m sorry I can' t，I have to...	学生展示 教师总结	学生展示合作学习的成果，教师引领提升
教学评价		检测题评价				

教学过程明细方案：

Ⅰ. Lead-in(导入)

1. 在大屏幕上向学生展示一张邀请函。

T：Hello，everyone! Yesterday I received an invitation letter from my dear friend；she invited me to go to her Halloween party. But I have something important to do. I' m studying for a test. I don' t know what to do. What should I say? Can you help me? …

2. Students try to answer the questions.

Ⅱ. learn the new lesson.(学习新知)

(呈现三种邀请方式和两种答语)

■ **Presentation**

Look at the expressions on the screen: "Sure, I' d love to." "I' m sorry, I have to…". Read the expressions to the class and the students repeat each one.

Say, "Can you come to my party? " Have the S1 give "yes answers" and S2 give "no answers" then plus a reason. Ask students to give their own reasons. If necessary, you can give a reason and have the students repeat it.

(发出邀请，接受邀请)

■ **Game**

1. 学生看大屏幕上的转盘，根据转盘所停止位置的词组来做邀请与应答的游戏。

2. Make a model to the Ss:

e.g. S1: Can you go shopping with me?

S2: Sorry, I can' t. I have to prepare for the math exam. …

3. Students work in pairs and answer the questions.

■ **Listening**

1) T: Now listen to the recording and write the names next to the correct students in the picture.

2) Play the recording for the first time. Students only listen. Play the recording a second time. Write the name of each person next to his or her picture.

3) Play the recording again. Check the answers with the students.

(发出邀请、拒绝接受)

■ **Group work**

1. Help students form groups of four. Say, "one of you is student A. Student A invites the other three students to your party. The other students say 'yes' or 'no'. Remember to give a reason."

2. Have the students work in groups.

3. Let some groups ask and answer about their conversations.

■ **Listening**

Work on 2a:

1) Read the sentences in 2a. Tell students they will listen to some sentences. They should listen and circle the words "can" or "can' t" in the bracket.

2) Play the recording for the students to listen and circle the words.

3) Play the recording again to check the answers.

Work on 2b:

1) Let students read the chart below. Tell students, this time they must write the reasons in the chart. Make sure they know what to do.

2) Play the recording for the students to write the reasons in the chart.

3) Play the recording again to check the answers.

(接受邀请、拒绝邀请混合训练)

■ Pair work

1. Tell students to look at the reasons in the chart in 2b. Then write some more.

2. Let students read conversations in 2c.

3. Students practice the conversations using the reasons in the chart on the right.

4. Ask some pairs to act out their conversations.

Ⅲ. Check out (检测评价)

Role-play

1. Read the conversations and answer the questions:

1) What did they do last fall? ______

2) What does Nick have to do on Saturday? ______

3) When will they hang out? ______

2. Explain some new words and main points in the conversation.

until, not…until, hang out, catch

3. Read the conversation after the teacher.

4. Practice the conversation with the partner. Then let some pairs act out the conversation.

冀教版幼儿园中班《语言》下册：我想摸摸天空

散文原文：

> 天蓝蓝的，云白白的，白白的云把蓝蓝的天擦得干干净净。
>
> 晚上，天变黑的时候，星星点亮了闪闪的灯。
>
> 我真想爬上大树，伸手摸摸天空，看看它是软的，还是硬的；是冷的，还是热的；
>
> 也想摸摸星星，是圆的、方的，还是长着角的。
>
> 大人总是说：天冷了，天热了，天亮了，天黑了。
>
> 天真的会变吗？

教学过程框架结构方案：

过程	目标	策略步骤		教学方法	
导入				教师提问幼儿交流	教师与幼儿交流，勾起幼儿对已有经验的回忆，建立已有经验与新知之间的联系，导入新课。
新课	理解散文，体会散文的意境美和语言美	呈现新知识		教师提问幼儿回答	教师引领幼儿通过逐段分析呈现和理解新知识
		理解练习	整体欣赏	教师播放学生倾听	教师通过播放课文的音频，使幼儿感受理解课文内容
			散文起名	教师引导幼儿交流	教师引导幼儿给散文起个名字，强化其对散文内容理解
			配乐表演	教师引导幼儿表演	教师引导幼儿通过语言或动作表演理解课文内容
	让孩子对天空进行大胆遐想、尝试创编散文	创编课文		教师引导幼儿创编	教师引导幼儿对课文第三段进行创编，理解升华
结束	激发孩子对宇宙强烈的好奇心，使其长大后愿意去探索更多的宇宙奥秘	激发情感		教师播放幼儿倾听	教师通过语言描述和播放《坐上我的小飞船》的音频，引领幼儿对太空进行想象

教学过程明细方案：

一、导入新课

师：小朋友们，你们观察过天空吗？天空是什么样的呀？

幼1：我观察过天空，天空是蓝色的。

幼2：天空上还有白云、小鸟……

师：小朋友观察得真仔细！今天，老师就带你们去一个美丽的地方欣赏一下那里的天空。小朋友，轻轻闭上你的小眼睛，坐上我的音乐列车，准备出发！（播放宁静优美的音乐）欢迎乘坐天空之旅音乐列车，请各位小旅客系好安全带，将小手轻轻地放在腿上。列车缓缓地开动了，出了校园，驶过一条僻静的小路，来到了一个美丽的大草原。（播放课件）

二、学习新知

目标1：理解散文，体会散文的意境美和语言美

（一）学习、理解散文第一段

■ 引出句子

师：孩子们，轻轻睁开你们的小眼睛，瞧，这漂亮吗？

幼儿齐：哇，真漂亮啊！

师：多美丽的大草原呀，在这里看天空一定别有一番情趣！这里的天空是什么样的？

幼1：这里的天空特别蓝！

幼2：对，这里的天空蓝得就像一面蓝色的镜子，特别干净！

师：你真有想象力！那是谁把蓝蓝得天擦得干干净净？

幼：我觉得是白云，我看到了天空上飘着几朵白云，白云特别白，像白色的棉花，又像白色的布，一定是白云把天空擦得干干净净。

师：你说得头头是道，真棒！是呀，白云的游动就像一块白色的布在擦拭天空，真美！“天，蓝蓝的。云，白白的。白白的云把蓝蓝的天擦得干干净净。”

■ 体会意境，有感情地配乐诵读

师：小朋友，白云在擦天空的时候有声音吗？

幼：我觉得没有声音，白云看起来特别轻、特别软。

师：对，是静静地、轻轻地……这个时候天空是宁静的还是热闹的呢？

幼：当然是宁静的。

师：是的，这是一种宁静的美。老师给这片天空准备了两段音乐，小朋友听听，你觉得哪一段音乐更适合它呢？

（播放音乐：一段宁静，另一段吵闹）

幼1：我觉得第一段更适合它，第二段听起来太吵人了。

幼2：我也觉得第一段音乐更适合它，闭上眼睛听的时候就好像看到了这片天空一样。很静，很美！

师：孩子们，那我们就配上这段宁静的音乐来夸夸这片天空吧！

齐读一遍。

师：孩子们，你们读得真美，我也忍不住想来夸夸它了！

教师范读一遍。

师：孩子们，你觉得老师读得怎么样？

幼1：老师，你读得很美！

幼2：老师，你的声音很轻、很柔，我好像看到了很美很美的天空。

师：谢谢你们的夸奖！谁想像老师这样展现你美妙的声音？

个别幼儿读。

师：你觉得他读得怎么样？

幼：他的声音很好听，读得很有感情。

师：我们一起用最好听的声音、最真挚的感情来夸夸这片天空吧！

幼儿再次齐读。

（二）学习、理解第二段

■ 引出句子

师：白天的天空如此美丽，可到了晚上，天空会是什么样的呢？

（播放课件：晚上漆黑的天空）

幼：晚上的天空是黑黑的。

师：谁会为它点亮闪闪的灯?

幼1：月亮。

幼2：不对，是星星。因为星星一闪一闪的，月亮不闪，老师说的是闪闪的灯。

师：说得真好，天空正是因为这些闪烁的星星，又变得漂亮起来了。“晚上天变黑的时候，星星点亮了闪闪的灯。”

■ 体会意境、有感情地配乐诵读

师：晚上人们都进入了梦乡，只有星星一闪一闪的。这时的天空是宁静的，还是热闹的?

幼：宁静的。

师：晚上的天空也是一种宁静的美，那我们再配上那段宁静的音乐来夸夸它吧!

幼儿齐读。

师：很美!谁愿意用自己的感觉夸一夸。

幼儿1读。

师：谁来评价一下，他读得怎么样?

幼2：他读得劲儿有点儿大，不太温柔!

师：那你愿意试试吗?

幼儿2读。

教师问幼儿1：你觉得 ×× 读得怎么样?

幼1：他读得很温柔。

师：他读的时候，你有没有感受到这片天空的美?

幼1：感受到了。

师：这就说明他用心读了，读出了感觉。你想不想再试试?

幼我1再读。

师：你们觉得他这次怎么样?

幼3：有进步了。

师：为他的成功鼓掌，相信下次你会读得更好!你们愿意再次试着夸夸夜晚的天空吗?

幼儿齐读。

(三)学习、理解第三段

■ 整体感知

师：小朋友的声音真美，夜晚的天空变得更美了!小朋友，无论是白天的天空还是夜晚的天空都这么美。站在这样的天空下，“我真想爬上大树，伸手摸摸天空，看看它是软的，还是硬的；是冷的，还是热的；也想摸摸星星，是圆的、方的，还是长着角的”。

■ 理解、猜想。

师：小朋友，生活中什么东西是软的？硬的？冷的？热的？方的？圆的？长着角的？天空到底是软的还是硬的？是冷的还是热的？星星是什么形状的呢？

幼1：面包是软的，棉花是软的……

幼2：石头很硬，墙壁很硬……

幼3：雪糕是冷的……

幼4：刚刚盛出来的饭菜是热的、开水是热的……

幼5：魔方是方的，还有纸盒也是方的……

幼6：球是圆的、鸡蛋是圆的……

幼7：三角板是长着角的、奥特曼的铠甲有许多角……

师：小朋友的生活经验真丰富！那你们认为天空到底是软的还是硬的？冷的还是热的？

幼8：我觉得天空是软的。

幼9：不对，我觉得天空是硬的，你看天空的样子就像玻璃，它肯定是硬的。

师：哦？那天空是冷的还是热的呢？

幼9：我认为天空是冷的，像玻璃摸上去凉凉的。

幼10：我的看法和他不一样，天空一定是热的，因为天上有太阳，太阳像个大火球，它一定会把天空烤热的。

师：你们真有想法。那星星到底是什么形状的呢？

幼11：我觉得是圆的，因为我看到天上的星星是一个一个的亮亮的点点。

幼12：不对，星星是长着角的，因为我们画的星星都是长着五个角的。

其他幼儿：星星就是长着角的。

(四)学习、理解第四五段

师：你们讨论得可真激烈，有主见、有想法，真好！的确，天空那么美丽、那么神秘，吸引着我们去探索它的秘密，可是小小的我们不知道的太多了……大人总是说：天冷了、天热了、天亮了、天黑了……天真的会变吗？（播放课件）

师：天冷了、天热了是什么意思？天亮了、天黑了是什么时候？你觉得天会变吗？为什么？

幼1：冬天天会冷，夏天天就很热。

幼2：早晨的时候太阳出来了，天就亮了；晚上太阳下山了，天就黑了。

幼3：天会变啊，它有时冷，有时热；有时亮，有时黑。

师：有没有不同想法？

幼齐：没有。

师：看来，在这个问题上，我们的想法是一样的。

(五)理解练习

■ 欣赏散文、起名字

【师幼完整欣赏散文】

师：你们真是爱动脑筋的孩子！有个小朋友也想夸夸天空呢，请你们闭上眼睛，听听他是怎么说的吧！（播放本散文朗诵音频）

【给散文起名字】

师：这是一篇多么优美的散文呀，请你给它取个名字好吗？

幼1：天空。

幼2：美丽的天空。因为散文说的天空很美。

师：的确很美，所以站在这样美丽的天空下，你产生了什么想法？

幼3：想摸摸它。

师：谁还想给它起个不一样的名字？

幼4：摸天空。

师：我也想给它起个名字叫“我想摸摸天空”，好听吗？

幼：好听。

师：说说我给散文起了个什么名字？

幼：我想摸摸天空。

■ 配乐表演散文

师：你喜欢这篇散文吗？请你用最好听的声音、最优美的动作来表演这篇散文吧！

(播放背景音乐)

教师带领幼儿自由创编动作表演。

目标2：对天空进行大胆遐想，尝试替换部分词语对散文第三段进行创编

■ 创编散文

师：散文中的小朋友想怎样接近天空呀？他爬上大树想干什么呀？

幼1：他想爬上大树，伸手摸摸天空，看看它是软的，还是硬的；是冷的，还是热的。

师：小朋友，你想到天空上去吗？你想怎么去？想知道天空的什么秘密呢？

幼2：我也想到天空上去，我想坐飞机去。我想知道天空是冷的，还是热的；是光滑的，还是不光滑的。

师：不光滑能不能用别的词说一说？

幼3：粗糙。

师：你的词汇真丰富！

教师出示PPT图片，引导幼儿替换部分词语对散文第三段进行创编。(句式：我真想__________，伸手摸摸(用嘴尝尝等)__________，看看它是__________的，还是__________的；是__________的，还是__________的。）

师：能不能像散文那样说一说？

教师带领幼儿说一遍："我真想坐上飞机，伸手摸摸天空，看看它是冷的，还是热的；是光滑的，还是粗糙的。"

师：你还想怎么到天空上去，想探索谁的秘密呀？（幼儿自由创编）

幼4：我真想爬上高高的梯子，伸手摸摸白云，看看它是软的，还是硬的。

（操作课件：白云咯咯笑音频）

师：说得真好，白云听到真高兴啊。

幼5：我真想坐上宇宙飞船，用嘴巴去尝尝雪花，看看它是甜的，还是苦的；是咸的，还是辣的。（操作课件：雪花咯咯笑音频）

师：听，雪花笑得好开心，好像在说："欢迎你来探索我的秘密。"

幼6：我真想长一对翅膀飞上天空，伸手摸摸月亮，看看它是圆的，还是弯的；是光溜溜的，还是有花纹的。（操作课件：月亮婴儿哭音频）

师：哎，月亮怎么哭了？一定是你的声音太小，他听不到你说的话。能大点儿声让他听到吗？

幼儿6大声说一遍。（操作课件：月亮咯咯笑音频）

师：你的声音真好听，月亮姐姐都喜欢你大声说话那美美的声音呢！以后大声说话好吗？

……

三、结束

师：小朋友，去天空走一圈儿，探索其中的奥秘是我们人类共同的愿望。宇航员叔叔已经登上了天空。老师希望你们长大后也能成为宇航员、科学家，去探索更多的关于天空的秘密。看！外面的天空已经向我们发出邀请，小朋友，坐上我的小飞船，我们出发吧！

师幼在音乐《坐上我的小飞船》中边做动作边走出活动室。

冀教版幼儿小班《音乐》：王老先生有块地

王老先生有块地

1=F 4/4

1 1　1 5　6 6　5　| 3 3　2 2　1 – |

王 老　先 生　有 块　地，　咿 呀　咿 呀　吆。

1 1　1 5　6 6　5　| 3 3　2 2　1 – |

他 在　地 里　养 小　鸡，　叽 叽　叽 叽　叽。

教学过程框架结构方案

过程	目标简述	策略步骤		教学方法
导入		节奏练习，感受歌曲的旋律	教师弹琴 幼儿打节奏	教师弹奏本歌曲的旋律，幼儿用拍手和跺脚的方式进行节奏练习，充分感受歌曲的旋律，为学习新歌做准备，并自然引入新课
新课	感受歌曲旋律；利用图谱理解、掌握歌曲内容；学习有表情地演唱	视频呈现歌曲内容的画面	教师操作课件 幼儿猜测、观察	教师先让幼儿猜一猜王老先生的田地都养了哪些小动物，激发幼儿的兴趣，再操作课件，让幼儿观察，揭示歌曲内容——“他在地里养小鸡”
		学习演唱歌曲重点句	教师引导、弹琴 幼儿回答、试唱	教师先让幼儿来学一学小鸡的叫声，再让幼儿跟随琴声有节奏地唱出来（“叽叽叽叽叽”）
		图谱呈现歌曲内容，学习演唱整首歌曲	教师引导、弹琴 幼儿读谱、跟唱	教师操作课件并出示图谱，幼儿识谱读歌词并学习演唱歌曲；在幼儿会唱的基础上，教师再引导幼儿体会歌曲的情绪，练习有表情地歌唱
新课	能用替换动物名称的方式替换歌词演唱，尝试仿编歌曲，体验创造性演唱的乐趣	教师示范	教师引导幼儿仿编	教师引导幼儿将图谱中的“小鸡”替换成小鸭并示范，然后由幼儿自主换成其他小动物练唱歌曲进行自创，最后把教材图片上的所有动物连在一起创编，体验创造性演唱的乐趣
		幼儿自创		
		连编连创		
结束	体验创造性演唱的乐趣	教学延伸	教师引导 幼儿创造性地演唱	教师引导幼儿替换“王老先生”一词练习演唱，巩固歌曲旋律，结束本活动，并激发幼儿课后进行创造性演唱

教师过程明细方案：

一、导入新课

1. 用小手打节奏

师：小朋友们，今天我们班将要迎来一位特殊的客人，想知道他是干什么的吗？他现在就站在大屏幕后面，我们赶快拍拍小手把他请出来吧。(配班教师用钢琴慢节奏弹奏几遍《王老先生有块地》)

教师带幼儿打节奏(1 1 1 5 6 6 5 | 3 3 2 2 1 – |)

(x x x x x x x | x x x x x –)

(课件出现王老先生)

2. 用小脚打拍，感受歌曲旋律

师：小朋友们，客人终于出现了，快和他打个招呼吧。你们现在知道他是干什么的了吧？

幼：他头上戴个草帽，扛着锄头，好像是农民。

师：对，他是一个种田的农民，人们都叫他王老先生。王老先生今天是专程来邀请你们去他的田地玩的。嗯，去外面的田地感受春天的气息是一件多么美好的事情呀，我们赶快跟着王老先生出发吧。(用钢琴慢节奏弹奏几遍《王老先生有块地》)

幼儿在老师带领下，学王老先生的样子，有节奏地走路。

师：王老先生的田地怎么还没到呀，我们继续走吧……

(钢琴节奏逐渐加快)王老先生的田地终于到了，小朋友们辛苦了，坐下来休息一下吧。

二、学习新知

目标1：感受歌曲欢快的旋律及愉快的情绪，利用图谱理解、掌握歌曲内容，学习有表情地演唱

■ 呈现歌曲视频画面

师：小朋友们，王老先生的田地不但漂亮，还养了许多小动物呢，猜猜都有啥？

幼：小鸡、小猪、小狗……

师：小朋友们到底猜得对不对呢，现在我们就跟着王老先生去看看吧！

■ 学习演唱歌曲的重点句

(操作课件：小鸡在唱歌)

师：小朋友们，王老先生的田里养的是什么小动物呀？

幼：小鸡，小鸡好像在唱歌呢！

师：小鸡怎样唱歌？

幼：叽叽叽叽叽。

师：请小朋友们有节奏地跟随琴声学小鸡唱歌。(教师弹：3 3 2 2 1 -)幼儿跟节奏唱：叽叽叽叽叽……

■ 图谱呈现歌曲内容，幼儿学唱歌曲

教师：小鸡也想听小朋友唱歌呢，我们唱什么呢？不如就把刚刚发生的事唱给他们听吧。

(课件出示图谱)

师幼跟随琴声念图谱。

教师弹琴示范唱一遍。

师：你们也来唱吧。(幼儿跟唱一遍)

师：小朋友们唱歌时注意倾听，尽量与别人的声音保持一致，我们的声音会更好听。

(幼儿再次跟随琴声歌唱)

师：小朋友们唱得很好，如果我们唱歌时加上表情就更好了！王老先生在田里养了那么多可爱的小鸡，他的心情怎样呀？

幼：高兴……

师：那我们就高兴地唱，美美地唱。

幼儿练习有表情地歌唱。

目标2：在掌握歌曲内容和旋律的基础上尝试仿编，并能用替换动物的方式替换歌词演唱

■ 教师将“田边空地”图谱中的“小鸡”替换成“小鸭”，引导幼儿替换歌词演唱：

师：王老先生的田地这么大，除了小鸡，他还会养哪些小动物呢？

幼：小鸭……

师：这次你们猜对了吗？我们继续跟他去看看吧。

(课件出现小鸭)

师：原来是小鸭呀，我们把小鸭唱进歌里吧！唱歌时，要注意倾听同伴的歌声，使自己的声音和他们的声音保持一致呦。

全体幼儿看图谱跟随钢琴伴奏替换歌词演唱。

■ 幼儿自己替换歌词演唱。

师：除了小鸡和小鸭，你觉得王老先生的饲养场里还会有谁，你想把它也唱进歌曲中吗？试试看。

个别幼儿尝试替换歌词演唱。

幼1：王老先生有块地，咿呀咿呀呦，他在地里养小狗，汪汪汪汪汪。

幼2：王老先生有块地，咿呀咿呀呦，他在地里养小猪，噜噜噜噜噜。

幼3：王老先生有块地，咿呀咿呀呦，他在地里养小羊，咩咩咩咩咩。

幼4：王老先生有块地，咿呀咿呀呦，他在地里养小猫，喵喵喵喵喵。

■ 教师引导幼儿将大家编的几种不同小动物的歌串联起来唱一唱。

师：王老先生的田里到底养了什么，我们一起去看个究竟，快把它们唱进歌里吧！

(课件显示王老先生的田地里出现一些小动物)

幼儿在钢琴的伴奏下集体演唱歌曲。

三、结束

替换“王老先生”一词，练习演唱，巩固歌曲旋律，结束本活动。

师：小朋友们在王老先生的田地里玩得真开心呀，李老先生的田地里也养了这么多小动物呢。孩子们，我们边走边唱去看看吧！

教师带领幼儿完整演唱。

师：还有谁的地里会养什么小动物呢？回家唱给爸爸妈妈听吧！

人教版初中《语文》：湖心亭看雪

教学过程结构方案

	目标简述	策略步骤	教学内容	教学方法	
导入			补充描写西湖的诗句	教师提问 学生回答	通过列举西湖的诗句，引出西湖，由此引出游湖人张岱，从而呈现课题与目标
新课	能够正确读写"毳衣"、"雾凇沆砀"、"打更"、"铺毡"	自学	生字生词	教师引导 学生自学	通过查工具书，自主学习，掌握生字词的音形义
		检查		教师提问 学生回答	多媒体出示字词检测题，找学生回答
		指导		教师点拨 学生记录	在了解学情的基础上，对学生预习中出现的问题进行点拨，学生在笔记上记录
		识记		学生识记 教师抽查	给学生时间让学生当堂识记，教师抽查识记效果
	能够正确流利而有感情地朗读课文	范读	第一段	教师范读 学生听读	教师范读课文第一段，学生听读，注意读音、节奏和感情
		试读	全文	学生朗读 教师指导	学生自由朗读全文，把握好读音、节奏和语气语调
		指读	各段	教师引导 学生朗读	找两三位学生分段朗读课文，其他学生听读，并对朗读情况进行点评
		齐读	全文	全班齐读	教师提出齐读的要求，全班齐读全文
	能用自己的话疏通文意，并积累文中重要的文言词语	自学	本文的实词和虚词	教师引导 学生自学	结合书上的注释和已有的知识自学，解词、译句并疏通文意，不懂的用红笔标注
		交流	不懂的实词和虚词	教师组织 学生交流	小组合作交流，解决红笔标注的疑难；组内仍解决不了的，教师进行点拨
		展示	全文	学生展示 教师点评	学生逐句展示课文翻译，教师及时进行纠正和点评
	赏析课文写景的句子，体会描写西湖雪景文字的特色，学会白描的写作手法	合作交流	写西湖雪景的句子	教师指导 学生交流	找出描写西湖雪景的句子，按照老师提出的要求，结合多媒体出示的对比材料进行赏析
		展示成果	写西湖雪景的句子	学生展示 学习成果	各组选出学生代表，展示本组的学习成果
		对比拓展	《江雪》	教师引导 学生回答	教师多媒体出示柳宗元的《江雪》，学生将其与课文中描写雪景的句子进行比较，分析出两者在写作方法上的异同，呈现白描的写作手法

续表

	目标简述	策略步骤	教学内容	教学方法	
新课	结合作者的人生经历和本文的写作背景，感悟作者的内心世界，并能对其生活态度加以批判的对待和历史的分析	分析作者的背景资料	作者的背景资料	学生交流互相补充	学生交流自己课前搜集的资料，了解作者的生平经历，为下一步的学习做准备
		分析作者的思想感情	课文内容	学生总结教师补充	结合课文内容和作者背景，分析文章表达的思想感情
		评价历史人物	课文内容	教师提问学生回答	通过教师的引导和学生的分析，对作品所反映的张岱的生活态度进行客观的评价和分析，从而帮助学生树立正确的人生观
总结评价		教师小结	课文内容	教师小结学生理解	在以上学习的基础上，教师声情并茂地说出一段结束语进行全课小结
		回顾课文	课文内容	学生齐读	学生在老师结束语的氛围中齐读课文，再次感受文章所表达的思想感情
课后作业	学习扩写	指导	学生扩写的材料	教师指导学生倾听	多媒体出示扩写的要求和方法，教师适当地进行指导
		构思	学生扩写的材料	学生构思彼此交流	学生根据教师的指导与要求进行扩写的构思，并在小组内互相交流
		写作	学生扩写的材料	独立写作	课下在小练笔本上进行独立写作

教学过程明细方案

第一课时

一、导入新课

师：俗话说："上有天堂，下有苏杭。"杭州西湖以她特有的美丽吸引了许许多多的文人墨客，也因此留下了许多脍炙人口的名句。请同学们想一想你知道的描写西湖的诗句。

生1：欲把西湖比西子，淡妆浓抹总相宜。

生2：毕竟西湖六月中，风光不与四时同。

生3：最爱湖东行不足，绿杨阴里白沙堤。

生4：接天莲叶无穷碧，映日荷花别样红。

……

师：如果有机会去西湖，你会选什么季节去？

生：春天、夏天……

师：但就有这么一个与众不同的人，选在冬天去游赏西湖，他就是明末清初的张岱。今天，我们就走近张岱，去看一看冬天的西湖，来品一品那时的张岱吧。我们准备用两课时的时间来学习本文。

二、学习新课

目标1：能够正确读写“毳衣”、“雾凇沆砀”、“打更”、“铺毡”

■ 预习

多媒体出示预习要求，学生按要求自主预习课文，教师巡回指导，解答学生提出的疑难问题。

■ 检查

【投影展示】

1. 牢记以下词语的读音。

毳衣　　雾凇沆砀　　打更　　铺毡

2. 一词多义分辨。

第一组：一小舟　　上下一白

第二组：是日更定　　是金陵人

第三组：上下一白　　强饮三大白而别

第四组：是日更定矣　　湖中焉得更有此人

教师组织学生抢答。

■ 指导

在检查过程中，教师对学生出现的的问题及时进行指导。

■ 识记

教师引导学生记忆字词。

目标2：能够正确流利而有感情地朗读课文

师：看来大家预习得不错，下面我们进入读文环节，要求同学们能够正确流利而有感情地朗读课文。

■ 范读

师：美文就应该美读，下面老师范读课文第一段，请同学们认真倾听，注意朗读的节奏和语气。

学生认真倾听，注意读音、节奏、语气和语调。

■ 自读

学生自由朗读全文。

■ 指读

师：下面请两名同学试着朗读课文，请同学们认真听，一会儿进行点评。

两位学生分段朗读课文，读后找两位学生进行点评。

■ 齐读

学生齐读课文。

目标3：能用自己的话疏通文意，并积累文中重要的文言词语

■ 自学

师：请同学们对照注释试着独立翻译课文，如果有不懂的词语或句子请用红笔在书上做好标记。

学生借助工具书进行自学。

■ 交流

师：接下来进行小组内合作学习，组长组织本组成员交流自己自学过程中的疑难问题，互相解答。

学生合作交流，互相解答疑难问题。

师：哪一组还有解决不了的问题，请组长代表本组提出来，我们共同解决。

学生提出本组的疑难问题，共同解决。

■ 展示

师：如果没有问题了，下面我们请各组的2号同学依次用现代汉语翻译课文。

各组的2号同学逐句疏通文意，其他学生纠正补充。

教师及时评价。

【课件展示】

学生大声朗读并思考：

(1)都说这篇短文里有一个地方前后矛盾，你能找出来吗？

(2)请在文中找出一个最恰当的词语来评价张岱。

(生朗读)

生：文中开头说“独往湖心亭”，后文却说是“舟中人两三粒”，人数是矛盾的。

师：是不是张岱数学没有学好，数不清楚人数，还是其中另有玄机呢！请再说说第二个问题。

生：这个字是“痴”。

师：作者描写舟子说这话的时候用的是“喃喃”，你感受到舟子是什么样的神态了吗？

生：大惑不解。

师：好！你能读出舟子的大惑不解的神态吗？

(教师引导学生多次朗诵舟子的话，模仿其表情和神态，读出味道)

师：“痴”用通俗的话怎么讲啊？

生：傻，笨，另类！

生：呆。反正就是行为举止不同常人。

师：对，这个张岱就是一个与众不同的呆人。那么，他究竟有哪些与众不同的地方呢？我们将在下节课继续进行探讨。

第二课时

目标4：通过自主合作探究的学习方式赏析课文中描写的雪后西湖的奇景，能说出描写西湖雪景文字的特色，学会白描的写作手法

■ 合作交流

师：这节课，我们继续上节课的话题，接着来探究这位痴人张岱，赏读其“痴

景”，品味其“痴心”。(课件展示)

师：文章的题目叫《湖心亭看雪》，张岱看到的雪景是怎样的呢？请同学们找出写雪景的句子并朗读出来。

学生找到写景句并大声朗读。

教师用课件展示写景句及小组合作学习的要求。

雾凇沆砀，天与云与山与水，上下一白。湖上影子，惟长堤一痕、湖心亭一点、与余舟一芥、舟中人两三粒而已。

学生小组合作探究下面两个问题：

1. 你看到了一幅怎样的雪景？这样描写雪景有没有特别之处？

2. 完成课后第2题，分析《江雪》与本文写景的异同。

要求：①分小组讨论，要求用朗读的形式展示讨论成果。

②每组出一名代表展示本组的学习成果，其他小组互相质疑补充。

■ 展示成果

学生选出两个组的代表展示并讲解小组学习的成果，其他学生互相补充。

师：看来大家都有自己的看法，如果让我们来写一段雪景，我们一定会用上一些比喻和优美的语句，张岱没用任何修辞，这样寥寥几笔不加渲染勾画景物的写法叫白描。

多媒体出示：

白描是一种描写的方法。原是中国画的一种技法，是指一种不加色彩或很少用色彩，而只用墨线在白底上勾勒物象的画法。作为一种描写方法，是指抓住事物的特征，以质朴的文字，寥廖几笔就勾勒出事物形象的描写方法。白描用于写人，只需三言两语即可勾画出人物的外貌和神态，使读者如见其人；白描用于写景，只需几笔就可勾勒出一幅鲜明的图画，使人如临其境；白描用于写事，也只要几笔就可使事态毕现，生动形象。

■ 对比拓展

师：同样是写雪景，本文和柳宗元的《江雪》在写作上有什么不同呢？

生：本文写景文字简练，不饰雕琢，这种写法叫白描，而《江雪》则运用了烘托的写法。

教师用多媒体出示几个生动描写和烘托写景的例子，引导学生比较分析，从而掌握白描这种写景的方法。

目标5：结合作者的人生经历和本文的写作背景，感悟作者的内心世界，并能对其生活态度批判地对待和历史地分析

明确这是一副冰雪弥漫、气势恢宏的雪景图，在这样一个天大地大自我渺小的境界中，作者最终将自己融进苍茫浩瀚的宇宙中。(三个“与”连用，量词用得非常少)

师：原来痴人眼中有痴景，是因为他有个“天人合一”、融入宇宙的愿望啊！这样看来，当时张岱去湖心亭看雪，他是怎么定位自己与自然的关系和自己世俗社会的关系的？

生：他不想见人，也不希望被人见到。

师：对！那他和自然的关系呢？

生：他希望融入自然中，成为自然的一部分。

师：我们现在来看最初发现的那个“独”与“两三”之间的矛盾，是张岱数不清楚人数吗？是张岱一不小心犯了一个可笑的错误吗？

生：不！那是因为他“眼中无人”，知音尚且不顾，何况舟子？

师：那他的眼中只有什么呢？

生：只有自己的心，只有自然，他是属于自然的。

师：当然，这里还有另外一个原因，古代社会等级森严，在“相公”们的眼里，“舟子”这样的仆人是可以不算人的。但世上真有如此痴人，视世俗世界而不顾，一心要把自己融入自然之中。诗人心中有一个春天，他笔下的西湖就春意盎然；诗人的心中有一份柔情，他笔下的西湖就温柔缠绵。张岱笔下的西湖如此清冷、浩大、朦胧、孤独、纯洁，这又是为什么呢？请同学们看大屏幕，静静地看；看完后，请设身处地地想象：五十多岁的张岱会以什么样的心情回忆二十多年前夜游西湖的旧事，并会把什么样的情感注入文字呢？作者用白描的手法，写出了天地之浩大苍茫和人物的渺小轻淡，人似乎完全融入天地之中，真是达到了“天人合一”的妙境。张岱在自然中如此忘情，表明他对自然的痴迷之情，可谓情景交融。这恰恰印证了王国维的那句话：“一切景语皆情语。”下面，请同学们交流一下自己课前搜集的背景资料，结合这些资料和课文的内容，来分析一下作者的内心世界。

■ 分析作者背景资料

（课件展示背景图片资料）

张岱：明末清初文学家，号陶庵。出身仕宦世家，爱繁华，好山水，晓音乐。清兵南下灭亡了明朝，他入山隐居、著书。著有《陶庵梦忆》和《西湖梦寻》等。《湖心亭看雪》选自《陶庵梦忆》。

《陶庵梦忆》这部散文集，是明末清初风霜雨雪的产物，是中国梦文化的艺术结晶，是国破家亡后的一曲曲悲哀的挽歌。没有希望，没有奢求，没有期待，惟有哀怨，惟有梦忆。以梦忆为解脱，将家国之叹、故园之思、人生之悲寄予梦忆之中，这就是《陶庵梦忆》的艺术真谛。

■ 分析作者的思想感情

生：我想，张岱一定是忧郁的。

生：我想，张岱一定是孤独的。

生：我觉得，当时张岱还是坚定的。他在想：达则兼济天下，穷则独善其身，我张岱，绝不媚俗失节，一湖寒冰，就是我的志向！

生：我想，张岱也有逃避的心理，他还活在过去的世界中。

……

师：同学们，中国历史上有多少这样的古代文人啊，他们在现实中被压弯了腰，在现实中透不过气来了。于是，他们只有到大自然中去深深地呼吸一口自由的空气，去伸一伸他们要被压垮了的腰杆。他们宁愿自己是山是水是花是草是一朵云是一片冰。他们在这片山水中来寻找心灵的归依和心智的独立。因为凝寒独立是其人格，所以苍茫天地就成为了他们必然的心灵归宿。同学们，在历代的文学作品中，这样的痴人和痴文都很多啊，你们还能想起吗？

生：柳宗元的《江雪》。

生：陶渊明的《桃花源记》。

生：苏轼的《记承天寺夜游》。

生：曹雪芹的《红楼梦》也很像。

……

（课件展示，教师引导学生齐诵《江雪》、《记承天寺夜游》和《饮酒》中的名句）

■ 评价历史人物

师：作为今天的我们，应该怎样来看待他们这种生活态度呢？

生：从积极和消极两个方面回答。

师：同学们，天人合一是中国文化的基本精神。但是，其原因和表现形式也有很大的不同。我们不苛求古人，但无论怎样，我们依然可以从他们身上学到一些可贵的东西。最后，我们反过来审视开头提到的那个"痴"字，你还只想到"呆"、"傻"这一类意思吗？

生：我想到了如痴如醉。

生：我想到了一句歌词："历尽磨难痴心不改。"

（课件展示）

痴迷于天人合一的山水之乐，痴迷于世俗之外的高雅之趣。

师：孤舟一寒士，独品满湖冰。曹雪芹在《红楼梦》中说："满纸荒唐言，一把辛酸泪。都云作者痴，谁解其中味！"同学们，让我们再大声地朗读一遍课文，再一次地去体会张岱的痴情吧！

（全班动情朗读雪景句并背诵一遍）

三、课后作业——学习扩写

师：请同学们打开书，阅读课文后面的学习材料"扩写"。

学生阅读课文后面的有关"扩写"的指导材料。

师：请说一说你读完之后的收获。

生：……

师：请同学们课下在小练笔本上扩写《湖心亭看雪》。

人教版初中《地理》：利用经纬网定位

教学过程框架结构方案：

阶段	目标简述	策略步骤	内容	教学方法	
导入		导入新课	班级学生自我座位的确定、台风事例，形成知识疑问并导入新课	教师提问学生回答	教师通过提问在班内如何找到座位与确定台风位置的类比引入新课
新课	经纬网	回忆旧知	经线纬线、经度纬度的概念及性质	知识再现	通过提问相关概念和在地球仪上找出经线和纬线等回忆旧知识，以便为后面熟练区分经纬线、判断经纬度打下基础
	会用经纬网进行定位	自主学习	课本第9页	教师导学	学生自学课本第9页内容，获得经纬网含义、作用及应用等知识
		新知探究	探究一：了解班级学生定位法	事例分析	通过对日常熟悉的事例的分析，学会并掌握班级学生定位法；依据原理相近原则，了解定位法的基本模式
			探究二：班级行、列与经线与纬线的关系	类比分析	通过事例引申到网的层面，学会在网中如何确定一点
			探究三：如何在经纬网上确定一点	分析归纳	通过班内行、列与经线、纬线的关系对比，导入经纬网，最终掌握如何利用经纬网定位的方法
新课	会用经纬网进行定位	知识归纳	总结内涵，形成理论	综合提升	通过总结，形成知识感悟，将方法转化为解题原理
		变式练习	课本第10页第一题	教师引导学生练习	在教师引导下，学生通过课本第10页第一题的练习，将所学到的方法应用于实践，形成技能并完成对知识的查、漏、补、缺
评价		教师评价	达标检测题	学生笔答	教师通过目标测试的方式，进行终结性评价

教学过程明细方案：

一、导入新课

师：同学们，我们每天都到教室上课，老师想问一下，你是怎么找到自己的座位的？

生：通过我的同桌或前后桌的位置来确定我的位置。

师：回答得非常好。除此之外，我们利用自己所在的行和所在的列，也能把我们的位置确定下来。在班级中，我们可以用这样的方法。那么，如果在地球上呢，怎么确定位置呢？比如，天气预报中说：台风“梅花”位于11° N、135° E，是哪里呢？今天，我们就来学习在地球上使用经纬网进行定位的有关知识。

二、学习新知

目标1：经纬网的含义

■ 回忆旧知

师：这节课的内容是对上一节课所学知识的应用，效果如何，在很大程度上取决于上一节课掌握知识的情况。所以，在没有学习新知之前，先回忆一下之前的旧知识。下面是一组习题，先观察再填表，之后交流。

（多媒体展示）

1. 填表

	纬　线	经　线
定义		
形状		
数量		
长度		
指示方向		
零度线的确定		
标度范围		
相同度数的区分		
半球划分		

2. 请找出下列哪些表示经线或纬线：

30° N、115° W；12° S、11° W；75° N、121° E。

学生1回答第1题略。

生2：纬线：30° N、12° S、75° N；经线：115° W、11° W、121° E。

师：大家对上一节课的知识掌握情况非常好，这为新知的探究打下了基础。

■ 自主学习

师：同学们已知道了经线和纬线的含义，那么，它们在地球上究竟有什么用处呢？请同学们自学课本第9页，然后大家相互交流学习的收获。

生1：通过自学，我知道了经纬网的定义就是地球仪或地图上经纬线互相交织形成的网格。

生2：我还知道，经纬网是用来确定地球上某一点的位置，可以利用已知的经纬度在地球表面确定出这个点，也可以通过已知的点找出所在的经纬度。

生3：利用经纬网定位的应用范围和价值非常大，它在气象、交通和航空中有广泛的应用。比如，在太平洋上有一条船遇险，要是知道船所在的经纬度，我们马上就可以确定它的位置，然后找到船。如果不知道船所在的经纬度，就不能知道它的位置，要想找到它犹如大海捞针。

师：大家自学情况很好，不但掌握了教材中的基本知识，还能说出自己在自学中的知识感悟，收获很大。

目标2：会用经纬网定位

■ 实例探索一

师：一天，班长在班里大声说："窗3倒4有人找！"你知道是找谁吗？

生：是在找我。

师：你是怎么知道的？能告诉大家具体的方法吗？

生：窗3是指从窗数第3排，倒4是指从后面数第4行，如果这是两条线的话，它们的交点的位置就是要找的位置。我就在这个位置上，所以是在找我。

师：分析得很好。你详细地告诉了我们具体的判断方法。

■ 实例探索二

师：我们通过刚才对一个日常现象的探究，知道了如何通过两条线去确定班里某一个人的位置的方法。在这个基础上，我们把探究的面进一步拓展，增加探究的高度。大家看大屏幕(多媒体图表展示)，在图表8–7中，你能很准确地找到自己以及班里你最要好朋友的座位号吗？请标出来。

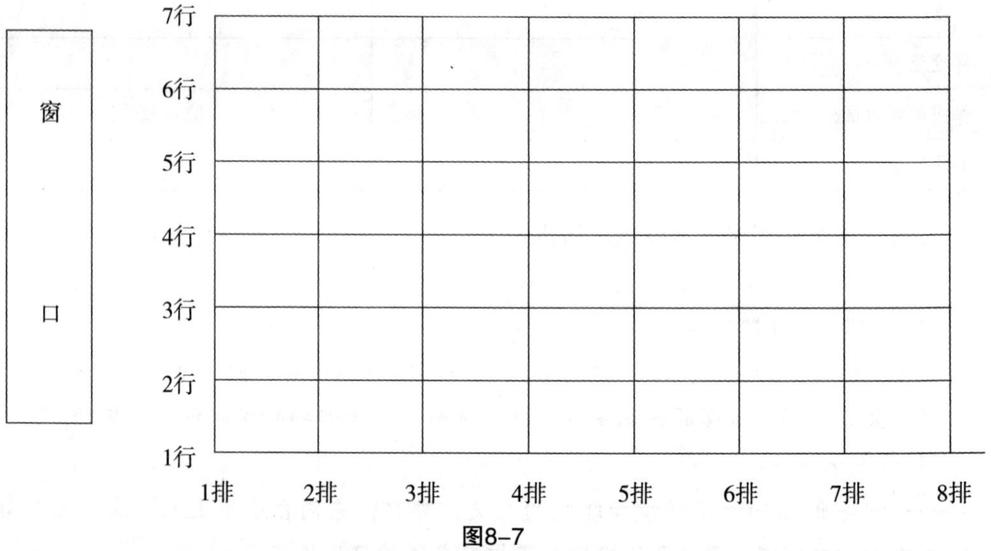

图8–7

生1：我在3排6行，我的朋友小明在7排3行。

生2：我在4排2行，李敏在5排6行。

师：你知道定位的方法吗？

生：方法和实例探索一的方法基本一致，只不过实例探索一是通过两条线找到点，而现在我们看到的是一个网，通过网里的点来确定经过这个点的两条线。

■ 实例探索三

师：我们把实例探索二表格中的排与行和地球的经线、纬线相联系，想想我们刚才分的行、排和经纬线有什么相同之处。

生：基本一致，行就相当于纬线，而排就相当于经线。

师：是的。如果我们假定把4行作为0° 纬线(赤道)，4排作为0° 经线(本初子午线)，请你观察图8-8 (看大屏幕展示)，判断行、列与纬线、经线的相对应情况，然后找出东经、西经以及南纬、北纬。

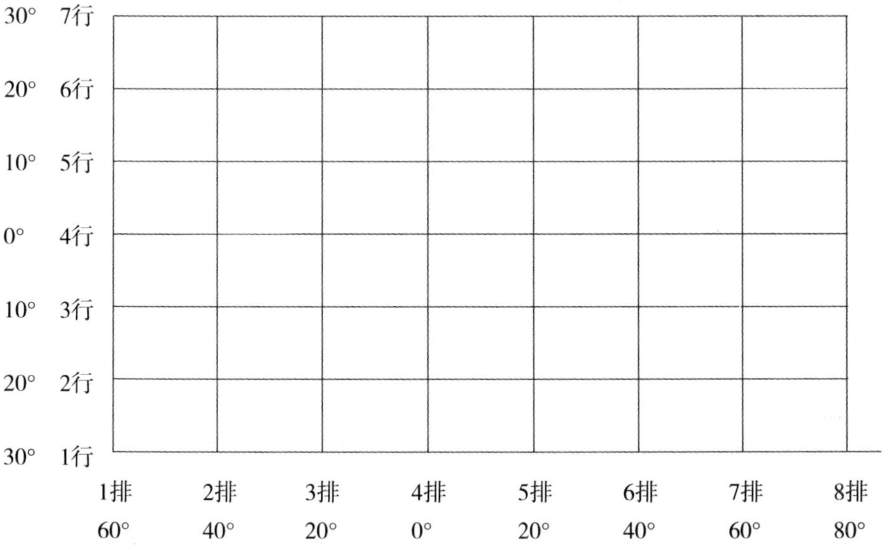

图8–8

生：0° 经度(4排)以东是东经，以西为西经；0° 纬线(4行)以北是北纬，以南为南纬。

师：在上面的图表中，你能很准确地找到自己以及班里你最要好朋友的座位号吗？利用经纬度标出来。

生1：我在20° W，20° N；我的朋友小明在60° E，10° S。

生2：我在0° ，20° S；李敏在20° E，20° N。

■ 知识归纳

师：太好了，这就是我们这节课需要学会的利用经纬网定位的方法。大家通过熟悉的日常生活现象逐步领会了定位的要领，下面有谁给大家总结一下？

学生总结略。

■ 练习与达标测评

1. 下列哪一组数据能在地球上确定是一个点(　　)。

A. 纬度40° 、经度120°　　B. 纬度40° 、120° E

C.40° N、经度120°　　D.40° N、120° E

2. 某点以西是西半球，以东是东半球，以南是南半球，以北是北半球，该点是(　　)。

A. 经度0° 、纬度0°　　B. 经度180° 、纬度0°

C.160° E、纬度0 °　　D.20° W、纬度0°

3.A 地的地理坐标是120° W、10° S，B 地的地理坐标是120° W、15° S。A、B 两地与赤道距离正确的说法是（ ）。

A. 相等

B. A 地距赤道近

C. B 地距赤道近

D. A 地距赤道远

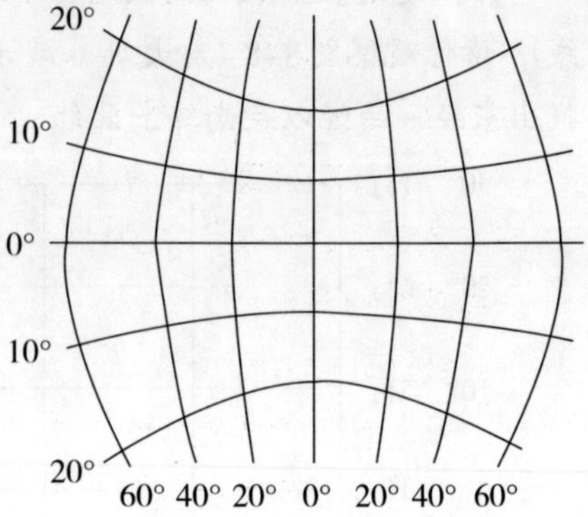

图8–9

4. 根据经纬度在图 8–9 中描出下列各点：

A.（40° E、20° N）

B.（0° 、20° N）

C.（30° W、0° ）

D.（30° W、15° S）

在四点中，既在南半球，又处在西半球的是__________，处在南北半球分界线上的是______________。

人教版初中《物理》：生活中的杠杆

教学过程框架结构方案：

	目标简述	策略步骤	教学内容	方法	方法描述
复习				教师提问学生回答	通过提问杠杆的定义、五要素及平衡条件等知识为学习新知识提供前提条件
学习新知识	能说出杠杆的分类及含义	实例研究	补充实例：生活中常用的工具	教师提问学生回答	教师通过图片呈现撬石头、钓鱼、压水等提问学生说出力臂及大小
学习新知识	能说出杠杆的分类及含义	得出结论	课本第79页“生活中的杠杆”	教师引导学生自学	教师引导学生自学教材并完成自学习题
				教师引导学生交流	教师引导学生质疑，加深对三种类型杠杆含义的理解
				教师总结学生记录	教师通过对学生交流情况进行评价，总结杠杆的三种类型及含义
		举例说明	补充例子	教师引导学生举例	学生举出生活中三类杠杆的实例，理解巩固知识
	能解释生活中各类杠杆的使用原理	练习	课本1~4题	教师引导学生练习	学生在教师引导下，完成课本1~4题
		总结		教师引导学生总结	教师引导学生总结出辨别三种类型杠杆的方法
		强化练习	补充内容	教师引导学生讨论	教师引导学生通过对生活中关于杠杆的一些说法进行分析，强化辨别三种类型杠杆的能力
评价					检测题

教学过程明细方案：

目标1：能说出杠杆的分类及每个类别的含义

■ 回忆旧知识

【教师提问，学生回答】

师：同学们，上一节课，我们学习了一种简单的机械——杠杆。现在，我们一起回顾有关杠杆的知识。(教师用多媒体出示题目)

回答下列问题：

1. 什么是杠杆？

2. 杠杆的五要素是什么？

3. 杠杆的平衡条件是什么？

学生回答问题(口述)。

■ 实例研究

【教师提问，学生回答】

师：同学们对学过的知识掌握得非常牢固，请同学们观察下列四幅图片(图8-10~ 图8-13)，指出各图中的动力 F_1 和阻力 F_2 的力臂，并比较各个工具动力臂和阻力臂的大小(幻灯片呈现)

学生完成上述问题。

师：在这些杠杆中，哪些省力、哪些费力？

生：第一二两个省力，第三四个费力。

■ 呈现结论

【教师引导，学生自学】

师：同学们说得对。在生活中，我们可以把杠杆分为三类。这三类都是什么呢？

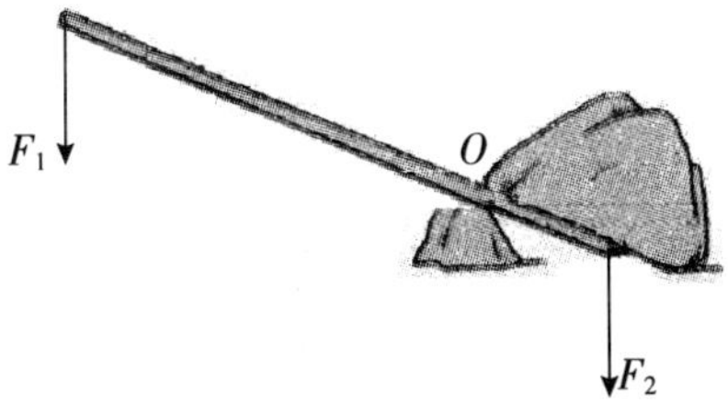

图8-10

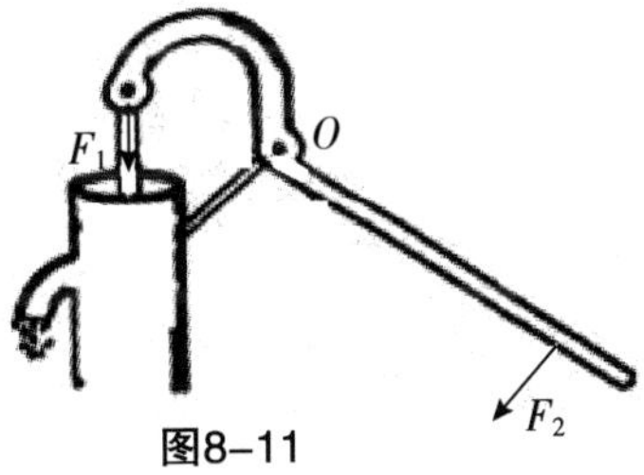

图8-11

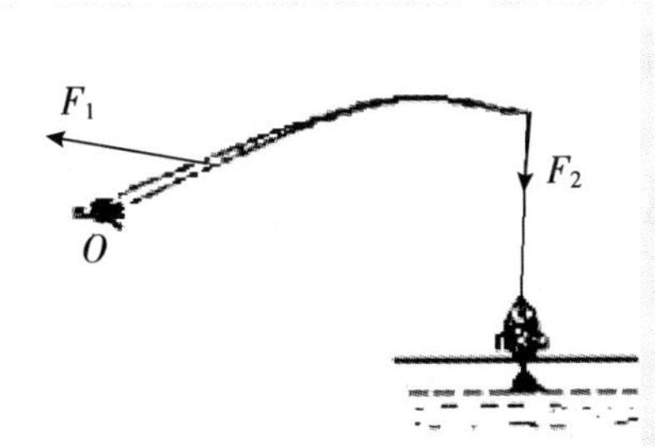

图8-12

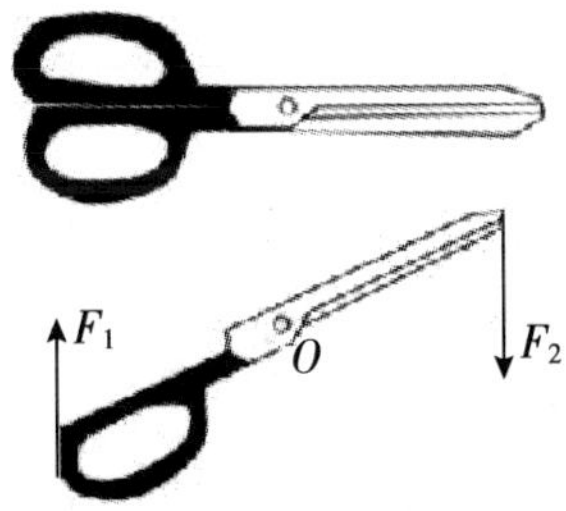

图8-13

请自行阅读课本第79页“生活中的杠杆”并完成下列横线上内容的填写：

(1) 省力杠杆

动力臂______阻力臂，动力______阻力的杠杆叫省力杠杆。(选填“大于”、“小于”或“等于”)

省力杠杆的特点是：______力，______距离。(选填“省”或“费”)

(2) 费力杠杆

动力臂________阻力臂的杠杆，使用时动力______阻力，这样的杠杆就是费力杠杆。(选填“大于”、“小于”或“等于”)

费力杠杆特点是：_______距离但______力。(选填“省”或“费”)。

(3) 等臂杠杆

动力臂_____阻力臂，动力______阻力的杠杆就是等臂杠杆。(选填“大于”、“小于”或“等于”)

等臂杠杆的特点是：____。

学生自学，教师巡视指导。

【教师引导，学生交流】

师：同学们完成了自学，请把你学习的结果向全班同学汇报；当一位同学汇报完以后，其他同学可以对这位同学的汇报提出质疑。现在开始。

学生汇报，其他学生提出质疑。

【教师总结，学生记录】

师：通过同学们刚才的发言，我们可以得出下面的结论(幻灯片呈现)：

杠杆分为三种类型，分别是等臂杠杆、省力杠杆和费力杠杆。

等臂杠杆：动力臂和阻力臂相等，既不省力也不费力。

省力杠杆：动力臂大于阻力臂，省力但费了距离。

费力杠杆：动力臂小于助力臂，费力但省了距离。

■ 举例说明杠杆分类

【教师引导，学生举例】

师：请举出生活中你见到的三种类型的杠杆。

生：筷子、瓶起子……

目标2：能解释生活中各类杠杆的使用原理

■ 变式练习

师：完成课本“动手动脑学物理”1~4题。

学生在教师引导下完成练习并总结判别杠杆类型的方法。

■ 强化练习

师：用我们刚才得出的结论来分析，下列现象可能是真的吗？小组讨论后，由组长向全班交流。

(1) 幻灯片出示故事：古希腊曾经有位著名的学者，有过这样的豪言壮语：“给我一个支点和一根足够长的杠杆，我就能翘起整个地球。”这可能吗？

(2) 中国也有句俗语叫：“四两拨千斤。”是不是真的？

(3) 你能说出“小小称砣能压千斤”的道理吗？

学生汇报、交流。

人教版初中《化学》：如何正确书写化学方程式

教学过程框架结构方案：

阶段	目标简述	策略	教学内容	教学方法	
学习新知	书写化学方程式的原则	回忆旧知识	补充内容	教师提问 学生回答	教师通过提出问题“什么样的化学方程式是正确的化学方程式”回忆旧知识
				教师引导 学生讨论	教师引导学生把几个化学反应的文字表示改写成化学式，通过讨论引出新课
		实例研究	课本第96、97页配平例子	教师引导 学生自学讨论	教师通过问题引导学生自学课本配平示例1和配平示例2，并进行分析、讨论
		得出结论		学生回答 教师总结	教师对学生的讨论结果进行评价，得出正确书写化学方程式的两个原则：(1)要遵循客观事实；(2)要遵循质量守恒定律，即反应前后原子的种类和数目保持不变
	能正确书写化学方程式	呈现结论	水通电分解成氢气和氧气	教师讲解演示、学生观察回答	教师通过以水通电分解成氢气和氧气为例，呈现书写化学方程式及配平过程
		练习巩固结论	磷在氧气中燃烧生成五氧化二磷	学生练习 教师指导	教师指导学生应用上述书写步骤书写磷在氧气中燃烧生成五氧化二磷的化学方程式
		总结步骤		教师引导 学生总结	教师引导学生归纳总结书写化学方程式的步骤和注意事项，对易错点、易混点进行补充与强调。
		强化练习	补充例子	学生练习 教师引导	教师引导学生进行变式练习，形成技能
	化学方程式的含义	实例研究	课本配平示例1	教师提问 学生回答	教师以木炭在空气中的燃烧为例，引导学生分析化学方程式的三方面的含义、读法
		得出结论		教师引导 学生总结	教师引导学生得出化学方程式三方面的含义
评价			学生答题 教师评价	教师通过一组检测题进行总结性评价	

教学过程明细方案：

一、学习新知

目标1：知道书写化学方程式的原则

■ 回忆旧知识

【教师提问，学生回答】

师：1. 什么是化学方程式？

2. 质量守恒定律的内容是什么？具体如何表现？

学生回答。

【教师引导，学生讨论】

教师先写出下列反应的文字表达式，再改写成用化学式表示的式子。

(1) 硫在氧气中燃烧

(2) 磷在氧气中燃烧

(3) 铁丝在氧气中燃烧

(4) 过氧化氢溶液和二氧化锰混合制氧气

(5) 氯酸钾和二氧化锰混合加热制氧气

讨论问题：以上用化学式表示的化学反应，是化学方程式吗？为什么？

生：不是，因为反应前后原子种类没有变化，但同种元素的原子个数不相等，没有遵守质量守恒定律。

■ 实例研究

【教师引导，学生自学】

师：自学课本第96、97页木炭在氧气中燃烧和氢气与氧气反应生成水的化学方程式的配平过程。

讨论问题：什么样的化学方程式才是正确的方程式？

学生自学。

【教师引导，学生讨论】

师：下面请同学们谈一下什么样的化学方程式才是正确的方程式？

生：正确的化学方程式要遵循客观事实和质量守恒定律。即：(1) 要遵循事实，书写正确的化学式，在等号上方或下方用汉字或符号注明反应条件；(2) 遵循质量守恒定律，表现在两方面：一方面是原子的种类不变，另一方面是同种元素的原子数目在反应前后相等，保持不变，这样才能保证反应前后原子的总数目不变，才会在宏观上体现出参加反应的物质的总质量和生成物的总质量相等。

■ 得出结论

【教师讲解，学生接受】

师：正确书写化学方程式的原则：(1) 要遵循客观事实；(2) 要遵循质量守恒定律，即反应前后原子的种类和数目保持不变。

目标2：能正确书写化学方程式

■ 呈现结论

【教师讲解，学生接受】

师：我们知道了书写化学方程式的原则，下面以水通电分解生成氢气和氧气为例，进行正确书写化学方程式步骤的学习。

第一步：正确写出反应物、生成物的化学式(强调以客观事实为依据)。

第二步：配平化学方程式。

左	短线连接	右
↓		↓
反应物的分子式	——	生成物的分子式
H_2O	——	$H_2O + O_2$

配平方法：最小公倍数法(找出短线两边出现机会较多、原子数目变化较大的原子的最小公倍数)。

重点讲解：运用最小公倍数法配平化学方程式的方法。

方法指导：配平时一般从出现次数最多的元素入手，先难后易。再由方程式的书写让学生总结哪一步最难，重点讲解化学方程式的配平。化学计量数若为1，可以省略不写。

配平：$2H_2O —— 2H_2 + O_2$

第三步：标出反应条件和生成物中的气体符号或沉淀符号。

注明：$2H_2O \xrightarrow{通电} 2H_2\uparrow + O_2\uparrow$

说明：①在等号的上方用汉字或符号注明反应条件，如加热符号△及点燃、通电等。

②生成物中气体符号或沉淀符号，如气体符号↑、沉淀符号↓。

第四步：检查并将短线改为等号。

说明：①检查反应前后同种元素原子数是否相等。

②检查反应条件及生成物中气体符号或沉淀符号是否标注完全。

③最后将短线“—”改为等号“＝”。

$$2H_2O \overset{通电}{=\!=\!=} 2H_2\uparrow + O_2\uparrow$$

■ 练习，理解，巩固

【教师引导，学生练习】

师：请同学们按照上面的步骤书写磷在氧气中燃烧生成五氧化二磷的化学方程式。

学生书写。

■ 总结步骤

【教师引导，学生总结】

师：通过上面两个书写化学方程式的例子，我们可以总结一下书写的步骤及注意事项。

生：1. 书写化学方程式具体步骤：左写反应物，右写生成物；写好化学式，记得要配平；短线改等号，条件要注清；生成气体或沉淀，上下箭头来标明。

2. 标注时注意事项：(1) 点燃≠加热（Δ），点燃≠燃烧，高温≠加热（Δ）。(2) 反应物中有气体，则生成物中气体不标气体符号“↑”；反应物中有固体，则溶液里生成物中的沉淀不标沉淀符号“↓”。

■ 强化练习

【教师引导，学生练习】

配平下列化学方程式：

(1) $Fe_2O_3 + HCl — FeCl_3 + H_2O$

(2) $KClO_3 — KCl + O_2$

(3) $C + Fe_2O_3 — Fe + CO_2$

(4) $CO_2 + Ca(OH)_2 — CaCO_3\downarrow + H_2O$

目标3：能说出化学方程式的含义

■ 实例研究

【教师提问，学生回答】

师：知道了如何正确书写化学方程式，那么化学方程式具有哪些含义？下面，请看例1“木炭在空气中的燃烧”的化学方程式。它的文字表示和读法是什么？

文字表达式读法：木炭和氧气在点燃条件下生成二氧化碳。

生：木炭 + 氧气 $\xrightarrow{点燃}$ 二氧化碳

师：请将文字表达式改写为化学方程式。

生：$C + O_2 \xlongequal{点燃} CO_2$

【教师引导，学生讨论】

师：下面讨论该化学方程式的含义是什么？

生：$C + O_2 \xlongequal{点燃} CO_2$

1 : 2 : 1 ——原子、分子个数比

12 : 16×2 : 12+16×2 ——反应物、生产物的质量比计算方法

12 : 32 : 44 ——反应物、生产物的质量比

【教师引导，学生倾听】

师：(1) 各物质原子、分子个数比为化学计量数之比；(2) 反应物、生成物的质量比计算方法：各物质化学计量数与分子量或原子量乘积之比。(3) 化学方程式读法：12

份质量的木炭和32份质量的氧气点燃生成44份质量的二氧化碳。

【学生讨论，教师指导】

通过上述分析，总结出化学方程式的含义：

(1)表示什么物质参加反应，生成什么物质。

(2)表示反应物和生成物之间原子、分子个数比。

(3)表示反应物和生成物之间各物质之间的质量比。

二、教学评价

1. 书写化学方程式的原则是：____

2. 化学方程式的含义是：____

3. 配平下列化学方程式：(略)

参考文献

[1] R.M. 加涅、W.W. 韦杰、K.C. 戈勒斯、J.M. 凯勒 著，王小明、庞维国、陈保华、汪亚利译，皮连生审校 . 教学设计原理(第五版) . 华东师范大学出版社，2007年6月 .
[2]皮连生，刘杰 . 现代教学设计 . 首都师范大学出版社，2010年第2版 .
[3]赵希斌 . 优秀教师的四项核心素质 . 华东师范大学出版社，2011年7月第1版 .
[4]教育技术培训教程 . 高等教育出版社，2005年12月 .
[5]张道祥 . 当代普通教育学 . 吉林大学出版社，2006.
[6]胡来林 . 现代教育技术——面向信息化的教师专业发展 . 电子工业出版社，2007.
[7]姜智 . 教育心理学 . 吉林大学出版社，2005.